5

Forum Geschichte

Gymnasium Niedersachsen G 9

Von der Urgeschichte bis
zum Ende des Römischen Reichs

4 Die Welt der Griechen

5 Das Römische Reich

Anhang

So arbeitest du erfolgreich mit Forum Geschichte

Hier bekommst du einige Hinweise, wie du dich in Forum Geschichte am besten zurechtfindest: zum Aufbau der Kapitel, was die unterschiedlichen Farben bedeuten oder welche Texte, Materialien und Aufgaben es gibt.

Fragen stellen und sich orientieren

Jedes Kapitel beginnt mit der **Auftaktseite**.
Dort kannst du erfahren, worum es in dem Kapitel geht.

Auf der **Orientierungsseite** erfährst du mehr: Der Zeitstrahl gibt dir den Zeitraum an, mit dem du dich beschäftigen wirst, die Karte zeigt dir den Ort. Der Orientierungstext führt dich in das Kapitelthema ein.

Die Themenseiten

Auf den **Themenseiten** erklärt dir ein kurzer Text unterhalb der Überschrift, um welches Thema es auf der Doppelseite geht. Der Schulbuchtext (= Darstellungstext), die Abbildungen, die blau unterlegten „Quellentexte" oder Begriffserklärungen helfen dir, ein geschichtliches Thema zu untersuchen. Die Arbeitsaufträge sind vielfältig: Oft kannst du eine Aufgabe auswählen oder du findest Hinweise zu Partner- oder Gruppenarbeit. Bei kniffligen Aufgaben findest du Tipps für die Lösung.

Differenzierung: Unterschiedliche Lernwege auswählen

Wähle-aus-Seiten

Historische Fragen lassen sich auf verschiedene Weise beantworten. Auf den orangefarbenen **Wähle-aus-Seiten** ist deine Entscheidung gefragt: Traust du dir zu, eine längere Textquelle zu bearbeiten? Oder arbeitest du lieber mit Bildquellen? Interessieren dich Zahlen und Statistiken? Wähle aus, was zu dir passt! Bei einer abschließenden **Aufgabe für alle** könnt ihr trotz unterschiedlicher Lösungswege zu einem gemeinsamen Ergebnis kommen.

---

5 Wähle eine Aufgabe aus:
a) Ein Athener besucht im 5. Jahrhundert v. Chr. Rom – was könnte er den Athenern nach seiner Rückkehr über Rom berichten?
b) Ein Römer besucht im 5. Jahrhundert v. Chr. Athen – was könnte er den Römern nach seiner Rückkehr über das Scherbengericht erzählen?
c) Informiere dich mithilfe des Darstellungstextes sowie M4 über das Zwölftafelgesetz. Erkläre, welche Folgen es für einen einfachen Plebejer hatte.

Auf vielen Seiten siehst du "Wähle-aus-Aufgaben". Wie der Name schon sagt, darfst du hier a, b oder c auswählen. Die Aufgaben sind unterschiedlich, aber sie beziehen sich auf eine gemeinsame Frage.

3 Partnerarbeit: Listet anhand von M3 die Merkmale einer Polis auf.
Tipp: Nehmt den Darstellungstext Z. 39–64 zu Hilfe.

Bei machen Aufgaben findest du **Tipps** zu Lösung. Nutze sie, wenn du möchtest.

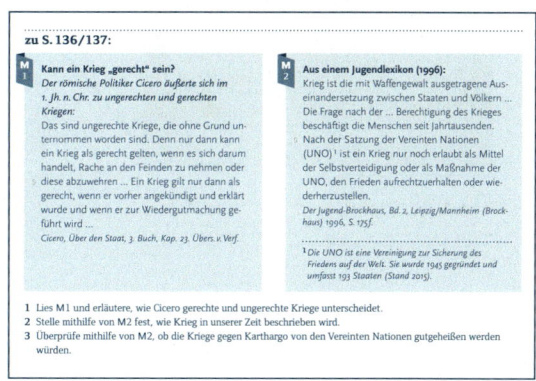

Wenn du dich für weitere Aspekte eines Themas interessierst, findest du im Anhang zu ausgewählten Doppelseiten **Zusatzaufgaben**. Du kannst sie entweder mit dem Inhalt der Doppelseite, oder mit anderen Materialien lösen.

Mit Methoden arbeiten

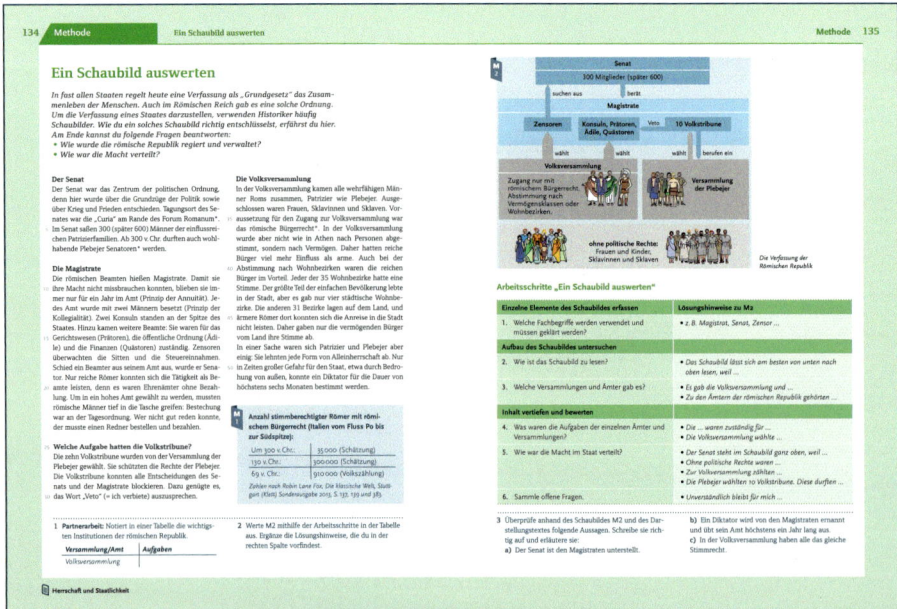

Auf den **Methodenseiten** lernst du schriftliche Quellen, Bilder oder Karten fachgerecht auszuwerten. Du findest auch Tipps, wie du Sachtexte gut verstehst. In der grünen Tabelle stehen links die Arbeitsschritte, nach denen du vorgehst. In der rechten Spalte gibt es Lösungshinweise zu dem Beispiel auf der Seite.

Geschichte erzählt: spannend Geschichte erarbeiten

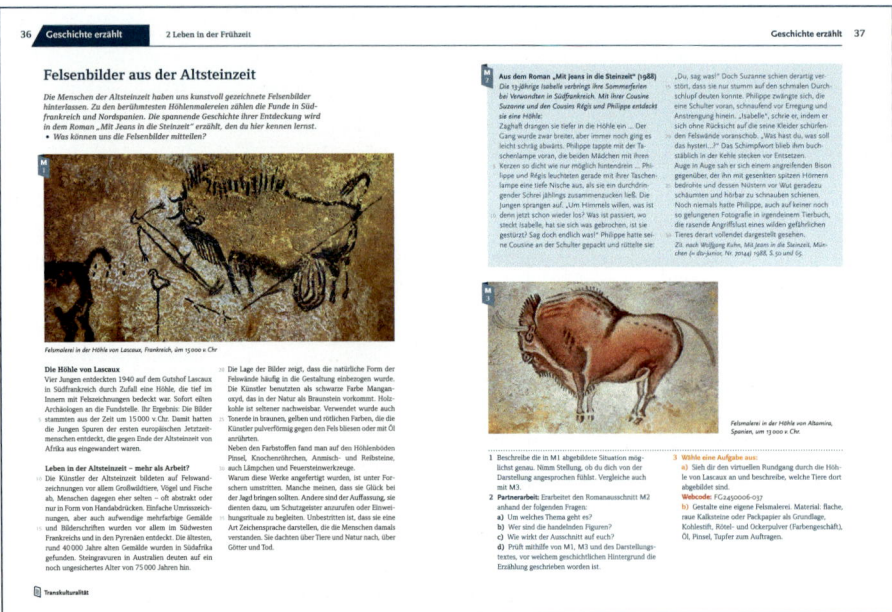

Auf den **Geschichte-erzählt-Seiten** kannst du Geschichte einmal aus einer anderen Perspektive kennen lernen. Anhand von Sagen, historischen Erzählungen oder Texten aus einem heutigen Jugendroman ist es dir möglich, ein Thema wie zum Beispiel die Felsmalerei in der Steinzeit oder die Götterwelt der Griechen einmal anders zu erarbeiten.

Wiederholen und die eigenen Kompetenzen prüfen

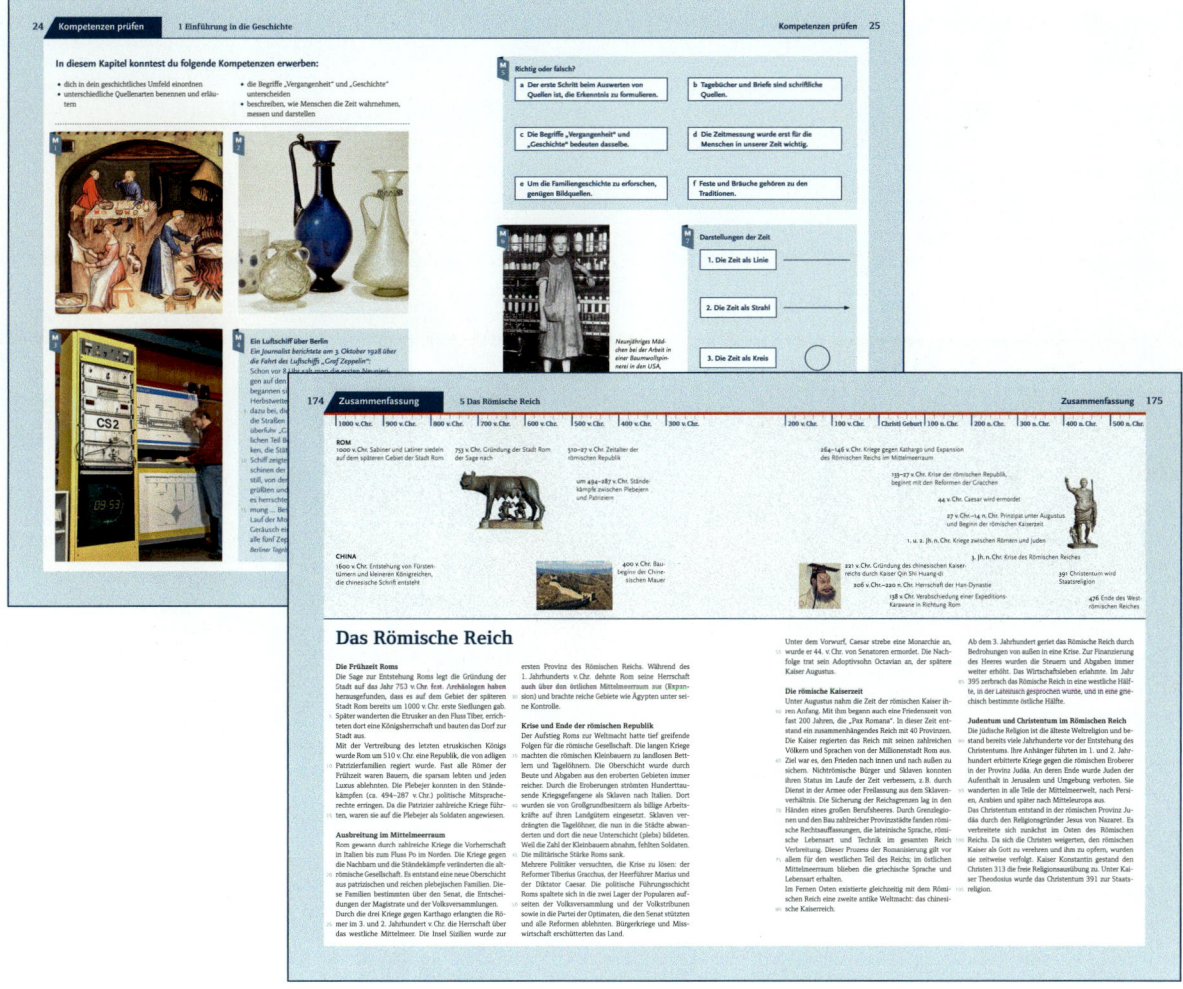

Auf der **Zusammenfassungsseite** am Schluss des Kapitels fasst ein Text den Inhalt noch einmal zusammen. Die Zeitleiste hilft dir, die wichtigsten Daten zu wiederholen. Wenn du wissen möchtest, was du im Kapitel gelernt hast, solltest du die Aufgaben auf der Seite **Kompetenzen prüfen** lösen. Falls du mit einzelnen Aufgaben Schwierigkeiten hast, liest du im Kapitel noch einmal nach. Lösungshilfen findest du im Anhang.

Hilfen im Anhang und im Umschlag

Der **Anhang** unterstützt dich bei der Arbeit.
Hier findest du:

- Zusatzaufgaben
- Lösungshinweise zu den Seiten „Kompetenzen prüfen"
- ein Lexikon mit Erklärungen schwieriger Begriffe
- ein Register zum schnellen Nachschlagen
- Tipps für Kurzreferate oder Rollenspiele („Unterrichts-methoden")
  In den Umschlagklappen kannst du die „Operatoren" nachschlagen, die in den Arbeitsaufträgen verwendet werden.

Weitere Hilfen

- Auf jeder Doppelseite findest du unten links einen Hinweis darauf, welche überepochale Problem- und Fragestellungen (**Strukturierende Aspekte**) im Zentrum steht.
- Auf vielen Doppelseiten führt unten rechts ein **Webcode** ins Internet, z. B. FG2450006-042.

So geht es:

1. Gehe auf die Seite www.cornelsen.de
2. Gib dort den Webcode ein und du findest ein passendes Internetangebot.

1
Einführung in die Geschichte

Schülerinnen und Schüler sitzen auf dem Burg-platz in Braunschweig zu Fuße eines Denkmals. Das Löwendenkmal ist seit Jahrhunderten das Wahrzeichen der Stadt Braunschweig. Es wur-de vor ca. 850 Jahren errichtet.
Wohin wir auch gehen, überall treffen wir auf Spuren der Vergangenheit. Oft sind sie sichtbar wie in Braunschweig, ein anderes Mal erblickt man sie erst beim zweiten Hinsehen.

Wer hat das Löwendenkmal gebaut und war-um? Wie alt sind die Häuser im Hintergrund? Stelle weitere Fragen an das Bild.

Der Burgplatz in Braunschweig mit dem Braunschwieger Löwen. Foto, 2010

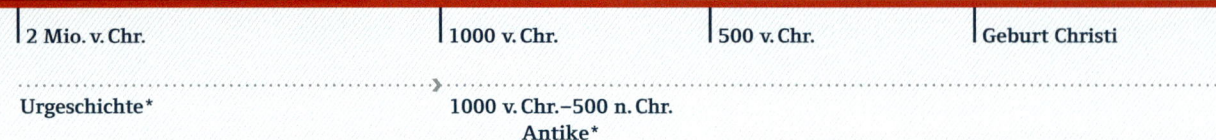

2 Mio. v. Chr.	1000 v. Chr.	500 v. Chr.	Geburt Christi

Urgeschichte*

1000 v. Chr.–500 n. Chr.
Antike*

Einführung in die Geschichte

Das Bundesland Nieder-sachsen heute

Geschichte, dein neues Schulfach, hat etwas mit der Vergangenheit zu tun. In diesem Fach geht es um das Leben der Menschen in früheren Jahrhunderten und Jahrtausenden und Fragen, deren Antworten uns ge-
5 nauere Auskünfte über die Menschen früher geben: Wie versorgen sie sich? Wie verteilen sie die Aufgaben in der Gesellschaft? Welche Menschen haben die Macht, andere zu beherrschen? An was glauben die Menschen? Du wirst feststellen, dass die Art und Weise, wie Men-
10 schen ihr Leben gestaltet und Probleme gelöst haben, uns heute oft noch vertraut ist und wir uns mit ihnen durch die Zeit verbunden fühlen. Manchmal aber finden wir frühere Verhaltensweisen fremd oder sogar grausam und unverständlich. Da lohnt es sich, nach den Gründen
15 zu fragen und unser eigenes Urteil zu überprüfen.

In diesem Kapitel findest du wichtiges Handwerkszeug für das Fach Geschichte:
- Der Zeitstrahl am oberen Seitenrand hilft dir, dich
20 in der Zeit und den vergangenen Epochen zu orientieren.
- Mit der Karte orientierst du dich im Raum.
- Die vielfältigen Quellen und die Methoden, mit denen wir unsere Kenntnisse über die Vergangenheit gewinnen, lernst du auf den folgenden Seiten kennen.

1 Wähle mindestens drei Bilder M2–M9 aus und ordne sie an die richtige Stelle im Zeitstrahl und in der Karte ein. Stelle ein Bild in der Klasse vor.

| 500 n. Chr. | 1000 n. Chr. | 1500 n. Chr. | 2010 n. Chr. |

500–1500
Mittelalter*

Neuzeit*

Leisthaus in Hameln, erbaut 1585–1589. Foto, 2009

Ritterspiele beim mittelalterliche Burg-fest in Bederkesa. Foto, 2012

VARUSSCHLACHT

Plakat der Ausstellung „Geschichte der Varusschlacht 9 n. Chr." in Kalkriese. Foto, 2011

Goldscheibe von Moordorf bei Aurich, um 1700 v. Chr., gefunden 1910, Foto, 2013

Kaiserpfalz in Goslar aus dem 11. Jahrhundert. Foto, 2015

Deutsche Auswanderer besteigen ein Schiff nach Amerika im Hafen von Cux-haven 1874.

Lena Meyer-Landrut, Siegerin beim Euro-vision Song Contest 2010. Foto, 2010

Ernst-August-Denkmal in Hannover, enthüllt 1861. Foto, 2014

Familien haben Geschichte

Wenn du zu Hause alte Fotos oder Filme anschaust, wirst du auf Bilder aus deiner Vergangenheit stoßen. Sicher kannst du dich nicht an alles erinnern, was du dort siehst: Zu manchen Bildern können dir nur deine Eltern oder Großeltern etwas erzählen. Diese Fotografien und Filme sind wichtige Quellen deiner eigenen Geschichte. Wenn du sie zeitlich ordnest, kannst du mit ihnen deine eigene Lebensgeschichte und die deiner Familie darstellen.

Die Familie als Folge von Generationen

Geschichte beginnt eigentlich mit uns selbst. Dein Leben ist bereits ein kurzer Abschnitt aus der Geschichte. Das Leben deiner Eltern ist schon länger und das deiner Großeltern reicht hinter den Lebenszeitraum deiner El-
5 tern zurück. Vielleicht hast du noch Urgroßeltern oder einen Urgroßelternteil. Sie könnten aus ihrem langen Leben und von der Kindheit deiner Großeltern erzählen. Sie alle gehören zur Familie, der kleinsten Einheit in unserer Gesellschaft.
10 Schon früher gab es alleinerziehende Mütter und Väter, häufig vor allem dann, wenn ein Elternteil früh verstorben war. Die Lebenserwartung, das durchschnittlich erreichbare Alter der Menschen, war nämlich viel niedriger als heute.
15 Auch Lebensgemeinschaften, in denen Frauen und Männer unverheiratet mit Kindern leben, sind Familien. Großfamilien mit Großeltern, Eltern, Kindern und vielleicht Arbeits- oder Dienstpersonal unter einem Dach sind in Deutschland viel seltener anzutreffen als früher.
20 Alle Menschen, die in einem bestimmten Zeitabschnitt leben, werden als Generation bezeichnet. Bekommen sie Kinder, entsteht eine neue Generation. Diese Zeitspanne umfasst etwa 25 bis 30 Jahre. Generationenfolgen, wie z. B. die Geschichte einer Familie, lassen sich auf einem
25 Zeitstrahl darstellen (siehe unten).
Die Familiengeschichte wird mithilfe der Genealogie, der Lehre von den Abstammungsverhältnissen einer Familie, erforscht. Ihre Ergebnisse werden in Familienstammbäumen dargestellt. Die Lebensbeschreibung eines ein-
30 zelnen Menschen wird Biografie genannt.

📑 Gesellschaft und Recht

1 Kläre die Begriffe „Familie" und „Generation".
2 Übertrage den Zeitstrahl in deine Geschichtsmappe und ergänze dein Geburtsdatum, das deiner Eltern, Großeltern und Urgroßeltern.
3 **Wähle eine Aufgabe aus:**
   a) Beschreibe M1–M4: Welche unterschiedlichen Formen von Familie sind hier abgebildet?
   b) Erläutere den Zeitstrahl. Versuche zunächst herauszufinden, welche allgemeinen Ereignisse dargestellt sein könnten (Erster und Zweiter Weltkrieg, Mondlandung etc.). Wähle ein Ereignis aus und stelle für drei der abgebildeten Personen auf M1–M4 fest, ob sie das Ereignis erlebt haben und wie alt sie ungefähr waren.
   c) Auf der Feier zum 90. Geburtstag des Großvaters Fritz Hansen im Jahre 2013 gratulieren die Kinder Hermann (63), Gertrud (56) und Gisela (54) sowie die Enkel Anja (39), Karsten (29) und Peter (18). In welchen Jahren sind die Mitglieder der Familie geboren? Wer hat die erste Mondlandung (1969) schon erlebt und wer den Fall der Berliner Mauer (1989)?
4 Frage zu Hause nach Fotos und anderen Erinnerungsstücken. Ordne sie in den Zeitstrahl in deiner Geschichtsmappe ein und berichte über die Geschichte deiner eigenen Familie in der Klasse.

■ 1910   ■ 1920   ■ 1930   ■ 1940   ■ 1950

Familie, Foto, um 1900

Familie, Foto, 2008

Familie, Foto, 2002

Familie, Foto, 2012

■ 1960   ■ 1970   ■ 1980   ■ 1990   ■ 2000   ■ 2010

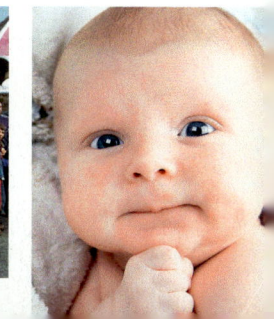

Mein Ort hat Geschichte – das Beispiel Hannover

Von deinen Eltern oder Großeltern hast du bestimmt schon Äußerungen gehört wie: „Früher konnte man hier noch Reste der Stadtmauer sehen." „Auch der Bahnhof war noch in Betrieb." „Die alte Maschinenfabrik wurde schon vor 30 Jahren abgerissen." „Richtig einkaufen kann man ja nur noch auf der grünen Wiese." Dörfer und Städte haben sich immer wieder verändert und wandeln sich auch heute noch – als historische Orte haben sie ihre eigene Geschichte. Am Beispiel Hannover kannst du diesen Wandel erarbeiten und selbst die Geschichte deines Wohnortes untersuchen.

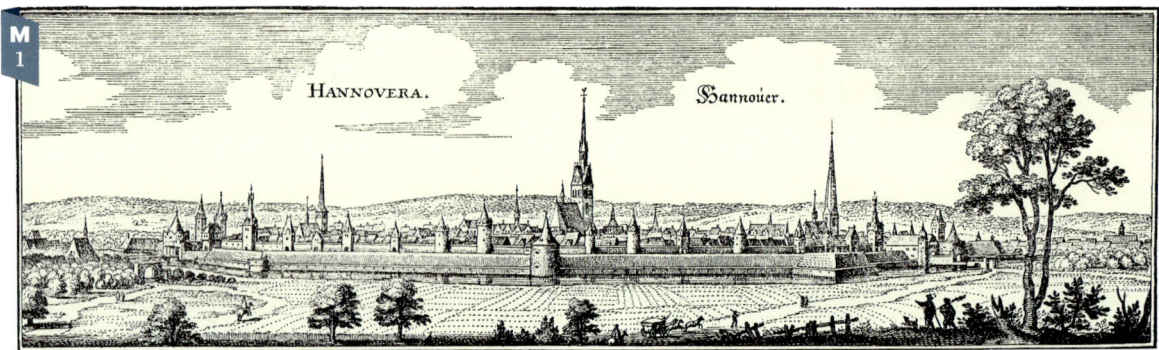

Die Stadt Hannover um 1650, Kupferstich von Mathäus Merian

Das Alte Rathaus mit Marktkirche in Hannover, Foto, 2011

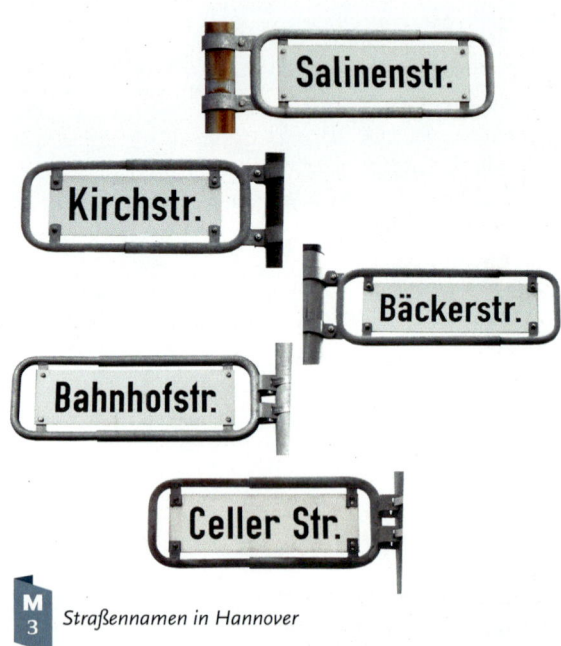

Straßennamen in Hannover

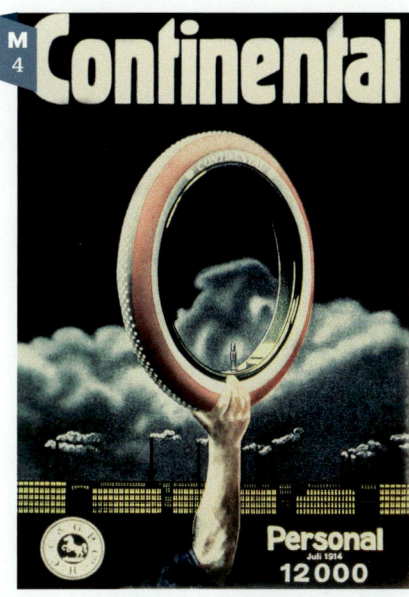

Werbeplakat der Firma Continental in Hannover, um 1900

Plakat mit dem offiziellen Logo der Expo 2000 in Hannover

Aus der Geschichte Hannovers

Auf dem offiziellen Internetportal der Landeshauptstadt Hannover heißt es zur Geschichte der Stadt:

Die Stadt Hannover entstand irgendwann im Mittelalter als kleine dörfliche Siedlung auf einer hochgelegenen Terrasse der Leine (Honovere = das hohe Ufer). Daneben lag ein bedeutender Flussübergang,
5 denn hier kreuzten sich zwei wichtige alte Fernstraßen. ... 1241 stellt der welfische Herzog „Otto das Kind" ein Stadtprivileg aus... Im 14. Jahrhundert wurde die Stadt mit einer soliden Mauer befestigt, nur drei Tore stellten die Verbindung zur Außenwelt her:
10 das Leintor, das Aegidientor und das Steintor. Hundert Jahre später wurde das Rathaus neben der Marktkirche gebaut. ... Herzog Georg von Calenberg machte Hannover 1636 zur Residenz. ... Im 19. Jahrhundert wurde Hannover zum Königreich erhoben.
15 ... Nun begann die Stadt zu wachsen. Hannover erlebte einen Boom: überall neue Industriebetriebe,

neue Stadtviertel entstanden, Dörfer wurden eingemeindet. ...
Der Zweite Weltkrieg warf die Entwicklung der Stadt
20 heftig zurück: Fast zwei Drittel der Gebäude lagen 1945 in Trümmern oder waren ausgebrannt, etliche Menschen waren obdachlos. Dazu kamen auch noch viele Flüchtlinge. ...
Die Stadt erholte sich schneller als man dachte. Auf
25 den Trümmern wurde eine moderne Stadt errichtet, die bis heute eine Großstadt im Grünen geblieben ist, eine Landeshauptstadt mit bedeutsamen kulturellen Einrichtungen, guten Einkaufsmöglichkeiten und überregional bedeutenden Ereignissen. Bereits
30 1947 wurde Hannover zur Messestadt und setzt immer noch Maßstäbe: im Jahr 2000 durch die EXPO 2000 und seit 1986 mit der erfolgreichsten und bekanntesten Messe im Informations- und Telekommunikationsbereich, die größte Messe der Welt, der
35 CeBIT.

....

1 Vergleiche M1 mit einer heutigen Stadtansicht von Hannover (Atlas, Stadtplan, Google Earth).
2 Überlege, warum es schwierig ist, die Gebäude in M2 einem bestimmten Datum zuzuordnen.
3 Erläutere den Ursprung der Straßennamen in M3.
4 Erarbeite anhand von M4, M5 und M6, was du über die Entwicklung der Industrie in Hannover herausfinden kannst.
5 Fertige mithilfe von M6 eine Zeitleiste zur Geschichte Hannovers an.

6 **Gruppenarbeit:** Erforscht die Geschichte eures Wohnorts. Beschafft euch Bücher, Karten, Fotos usw. Fragt zu Hause, im Museum, im Stadtarchiv nach. Stellt Fragen wie z. B.: Wann wurde der Ort gegründet und warum? Gab es Unglücke und Katastrophen? Haben einzelne Menschen die Stadtgeschichte geprägt?

Meine Schule hat Geschichte

„Hey, Klara, schau mal das alte Bild mit der Schulklasse", sagt der zwölfjährige Selim zu seiner Klassenkameradin und macht ein Foto. „Der Lehrer hat ja einen Stock in der Hand, der war bestimmt streng!" Klara geht Selim mit seinem Foto-grafieren auf die Nerven. „Mein Großvater hat mir etwas ganz anderes erzählt", erwidert sie. „Er und sein Freund haben der Lehrerin oft Streiche gespielt, und viele Hausaufgaben hätte es auch nicht gegeben."

Unterricht in einer Dorfschule 1848, Gemälde von Albert Anker, 1896

Wie war Schule früher?

War Schule früher so, wie es auf dem Gemälde M1 dar-gestellt ist? Oder so, wie es Klaras Großvater berichtet? Um das zu klären, müsste man herausfinden, wann das Bild der Dorfschule gemalt wurde, das etwas über die
5 Schule vor 150 Jahren aussagt, und wann Klaras Groß-vater zur Schule gegangen ist, vermutlich vor rund 50 Jahren.

Auch auf die Betrachter kommt es an: Selim findet, dass der Lehrer streng aussieht, Klara sieht das vielleicht an-
10 ders …

Meine Schule als Ort der Geschichte – ein Projekt

Auch deine Schule ist ein Ort der Geschichte, die du er-forschen kannst. Du kannst auf verschiedenen Wegen Informationen sammeln:
15 • Wie der Unterricht vor 30 Jahren aussah, lässt sich leicht durch Gespräche mit älteren Lehrern oder ehe-maligen Schülern ermitteln. Sie kann man auch nach alten Fotos oder Filmaufnahmen fragen.

20 • Vielleicht lassen sich in der Schule Unterlagen finden, aus denen hervorgeht, wann die Schule gegründet wurde und wie sie sich im Laufe der Jahre entwickelt hat. Ein ergiebiges Dokument dafür sind z. B. Jubi-läumsschriften, wenn die Schule schon ein rundes Geburtsdatum gefeiert hat.
25 • Schülerzahlen und -namen finden sich in der Regel bei der Schulverwaltung. Fragt die Schulleiterin oder den Schulleiter.
• An Schulen mit einer langen Tradition finden sich oft Gedenktafeln für gefallene Schüler im Ersten oder
30 Zweiten Weltkrieg. Diese können ein Ausgangspunkt für die Erforschung der Frage sein, welche Familien ihre Kinder auf diese Schulen geschickt haben.
• Wenn du wissen willst, wie es in der Umgebung aus-sah, als die Schule gegründet wurde, oder wie die
35 Baugeschichte verlaufen ist, wird es schon ein biss-chen schwieriger. Hier bietet sich ein Gang ins Archiv und zur Stadtverwaltung, etwa auf das Bauamt, an. Dort kann man z. B. Einblick in alte Bebauungspläne nehmen.

Klassenfoto einer gymnasialen Schulklasse um 1900.

Anregungen für ein Projekt zur Geschichte eurer Schule

1. An welchem Ort, in was für einem Viertel liegt unsere Schule?

2. Wer hat sie wann gegründet? Welchen Namen trägt sie? Gibt dieser Name ein Programm oder
5 bestimmte pädagogische Ziele vor?

3. Wie viele Schüler gehen heute auf diese Schule? Welche Familien sind hier vertreten? Welche waren es früher?

4. Wie sieht der Unterricht heute aus und welche
10 Fächer werden angeboten? Hat sich das Angebot im Laufe der Zeit seit der Schulgründung verändert? Welche Methoden werden heute angewendet, welche wurden es früher?

5. Welche Gebäude gehören heute zur Schule?
15 Wann sind sie entstanden? Wie sieht die Baugeschichte des Schulgeländes aus?

6. Hat sich die Schule in den letzten 100 Jahren verändert? Spielten die unterschiedlichen Machthaber und politischen Systeme Kaiserreich
20 (1871–1918), Weimarer Republik (1918–1933), Nationalsozialismus (1933–1945), geteiltes Deutschland (1949–1990) für sie eine Rolle?

Die Albert-Schweizer-Schule (Gymnasium) in Nienburg an der Weser. Foto, 2009

1 Beschreibe M1. Suche dir eine Person heraus und schildere aus ihrer Sicht, wie sie die Situation erlebt, was sie sieht, hört, riecht, denkt.

2 Untersuche M2: Welche Informationen gibt dir das Foto über „Schule um 1900"? Was lässt sich auf der Abbildung nicht erkennen?

3 Vergleicht in einer Gesprächsrunde die aus M1, M2 und M4 gewonnenen Informationen mit eurer Klasse und eurem Schulgebäude.

Woher wissen wir etwas über die Vergangenheit?

Die Arbeit von Geschichtsforschern gleicht der Arbeit von Detektiven: Sie sammeln möglichst viele Informationen, um daraus Rückschlüsse auf Vergangenes zu ziehen.

- *Wie kann aus vielen kleinen Splittern ein Gesamtbild der Vergangenheit entstehen?*
- *Was ist dabei zu beachten?*

Geschichte und ihre Quellen

Die Überlieferungen, aus denen wir Erkenntnisse über die Vergangenheit gewinnen, werden „historische Quellen" oder kurz „Quellen" genannt, wie z. B. Gemälde, Fotos oder Urkunden, aber auch mündliche Erinnerungen.

5 Wir sind überall von Quellen umgeben, nicht nur im Gespräch mit älteren Menschen oder im Museum. Rathäuser, Denkmäler, Familienfotos – alle diese Dinge sind Quellen, also Spuren aus der Vergangenheit. Ohne Quellen gibt es kein sicheres Wissen über die Geschichte.

10 Allerdings verraten uns Quellen nur dann etwas, wenn wir Fragen an sie stellen: Was sagen uns z. B. die Materialien M1 bis M4 über Kinder in den vergangenen Jahrhunderten? Doch auch bei der Arbeit mit Quellen müssen wir ständig auf der Hut sein. Warum? Weil jede Quelle

15 nur einen winzigen Ausschnitt zeigt. Das Foto M4 verrät uns nicht, wie die Frau und der Junge wohnten, wie ihr Verhältnis zueinander ist. Außerdem beleuchten Quellen unterschiedliche Zeitpunkte: Das römische Relief sagt etwas über Unterricht vor ca. 1800 Jahren aus, die Pup-

20 penstube verrät etwas über den Wohnstil vor 120 Jahren. Die Erkenntnisse, die sie aus Quellen über die Vergangenheit gewinnen, werden von den Geschichtsforschern (Historikern) in Darstellungen verarbeitet, die uns erzählen, wie es früher war.

Puppenstube, hergestellt um 1900

Unterrichtsszene; Relief auf einem römischen Grabpfeiler, Ende 2. Jh. n. Chr., gefunden im 19. Jahrhundert in Neumagen an der Mosel

Die Bäuerin Anna Wimschneider über ihre Kindheit um 1927

Die Bäuerin aus dem Landkreis Rottal-Inn musste nach dem Tod ihrer Mutter als Achtjährige Haus und Hof versorgen, ihre Erinnerungen schrieb sie 1984 auf:

Ich habe Feuer gemacht und die Milch gekocht, in die Schüssel gegeben, ein wenig Salz dazu und dann Brot eingebrockt ... Ich ... musste ... die Kleinsten aus dem Bett holen, ... sie anziehen

5 und füttern ... Ich konnte mich erst dann zur Schule fertig machen, wenn der Vater von der Stallarbeit hereinkam. Nun lief ich so schnell ich konnte die vier Kilometer zur Schule ..., und oft kam ich erst an, wenn die erste Pause war. Da

10 lachten mich die anderen Kinder aus.

Anna Wimschneider, Herbstmilch, München (R. Piper) 1984, S. 10.

Ein Junge hilft in der Landwirtschaft. Foto, um 1920

Quellen

Geschichtliche (historische) Quellen sind Überlieferungen, aus denen wir Kenntnisse über das Vergangene gewinnen können. Es werden verschiedene Arten von Quellen unterschieden:

- Sachquellen (= Überreste), z. B. Gebäude, Schmuck, Werkzeuge, Knochen

- schriftliche Quellen, z. B. Urkunden, Akten, Rechtssammlungen, private Briefe, Großmutters Kochbuch
- mündliche Quellen, z. B. erzählte Lebenserinnerungen, Sagen, Volkslieder
- Bildquellen, z. B. Gemälde, Zeichnungen, Drucke, Fotos, Filme
- Traditionen, z. B. religiöse Feste, Volksfeste, Bräuche, Sprache

Zeit dargestellt als Zeitstrahl

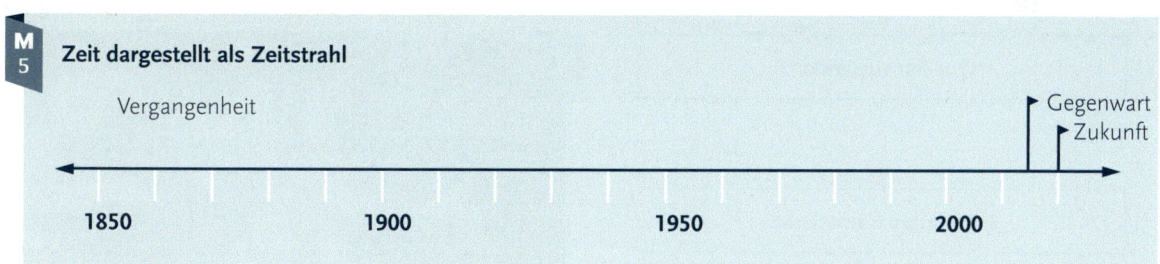

Vergangenheit

Gegenwart

Zukunft

1850   1900   1950   2000

1 Kläre mithilfe der Darstellungstexte und des Fachbegriffs „Quellen", wie du Erkenntnisse über die Vergangenheit gewinnen kannst.

2 Ordne M1–M4 den Quellenarten zu. Begründe deine Entscheidung.

3 Zeichne einen Zeitstrahl nach dem Muster M5 in dein Heft und trage die Quellen M1–M4 zeitlich richtig ein. Notiere zu jeder Quelle, was du über die Menschen und ihre Zeit erfahren kannst.

4 Ergänze deinen Zeitstrahl durch weitere Quellenarten, die du zu Hause findest.

5 Sammle Quellen zu einem Thema, das dich interessiert, z. B. die Geschichte
- der Verkehrsmittel (Eisenbahn, Auto, Flugzeug …)
- der Mode (Kleidung, Möbel …)
- der Kommunikation (Brief, Telefon, …)

Schreibe auf, welche Erkenntnisse dir deine Materialien liefern.

Zusatzaufgabe: siehe S. 178

Was ist „Geschichte"?

Vergangenheit und Geschichte – im täglichen Sprachgebrauch werden die beiden Begriffe häufig gleichgesetzt. Beide sind dir in diesem Kapitel schon begegnet. Worin der Unterschied genau besteht, kannst du auf dieser Seite feststellen.

Ist Vergangenheit gleich Geschichte?

Wenn wir genauer unterscheiden, zeigt sich, dass Vergangenheit alles umfasst, was nicht der Gegenwart oder der Zukunft zugeordnet wird. Man sagt: „Es ist Vergangenheit", oder „Es liegt in der Vergangenheit."

5 Von Geschichte wird in zwei Bedeutungen gesprochen:

1. In einem weiteren Sinne umfasst Geschichte das vergangene Geschehen in Zeit und Raum. Das kann die Geschichte der Erde, die Geschichte der Natur oder die Geschichte der Menschen sein.

10 2. Im engeren Sinne wird unter Geschichte die Geschichtswissenschaft oder die Geschichtsschreibung verstanden, aber auch das Studien- oder Schulfach Geschichte.

Der entscheidende Unterschied zwischen „Geschichte" und „Vergangenheit" liegt darin, dass Geschichte Ereig15 nisse und Handlungen sammelt, ordnet und bewertet. Die Geschichtswissenschaft konstruiert oder rekonstruiert unser Wissen und unsere Erkenntnisse von der Vergangenheit. Geschichte ist also etwas durch uns Menschen 20 „Hergestelltes".

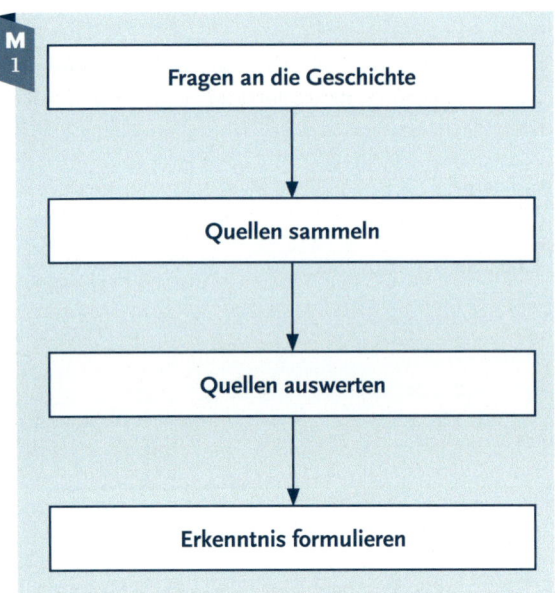

M1

Fragen an die Geschichte

↓

Quellen sammeln

↓

Quellen auswerten

↓

Erkenntnis formulieren

Geschichte als Konstruktion (= etwas zusammenfügen) oder Rekonstruktion (= etwas wiederherstellen) der Vergangenheit

M2 Arbeit

M3 Schule

M4 Ernährung

M5 Kleidung

Freizeit

Politik

Wirtschaft und Handel

Wohnen

Fragen an die Geschichte	**Welche Quellen kannst du nutzen?**
Wie ernährten sich die Menschen?	Kochbücher ...
Wie wohnten die Menschen?	Baupläne ...
Wie kleideten sich die Menschen?	Kataloge ...
Wie versorgten sich die Menschen?	Fotos von Kaufhäusern ...
Wie arbeiteten die Menschen?	Computer ...
Wie verbrachten die Menschen ihre Freizeit?	Reisekataloge ...
Wie lernten Kinder?	Stundenpläne ...
Wie wurden Menschen regiert?	Wahlplakate ...

Von den „Fragen an die Geschichte" zu den „Quellen": Ein Blick aus dem Jahr 2050 auf die Zeit um 2016

1 **Partnerarbeit:**
   a) Übertragt M10 in eure Geschichtsmappe. Ergänzt die Quelle zu jedem Lebensbereich um weitere Quellen. Achtet auf die verschiedenen Quellenarten. Lest dazu S. 20/21 nach.
   b) Vergleicht eure Ergebnisse in der Klasse.
2 **Gruppenarbeit:** Stellt euch vor, ihr lebt im Jahr 2050 und schaut auf die Zeit zurück, in der ihr heute lebt. Was wäre für euch als Geschichtswissenschaftler/ -innen wichtig, um im Jahr 2050 die Zeit um 2016 zu beschreiben?

   a) Jede Gruppe übernimmt einen Lebensbereich (M2–M9) und formuliert mindestens drei Sätze darüber, wie die Geschichtsforscher von 2050 die Zeit um 2016 beschreiben könnten.
   b) Jede Gruppe stellt ihr Ergebnis vor und erläutert, welche Probleme beim „Blick in die Vergangenheit" aufgetreten sind.
   c) Seht euch das Modell M1 an und prüft, ob ihr danach vorgegangen seid.
3 Begründe mithilfe des Darstellungstextes, worin sich die Begriffe „Vergangenheit" und „Geschichte" unterscheiden.

Wie messen Menschen die Zeit?

Wir wissen, dass wir „in der Zeit leben". Wir gehen sparsam oder auch verschwenderisch mit der Zeit um. Die Zeit spielt aber nicht nur im Leben des Einzelnen eine wichtige Rolle, auch das Leben von Völkern und Staaten wird von der Zeit beeinflusst. Sie ist von grundlegender Bedeutung für die Orientierung im eigenen Leben und in der Geschichte.
- *Wie erleben Menschen Zeit? Wie messen sie das Fortschreiten der Zeit?*

Webcode: FG2450006-022
Zeitreise Stonehenge

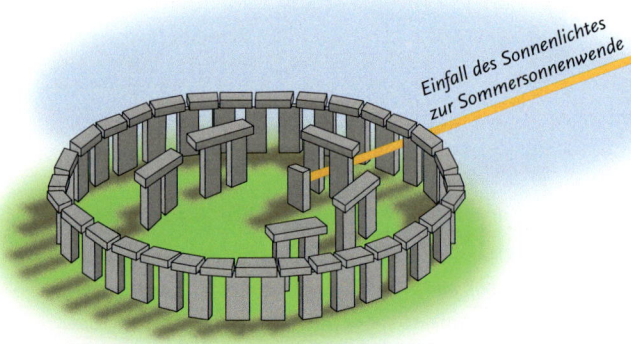

Einfall des Sonnenlichtes zur Sommersonnenwende

Stonehenge, Kultstätte in Südengland, Foto, 2002. Mithilfe von Steinbögen und Positionssteinen konnte der Sommeranfang (Sommersonnenwende) und der Winteranfang (Wintersonnenwende) bestimmt werden.

Die Zeit wahrnehmen, messen und darstellen

Das Bewusstsein von der Zeit reicht bei einem einzelnen Menschen zunächst nur in die Jahre des eigenen Erlebten zurück und dann auch nur so weit, wie er selbst sich erinnern kann. Allerdings lernt er schon in seiner frühen
5 Kindheit, dass „die Zeit vergeht" – in der Regelmäßigkeit des Tages- und Jahresablaufs bis zu den „Zwängen" der Zeit in der Schul- und Berufsausbildung. Er lernt, die Zeit einzuteilen, mit der Zeit zu planen und sie für sich zu nutzen.
10 Im Bewusstsein von Völkern, im Werden und Vergehen von Staaten sind längere Zeiträume von Jahrzehnten oder Jahrhunderten von Bedeutung. Blicken wir auf die gesamte Erdgeschichte, wird die Zeitspanne eines Menschenlebens nahezu unbedeutend. Schon immer haben
15 die Menschen Wege gefunden, sich in der Zeit zu orientieren. Die frühesten Versuche, die Zeit einzuteilen und sie zu messen, gingen von astronomischen Beobachtungen aus. Nach dem Lauf von Himmelkörpern – Sonne, Mond und Sterne – wurden Kalender aufgestellt, nach
20 denen sich z. B. sesshafte Völker bei der Aussaat richten konnten. Vieles über die Bedeutung und die Gründe solcher Anlagen wie der von Stonehenge in England bleibt für uns noch im Dunkeln.

Zeit – Zeitrechnungen – Chronologie

Wahrscheinlich gab es schon vor der Erfindung der ersten Schrift- und Ziffernsysteme (vor etwa 5000 Jahren) Versuche, die Zeit zu messen. Grundeinteilungen sind die Jahresgliederung, die Tagesgliederung und die Zählung der Jahre im Lauf der Geschichte. Eine Methode der Zeiteinteilung ist der Kalender (lat. calendae = erster Tag des Monats, auch Monat). Unser Kalender orientiert sich am Sonnenjahr, d. h. der Dauer des Umlaufs der Erde um die Sonne. Mit dem griechischen Begriff Chronologie wird die Wissenschaft der Zeitmessung bezeichnet.

1 **Partnerarbeit:**
   a) Beschreibt die abgebildeten Zeitmesser (M1–M4).
   b) Nennt jeweils Vor- und Nachteile der Zeitmesser.
2 **Gruppenarbeit/Recherche:**
   a) Beschafft euch Informationen über diese und weitere Zeitmesser aus Geschichte und Gegenwart. Stellt sie in der Klasse vor.
   b) Vergleicht im Gespräch die Auswirkungen bestimmter Arten von Zeitmessung auf das tägliche Leben der Menschen.

Einführung in die Geschichte

Die Menschen leben in geschichtlichen Räumen

Der Anfang des Wissens von Geschichte kann bei uns selbst, aber auch bei der Familie beginnen. Das eigene Geburtsjahr, die Geburtsjahre der Eltern und Großeltern reichen Jahre oder Jahrzehnte zurück. In der vergangenen
5 Zeit hat sich vieles ereignet, was erzählt werden kann. Ebenso hat der eigene Wohn- oder Schulort seine Geschichte und auch die Region, zu der der Ort gehört. Schließlich hat auch ein Bundesland, wie z. B. Niedersachsen, eine Geschichte. Aus dieser Zugehörigkeit entwickelt
10 sich häufig eine Bindung der Menschen an die Geschichte eines Raumes. Sie sagen vielleicht: „Ich lebe gern hier und fühle mich hier verwurzelt."
So entstehen im Laufe eines Lebens unterschiedliche Zugehörigkeiten: zur Familie, zu einem Wohn- oder
15 Arbeitsort, zu Region und Bundesland, aber auch zu dem Staat, in dem jemand lebt – vielleicht bis hin zu dem Gefühl, „Europäerin" oder „Europäer" zu sein.

Die Menschen leben in der Zeit

Die Zeit spielt im Leben der Menschen eine wichtige Rolle.
20 Geht es beim Einzelnen um Jahre oder Jahrzehnte, so umfasst das „Gedächtnis" von Völkern meist Jahrhunderte oder gar Jahrtausende.
Die Erinnerungen an frühere Ereignisse, wie Kriege, Königreiche und Naturkatastrophen, bleiben oft über lange
25 Zeiträume lebendig. Sehr lange schon haben Menschen versucht, die Zeit zu messen und einzuteilen. Über die Beobachtung der Sonne, des Mondes und der Sterne entwickelten sie Kalender.
Die Zeitmessungen mit Uhren, anfänglich mit Sonnen-
30 und Sanduhren, wurden mithilfe technischer Erfindungen bis in unsere Zeit hinein immer mehr verfeinert.

Vergangenheit und Geschichte

Das Geschehen in der Vergangenheit erscheint uns ungeordnet. Vieles, was geschehen ist, wissen oder kennen
35 wir nicht. Ohne die Quellen, die Spuren aus der Vergangenheit, gibt es kein gesichertes geschichtliches Wissen. Der Begriff „Geschichte" umfasst a) das vergangene Geschehen in Zeit und Raum, wie die Erd- und Naturgeschichte oder die Geschichte der Menschheit, und b) die
40 Geschichtswissenschaft oder die Geschichtsschreibung, aber auch das Studien- oder Schulfach Geschichte. Erkenntnisse gewinnt die Geschichtswissenschaft aus den Quellen. Sie erklären aber nicht von sich aus die Geschichte. Vielmehr müssen sie befragt werden. Histo-
45 rikerinnen und Historiker versuchen dann Antworten auf die gestellten Fragen zu geben. Aber selbst viele Quellen geben nur einen Ausschnitt aus der unendlich vielfältigen Vergangenheit wieder.

Sanduhr

Sonnenuhr an einer Hauswand im Bauernhofmuseum Illerbeuren

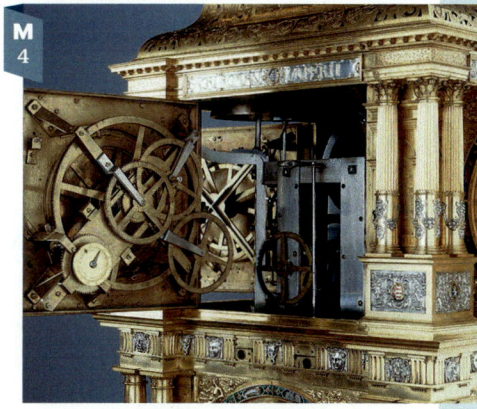

Astronomische Planetenlaufuhr, 1568

In diesem Kapitel konntest du folgende Kompetenzen erwerben:

- dich in dein geschichtliches Umfeld einordnen
- unterschiedliche Quellenarten benennen und erläutern

- die Begriffe „Vergangenheit" und „Geschichte" unterscheiden
- beschreiben, wie Menschen die Zeit wahrnehmen, messen und darstellen

M1

M2

M3

M4

Ein Luftschiff über Berlin

Ein Journalist berichtete am 3. Oktober 1928 über die Fahrt des Luftschiffs „Graf Zeppelin":
Schon vor 8 Uhr sah man die ersten Neugierigen auf den großen Plätzen … Auch die Dächer begannen sich zu bevölkern, und das herrliche Herbstwetter nach dem gestrigen Regentag trug
5 dazu bei, die Berliner Bevölkerung in Massen auf die Straßen zu locken … Kurz nach neun Uhr überfuhr „Graf Zeppelin" den südlichen und östlichen Teil Berlins und grüßte die großen Fabriken, die Stätten der Arbeit. Wo immer sich das
10 Schiff zeigte, war alles auf den Beinen. Die Maschinen der Fabriken standen einige Augenblicke still, von den Dächern und durch Dachluken grüßten und winkten Tausende dem Schiff zu, es herrschte überall eine freudig bewegte Stim-
15 mung … Besonders auffallend war der ruhige Lauf der Motoren, die man kaum hörte. Das Geräusch eines einzigen Fliegers war stärker als alle fünf Zeppelin-Motoren.
Berliner Tageblatt, 3.10.1928.

M 5 Richtig oder falsch?

a Der erste Schritt beim Auswerten von Quellen ist, die Erkenntnis zu formulieren.

b Tagebücher und Briefe sind schriftliche Quellen.

c Die Begriffe „Vergangenheit" und „Geschichte" bedeuten dasselbe.

d Die Zeitmessung wurde erst für die Menschen in unserer Zeit wichtig.

e Um die Familiengeschichte zu erforschen, genügen Bildquellen.

f Feste und Bräuche gehören zu den Traditionen.

Neunjähriges Mädchen bei der Arbeit in einer Baumwollspinnerei in den USA, Foto, 1910

M 7 Darstellungen der Zeit

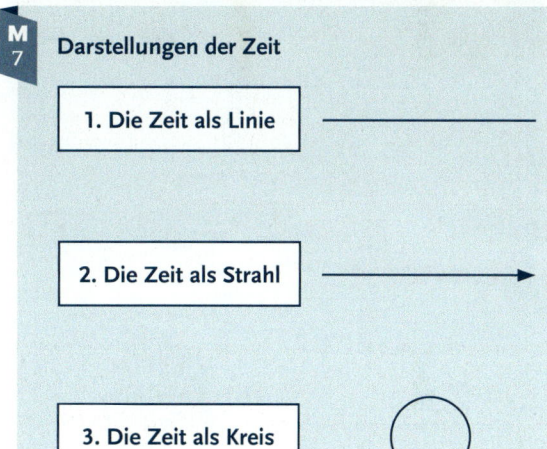

1. Die Zeit als Linie

2. Die Zeit als Strahl

3. Die Zeit als Kreis

Sachkompetenz

1 **a)** Ordne M1–M4 und M6 der jeweiligen Quellenart zu (siehe Fachbegriff S. 21).
b) Ordne die Bildunterschriften „Atomuhr", „Römische Glaswaren aus dem 1. Jh. n. Chr., gefunden in Trier, Foto, 2001" und „Blick in eine mittelalterliche Küche, Miniaturmalerei um 1500" den Abbildungen M1–M3 zu.
c) Ordne M1–M4 und M6 mithilfe der Zeitleiste auf der Orientierungsseite 10/11 zeitlich ein.

2 Prüfe die Aussagen in M5 auf ihre Richtigkeit. Korrigiere die falschen Aussagen und schreibe alle Aussagen richtig auf.

3 **Partnerarbeit:** Erklärt euch gegenseitig die folgenden Begriffe: Generation, Bildquelle, Sachquelle, Textquelle, Tradition, Zeitmessung, Geschichte, Vergangenheit.

Methodenkompetenz

4 Untersuche M6 anhand des Schaubilds M1, S. 20.
a) Stelle Fragen an das Bild und beantworte sie schriftlich.
b) Vergleicht eure Ergebnisse.
c) Klärt gemeinsam, welches „Bild" aus der Geschichte sich für euch aus dem Foto ergibt.

5 Erstelle eine Liste mit der Überschrift „Geschichte auf dem Schulweg". Trage hier alle Gebäude, Straßennamen und Inschriften usw. ein, an denen du auf deinem Schulweg vorbeikommst. Notiere, aus welcher Zeit sie stammen.

Urteilskompetenz

6 Bewertet in einer Gesprächsrunde die Darstellungen der Zeit in M7.

2
Leben in der Frühzeit

„Seht mal dort!" Die Person am linken Bildrand hat soeben eine Gruppe von Jägern am Waldrand entdeckt. Die anderen Dorfbewohner unterbrechen ihre Arbeit, um zu sehen, was los ist. Doch auch die Jägergruppe ist aufgeschreckt durch das Feuer am Waldrand im Bildhintergrund. Einer von ihnen deutet aufgeregt dorthin. Das Feuer scheint jedoch die Bauern nicht zu beunruhigen, eher die unvermutet aufgetauchten Fremden aus dem Wald.
Dies ist eine Rekonstruktionszeichnung aus unserer Gegenwart, aber so könnte eine Begegnung in der Steinzeit vor 6000 Jahren ausgesehen haben.

Worüber könnten die beiden Gruppen gesprochen haben, als die Jäger im Dorf ankamen? Schreibt eine kurze Erzählung.

Menschen in der Steinzeit, Rekonstruktionszeichnung, 2011

4 Mio. v. Chr.	2 Mio. v. Chr.	200 000 v. Chr.	100 000 v. Chr.	40 000 v. Chr.	5500 v. Chr.
Entwicklung des Vormenschen	Urmensch in Afrika	Jetztzeitmensch in Afrika	Neandertaler in Mitteleuropa	Jetztzeitmensch in Mitteleuropa	

Altsteinzeit in Mitteleuropa ⟩ Jungsteinzeit in Mitteleuropa

Leben in der Frühzeit

Menschen gibt es auf der Erde schon seit mindestens zwei Millionen Jahren. Noch viel älter ist die Erde selbst – ungefähr fünf Milliarden Jahre. Das sind für uns unvorstellbar lange Zeiträume!

5 Sicher scheint, dass die ersten Menschen in Afrika lebten und dass es einige andere Menschenarten gab, bevor unsere direkten Vorfahren entstanden. Viele hunderttausend Jahre lebten die Menschen als Jäger und Sammler. Als Nomaden zogen sie den Tieren nach.

10 Warum es vor etwa 9000 Jahren in Europa zum Umbruch in der Lebensweise der Menschen kam, sie sich an einem festen Ort niederließen und sesshaft wurden, gehört zu den großen ungelösten Rätseln der Menschheitsgeschichte.

15 In diesem Kapitel lernst du den Ursprung und die Entwicklung der Menschen kennen, so wie sie in der Forschung heute gesehen werden. Folgende Fragen leiten dich dabei:

• Woher kamen die ersten Menschen?
20 • Wie haben sie in früheren Zeiten gelebt?
• Welche Werkzeuge und Techniken hatten sie?
• Wie sind sie mit der Natur umgegangen?

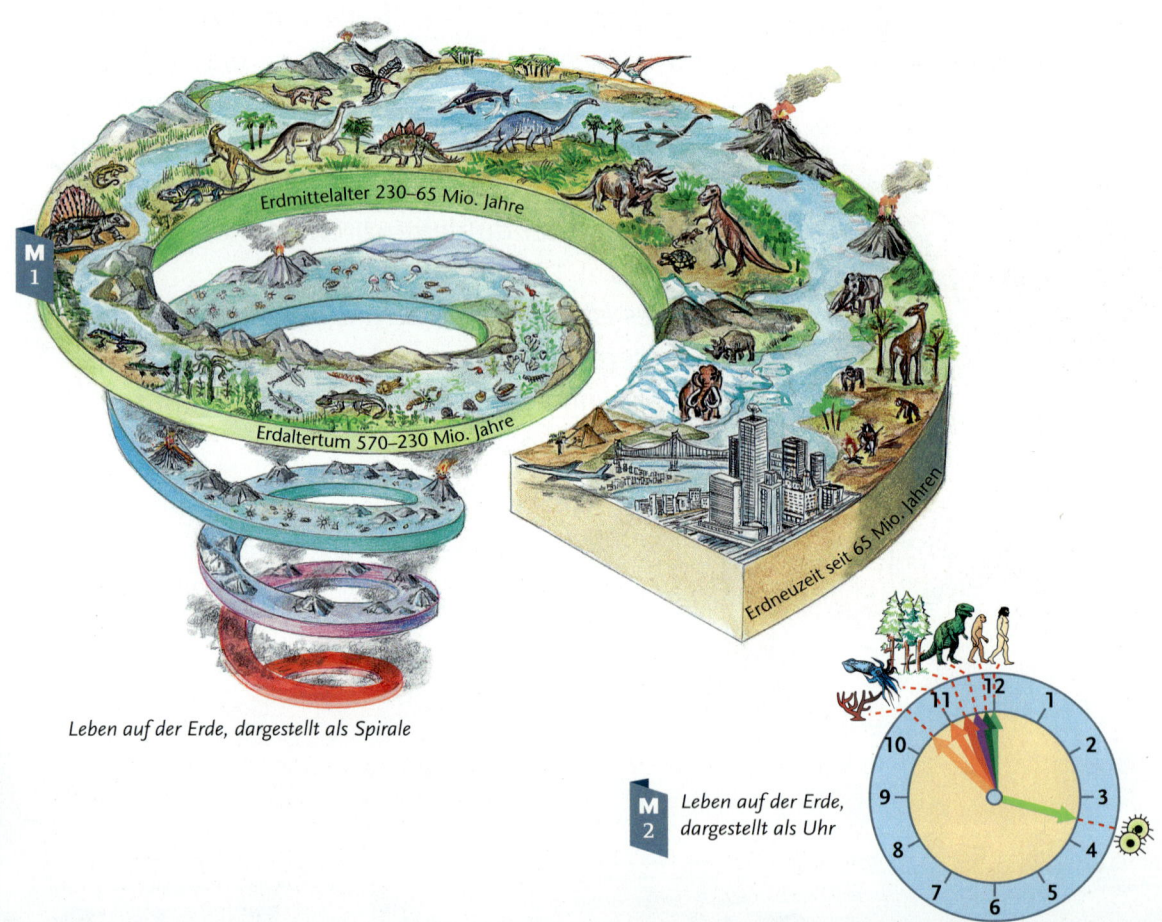

M 1 Erdmittelalter 230–65 Mio. Jahre
Erdaltertum 570–230 Mio. Jahre
Erdneuzeit seit 65 Mio. Jahren

Leben auf der Erde, dargestellt als Spirale

M 2 *Leben auf der Erde, dargestellt als Uhr*

| 2200 v. Chr. | 800 v. Chr. | Christi Geburt | 500 n. Chr. | 1000 n. Chr. | 1500 n. Chr. | 2000 n. Chr. |

Entstehung der ägyptischen
Hochkultur um 3000 v. Chr.

Antike   Mittelalter   Neuzeit

Bronzezeit in   **Eisenzeit in**
Mitteleuropa   **Mitteleuropa**

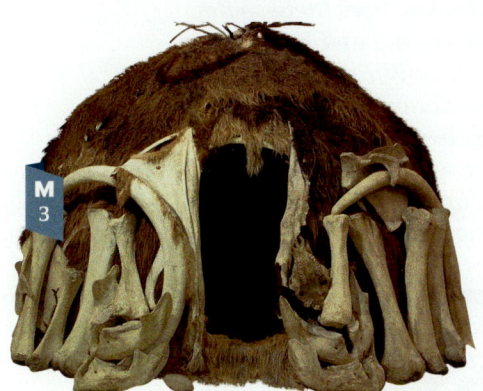

Rekonstruktion eines Zeltes aus der Altsteinzeit, Frankreich, 2005   *Getreidemühle aus der Jungsteinzeit, Herxheim, Rheinland-Pfalz*

*Eine Archäologin des Landes-
museums für Vorgeschichte in Halle
betrachtet die „Himmelsscheibe
von Nebra", gefunden in Sachsen-
Anhalt, 2000. Sie misst fast 32 Zen-
timeter im Durchmesser und ist
zwei Kilogramm schwer. Die Hori-
zontbögen an der Außenseite kennzeichnen exakt den Verlauf der Sonne. Dargestellt ist auch das Sternbild
der Plejaden. Nach diesem Gestirn
könnten sich die bronzezeitlichen
Bauern vor etwa 3600 Jahren bei
der Aussaat gerichtet haben. Zu
dem sogenannten Jahrhundertfund
gehörten auch zwei Bronzeschwer-
ter, zwei Bronzebeile und ein Meißel
aus Bronze.*

1 **Partnerarbeit:** Beschreibt M1 und findet eine Erklärung dafür, warum eine Spirale als Darstellungsform
gewählt wurde.
2 Bestimme mithilfe von M2 die „Uhrzeit" für die Entstehung der ersten Organismen, der ersten Fische,
der ersten Landwirbeltiere, der Dinosaurier und der
ersten Menschen.

3 Sieh dir M3, M4 und M5 an: Was verraten dir die
Gegenstände über die Lebensweise und die technischen Kenntnisse der Menschen, die sie benutzt
haben?
4 M3 bis M5 stammen aus unterschiedlichen Epochen.
Stelle sie mithilfe des Zeitstrahls in eine zeitliche
Reihenfolge.

Wie haben sich die Menschen entwickelt und verbreitet?

Webcode: FG2450006-030
Die Evolution des Menschen

Die Archäologen* Richard und Meave Leakey vermuteten schon lange, dass die ersten Menschen in Afrika, am kenianischen Turkanasee, lebten. Bei einer Grabungsexpedition 1984 fanden sie den Beweis. Richard Leakey berichtete später: „Am 23. August erspähte Kamoya Kimeu, mein ältester Freund und Kollege, ein kleines Bruchstück eines alten Schädels zwischen Kieseln … Wir entdeckten, was sich schließlich als vollständiges Skelett eines Menschen herausstellte, der am Ufer des alten Sees vor über 1,5 Millionen Jahren gestorben war." Es handelte sich um einen Jungen, der zum Zeitpunkt seines Todes etwa neun Jahre alt war.

- *Welche Schlüsse zog die Forschergruppe aus ihrem Fund?*
- *Was verbindet uns mit dem Urmenschen vom Turkanasee?*

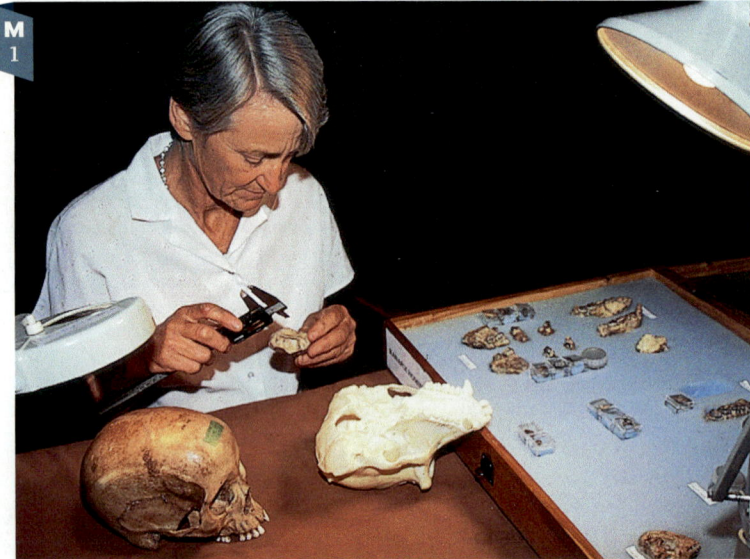

M 1

Sortieren von Knochenfunden, Foto, 1984. Meave Leakey mit Schädeln vom Homo erectus und vom Schimpansen.

M 2

Wer war der Junge vom Turkanasee?

Der Turkanaknabe gehörte zur Art Homo erectus[1] – einer Art, die in der Geschichte der menschlichen Evolution[2] eine entscheidende Rolle gespielt hat. Aufgrund von Belegen … wissen wir, dass sich die
5 erste menschliche Art vor etwa sieben Millionen Jahren entwickelt hat. Als der Homo erectus vor fast zwei Millionen Jahren die Bühne betrat, war die Vorgeschichte der Menschheit schon ziemlich weit gediehen. Die menschliche Vorgeschichte nahm vor
10 zwei Millionen Jahren offenbar eine entscheidende Wendung. Homo erectus war die erste menschliche Spezies[3], die Feuer benutzte; die erste, welche die Nahrungsbeschaffung zu einem wesentlichen Teil durch die Jagd bestritt; die erste, deren Vertreter
15 wie heutige Menschen laufen konnten und nach einem bestimmten gedanklichen Modell Steinwerkzeuge herstellten … Wir können erkennen, dass der frühe Homo erectus hochgewachsen war … knapp 1,80 Meter groß …, athletisch und sehr muskulös.
20 Selbst der stärkste Berufsringer von heute hätte gegen einen durchschnittlichen männlichen Homo erectus wenig ausrichten können.

Richard Leakey, Die ersten Spuren, München (Bertelsmann) 1997, S. 14f. und 114f.

....

[1] *„der aufrecht gehende Mensch", Urmensch*
[2] *Entwicklung, kontinuierliche Veränderung*
[3] *Begriff aus der Biologie: Art, Gruppe gleicher Lebewesen*

Vormensch = Australopithecus

Lebte vor 4,5 bis 1 Million Jahren in Afrika; aufrechter Gang, aber die Einordnung als Mensch ist wegen seines kleinen Gehirns umstritten; Größe 120–150 cm; stellte keine Werkzeuge her; ernährte sich vor allem von Pflan-
5 zen; „Australopithecus" heißt „Südaffe".

Frühmensch = Homo habilis

Lebte vor 2,5 bis 1,5 Millionen Jahren in Afrika; Größe 120–150 cm; stellte einfache Werkzeuge her, daher der Artname „habilis" (= geschickt); ernährte sich von Pflan-
10 zen und Tieren.

Urmensch = Homo erectus

Lebte vor 2 Millionen bis 40 000 Jahren, erst in Afrika, später in Asien und Europa; Größe 160–180 cm; stellte fein bearbeitete Faustkeile her, nutzte das Feuer und
15 jagte; ernährte sich von Pflanzen und Tieren; konnte mit großer Wahrscheinlichkeit sprechen. Der Beiname „erectus" bedeutet: „aufrecht".

Neandertaler = Homo sapiens* neanderthalensis

20 (lateinisch sapiens = wissend; neanderthalensis: Fund in Mettmann-Neandertal (in der Nähe von Düsseldorf) Lebte vor 130 000 bis 30 000 Jahren in Europa; seitdem ausgestorben; Größe etwa 160 cm; stellte zahlreiche Steinwerkzeuge her; verwendete Farbstoffe; beherrschte
25 komplexeres Denken, z. B. bei der Herstellung von Stein-geräten und Birkenpech, ein Klebstoff aus Birkenrinde; konnte sprechen; regelmäßige Bestattung der Toten und Beilage von Grabbeigaben bei den späten Neandertalern.

Jetztzeitmensch = Homo sapiens* sapiens

30 Erste Formen kamen vor etwa 200 000 Jahren in Afrika vor. Von dort aus erfolgte die weltweite Ausbreitung; Größe etwa 180 cm; stellte Werkzeuge und Waffen aus Stein, Holz und Knochen her; glaubte an göttliche Mäch-te; weitere Funde: Schmuck, Höhlenmalereien, kleine
35 Figuren, Nähnadeln. Europa mit seinem kühlen Klima erreichte der Jetztzeitmensch vor ca. 40 000 Jahren.

Die Entwicklung des Menschen

1 Richard und Meave Leakey wollen ihren Freunden von dem Fund am Turkanasee berichten. Schreibe einen Brief. Ziehe den Moderationstext, M1 und M2 heran.
2 Schlage im Atlas nach, wo der Turkanasee liegt und beschreibe seine Lage.
3 Stelle fest, worin Leakey die „entscheidende Wen-dung" in der menschlichen Entwicklung sieht (M2).
4 Lege eine Tabelle an: Trage in die obere Zeile die ver-schiedenen Menschenarten ein, die in M3 genannt werden. Schreibe zu jeder Menschenart auf, was du über Lebenszeiten, Verbreitung, Größe, Fähigkeiten und Ernährung jeweils findest.
5 **Recherche:** Informiere dich über den Neandertaler (Lexikon/Internet) und berichte in der Klasse.

Einen Sachtext lesen und verstehen

Die Darstellungstexte in deinem Schulbuch sind Sachtexte. Sie führen in ein Thema ein oder erläutern einen bestimmten Sachverhalt. Anders als die Textquellen wurden die Darstellungstexte von den Schulbuchverfassern geschrieben. Auch auf dieser Seite findest du einen Sachtext. Mit der „5-Schritt-Lesemethode" (grüne Tabelle rechts) kannst du ihn erschließen.

Wie unterscheiden sich Neandertaler und Jetztzeitmensch?

Bis vor 30 000 Jahren lebten verschiedene Menschenarten auf der Erde. Alle stammten ursprünglich aus Afrika. Heute gehören alle Menschen zur Gruppe des Homo sapiens sapiens, dem Jetztzeitmenschen. Das Ad
5 jektiv sapiens (= „weise" oder „mit Vernunft begabt") wird beim Jetztzeitmenschen verdoppelt, damit der Unterschied zur Menschenart des Neandertalers deutlich wird. Die Neandertaler lebten ebenfalls zuerst in Afrika, dann in Europa und Teilen Asiens. Sie waren muskulöser
10 als der Jetztzeitmensch. Die Gehirne dieser beiden Menschenarten waren etwa gleich groß. Ihr gemeinsamer Vorfahre war der Homo erectus. Die Neandertaler benutzten Werkzeuge und das Feuer, waren ausgezeichnete Jäger und begruben ihre Toten.
15 Der Jetztzeitmensch verbreitete sich vor 70 000 Jahren von Ostafrika über Arabien und den Nahen Osten nach Asien und Europa. Es gelang einzelnen Gruppen sogar, das offene Meer nach Australien und Nordamerika zu überqueren. Diese Menschen erfanden im Laufe der Zeit
20 Boote, Öllampen, Pfeil und Bogen, dazu Nadeln, mit denen sie sich warme Kleider nähen konnten. Als die Jetztzeitmenschen vor 40 000 Jahren Europa erreichten, wichen die Neandertaler offenbar vor ihnen zurück und verschwanden schließlich ganz. Die bislang jüngsten
25 Knochenfunde von Neandertalern stammen aus dem heutigen Spanien und sind 30 000 Jahre alt.
Warum der Neandertaler ausstarb, wissen wir nicht genau. Offenbar besaß der Jetztzeitmensch ab der Zeit um 40 000 v. Chr. ein weiterentwickeltes und leistungsstär
30 keres Gehirn. Dadurch konnte er sich sprachlich besser ausdrücken und war technisch überlegen. So fertigte der Jetztzeitmensch z. B. Höhlenmalereien und Schnitzfiguren an. Darin sehen wir aus heutiger Sicht den Ursprung unseres künstlerischen und religiösen Denkens.

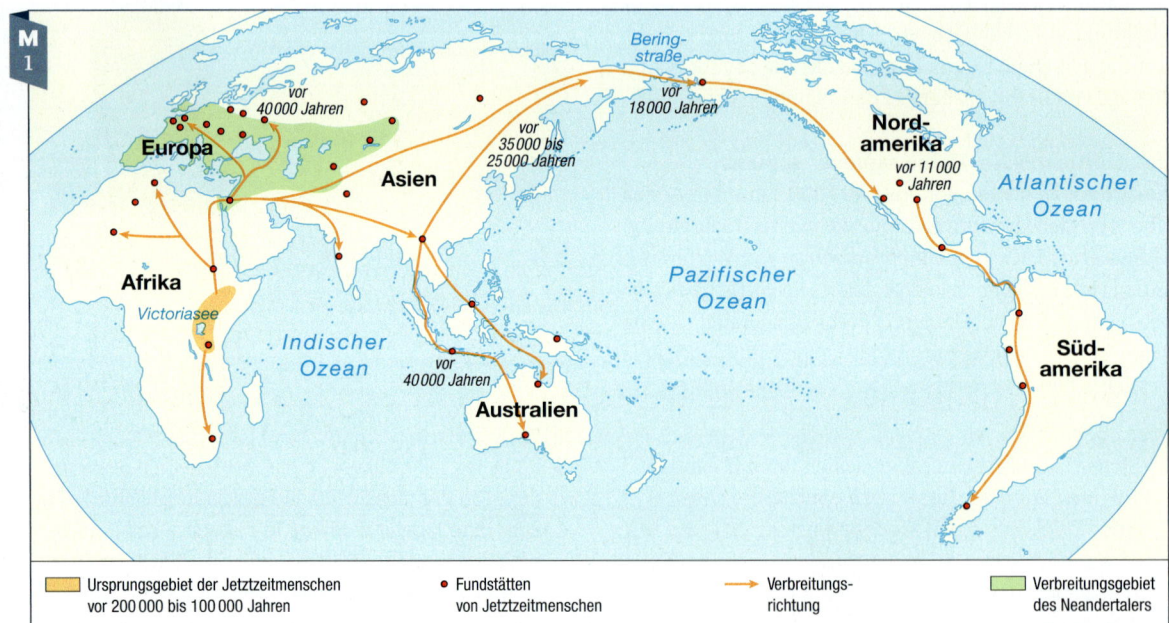

Fundstätten und Verbreitung von Jetztzeitmenschen und Neandertalern

M 2

Neandertaler (Rekonstruktion) und Jetztzeit-mensch, Ausschnitt aus einem Werbeprospekt des Neanderthal Museums Mettmann, Foto, undatiert

Arbeitsschritte „Einen Sachtext lesen und verstehen"

1. Schritt: Ersten Überblick verschaffen	**Lösungshinweise zum Text S. 32**
Welche Überschrift hat der Text?	…
Wie ist der erste Eindruck von Inhalt und Aufbau des Textes?	*die Lebensweise der Neandertaler und der Jetztzeitmen-schen wird beschrieben; neue Forschungsergebnisse*
2. Schritt: Fragen stellen	
Was weiß ich schon über das Thema?	*Zu Beginn der Entwicklung der Menschen gab es unter-schiedliche Menschenarten; siehe S. 31*
Wer kommt in dem Text vor?	*Jetztzeitmenschen, Neandertaler …*
Wo und wann findet das Dargestellte statt?	*Altsteinzeit, Afrika, Europa, Teile Asiens, Nordamerika, Australien; siehe Karte M1*
Worum geht es?	*Der Jetztzeitmensch breitete sich als erste Menschenart über die ganze Erde aus und verdrängte den Neandertaler.*
Welche Fragen bleiben offen?	*Offen bleibt, warum der Neandertaler ausstarb. …*
3. Schritt: Schlüsselwörter klären	
Welche schwierigen Wörter oder Unklarheiten muss ich klären?	*Homo sapiens sapiens, Homo erectus (Lexikon im Anhang, Wörterbuch)*
Welche Schlüsselwörter hat der Text?	*Jetztzeitmensch, Neandertaler, 30 000 Jahre v. Chr.*
4. Schritt: Textaufbau erfassen	
In welche Abschnitte lässt sich der Text gliedern? Welche Überschriften passen zu den Textabschnitten?	• *Die Menschenart Neandertaler breitet sich von Afrika nach Europa und in Teile Asiens aus. (Z. 8ff.)* • *Vor 70 000 Jahren wandert der Jetztzeitmensch von Ostafrika nach Europa, Asien, Amerika und Australien und verdrängt den Neandertaler in Europa. (Z. 15ff.)* • *(…)*
5. Schritt: Inhalt wiedergeben	
Gib mithilfe der Überschriften und Schlüsselwörter den Inhalt des Textes wieder.	*schriftlich (wenige kurze Sätze) oder mündlich (Stich-worte)*

1 Erschließe den Sachtext S. 26 mithilfe der Arbeits-schritte. Ergänze die Lösungshinweise an den mar-kierten Stellen (…).
2 Erkläre in eigenen Worten die Merkmale der beiden genannten Menschenarten.

3 Beschreibe mithilfe von M1 die Ausbreitung des Jetztzeitmenschen über die Erde. Schreibe die Kon-tinente aus der Karte heraus und füge die Jahres-zahlen der Ausbreitung hinzu.
4 **Partnerarbeit:** Besprecht, ob ihr euch durch die Werbung M2 angesprochen fühlt.

Wie lebten die Menschen in der Altsteinzeit?

*In dem thüringischen Dorf Bilzingsleben haben Archäologen 1969 einen Lager-
platz ausgegraben, der vor ca. 350 000 bis 400 000 Jahren von Urmenschen
besiedelt war. Er ist ein typisches Beispiel für das Leben in Europa in der Altsteinzeit, als die Menschen Jäger und Sammler waren. Am Beispiel dieses Lagerplatzes
kannst du untersuchen, wie sich die Urmenschen an die Bedingungen ihrer Umwelt anpassten.*

M1 *Lebensbild des altsteinzeitlichen Siedlungsplatzes von
Bilzingsleben, Rekonstruktionszeichnung, 1999*

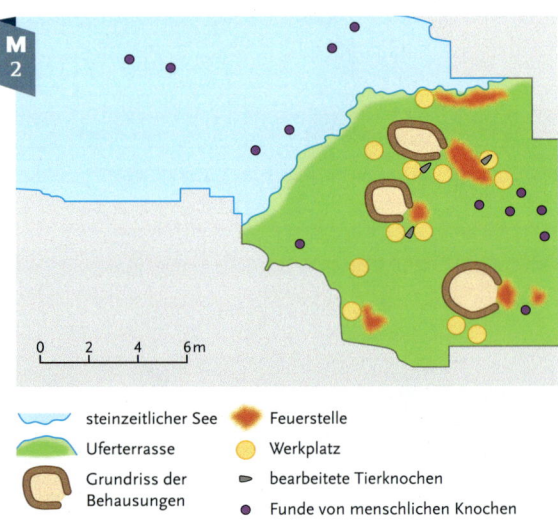

0   2   4   6m

— steinzeitlicher See   ◆ Feuerstelle
— Uferterrasse   ● Werkplatz
⬭ Grundriss der   ⬥ bearbeitete Tierknochen
Behausungen   ● Funde von menschlichen Knochen

Schematischer Plan des Lagerplatzes von Bilzingsleben

Kaltzeiten und Warmzeiten in Europa

Der Urmensch war der erste Menschentyp, der Afrika in
Richtung Norden verließ (siehe Karte S. 34). Warum aber
tauchte er erst vor 1,2 Millionen Jahren in Südeuropa
und dann in Osteuropa vor 650 000 Jahren auf? Verein-
5 facht kann man wohl sagen: Weil es in Europa viel kälter
war als in Afrika.
Vor rund 2,5 Millionen Jahren hatte in den nördlichen
Regionen der Erdkugel das Eiszeitalter begonnen. Kalt-
und Warmzeiten, die jeweils zwischen zehn- und hun-
10 derttausend Jahren dauerten, wechselten sich ab. Es
bildeten sich bis zu 3000 Meter dicke Eisschichten, die
Nordeuropa bedeckten und bis über die Elbe reichten.
Auch die Alpen und Pyrenäen waren vereist. In den
Warmzeiten schmolz das Eis und die Gletscher zogen
15 sich zurück. Es entstanden wieder Wälder: Tiere und
Menschen rückten von Neuem in die verlassenen Gegenden vor. Die letzte Warmzeit, in der wir heute leben,
begann um 9000 v. Chr.

Lagerplatz am See:
20 ## die Urmenschen von Bilzingsleben

Funde an verschiedenen Orten haben ergeben, dass die
Urmenschen ihre Lagerplätze in Wassernähe hatten.
Häufig waren es Uferterrassen oder Sandkegel, die einen
Aufenthalt auf trockenem Boden ermöglichten. Hier
25 fand sich auch das Wild ein – ihre Jagdbeute. Behausungen waren abhängig von den vorhandenen Materialien
und den klimatischen Bedingungen (siehe S. 35).
Die Funde von Bilzingsleben, insgesamt etwa 500 000
Objekte, deuten auf die Nahrungsgrundlage der Men-
30 schen in der Altsteinzeit hin: Sie jagten Tiere, darunter
Waldelefanten, Nashörner, Pferde und Hirsche, und
sammelten Wildfrüchte, Wurzeln, Eier, Bienenhonig und
Ähnliches. Die Menschen lebten in Gruppen von etwa
25 bis 30 Personen als Nomaden*: Sie blieben nur so
35 lange an einem Ort, wie die Umgebung sie ernähren
konnte. Gab es keine Beutetiere oder andere Nahrungsmittel mehr, zogen sie weiter. Die Gruppengröße ermöglichte gemeinsame Jagden und Fischfang mit Schlepp-
netzen.

Der Ausgrabungsleiter Dietrich Mania über den Fundort Bilzingsleben (2004)

Mit Sicherheit haben sich die frühen Menschen von Bilzingsleben nicht nur von Fleisch und Fisch ernährt. Zwar fanden wir in dem Lager nur ein paar Schalenstücke von großen Flussmuscheln
5 und Vogeleiern ... Doch ist anzunehmen, dass diese Menschen vielerlei Pflanzenprodukte zu sammeln und zu nutzen wussten. Sicherlich ernteten sie Nüsse, Eicheln, Beeren, Pilze, junge Sprossen und Salate ...
10 Die vielen gefundenen Bohrer ... bedeuten vermutlich, dass mit ihnen organische Materialien hergerichtet wurden, etwa Holz, Bast oder vielleicht auch Felle und Häute. Benutzten die Bewohner solches Spezialwerkzeug, um etwa
15 Behältnisse, Tragen, vielleicht sogar einfache Kleidung anzufertigen? Zumindest im Winter liefen sie vermutlich nicht nackt herum. Allerdings reagiert menschliche Haut auf ungegerbte[1] Felle und Häute mit schlimmen Ekzemen[2]. Kannten diese
20 Frühmenschen schon einfache Gerbverfahren? ... Offensichtlich war das Lager von Bilzingsleben dauerhaft über mehrere Jahre bewohnt ... Hier hatte sich der Homo erectus eine eigene Umwelt geschaffen, die vor Zwängen und Gefahren der
25 Natur einigermaßen schützte. Solch eine abgeschirmte Siedlung bot viele Vorteile. Beispielsweise konnten Teilgruppen zur Jagd oder zum Sammeln losziehen, während andere Gruppenmitglieder im Lager zurückblieben. Allein diese
30 unterschiedlichen Aufgaben ... vertieften eine Arbeitsteilung.

Dietrich Mania, Die Urmenschen von Thüringen. In: Spektrum der Wissenschaft, Heidelberg, 10/2004, S. 43 ff.

....

[1] *gerben: Tierhäute zu Pelzen oder Leder verarbeiten*
[2] *Hautentzündungen*

Europa im Eiszeitalter

Legende:

- ☁ größte Ausdehnung der Vereisung
- *1000* Dicke der Eisschicht (in Meter)
- heutige Küstenlinien, Flüsse und Seen
- ● wichtige Fundorte
- ⬛ Tundra
- ⬛ Steppe
- ⬛ Löss-Steppe
- ⬛ Mittelmeersteppe
- ⬛ Wald

1 = Salzgitter

600 km

....

Altsteinzeit

Die Altsteinzeit (Paläolithikum, griech. palaios = alt, lithos = Stein) ist die älteste und längste Epoche in der Geschichte der Menschen. Sie begann vor etwa 2 Millionen Jahren in Afrika und ging mit der letzten Eiszeit in Europa um 9000 v. Chr. zu Ende. Benannt wurde diese Epoche nach dem bevorzugten Werkstoff Stein.

....

1 Notiere, was M1 und M2 über das Leben und die Arbeit am Lagerplatz Bilzingsleben aussagen.

2 **Methode:** Erschließe M3 mithilfe der Arbeitsschritte S. 33.

3 Erarbeite mithilfe des Darstellungstextes und M3, warum die Menschen vermutlich an dieser Stelle einen Rastplatz hatten.

4 **Wähle eine Aufgabe aus:**
   a) Beschreibe anhand von M4 die Naturräume Europas im Eiszeitalter.
   b) Kläre die Begriffe Tundra und Steppe und informiere dich über die Lebensbedingungen dort.
   c) Nenne anhand von M4 Gebiete, wo Menschen leben konnten. Begründe deine Aussagen.

Webcode: FG2450006-035
Entstehung von Eiszeiten

Felsenbilder aus der Altsteinzeit

Die Menschen der Altsteinzeit haben uns kunstvoll gezeichnete Felsenbilder hinterlassen. Zu den berühmtesten Höhlenmalereien zählen die Funde in Südfrankreich und Nordspanien. Die spannende Geschichte ihrer Entdeckung wird in dem Roman „Mit Jeans in die Steinzeit" erzählt, den du hier kennen lernst.
- *Was können uns die Felsenbilder mitteilen?*

Felsmalerei in der Höhle von Lascaux, Frankreich, um 15 000 v. Chr

Die Höhle von Lascaux

Vier Jungen entdeckten 1940 auf dem Gutshof Lascaux in Südfrankreich durch Zufall eine Höhle, die tief im Innern mit Felszeichnungen bedeckt war. Sofort eilten Archäologen an die Fundstelle. Ihr Ergebnis: Die Bilder
5 stammten aus der Zeit um 15 000 v. Chr. Damit hatten die Jungen Spuren der ersten europäischen Jetztzeitmenschen entdeckt, die gegen Ende der Altsteinzeit von Afrika aus eingewandert waren.

Leben in der Altsteinzeit – mehr als Arbeit?

10 Die Künstler der Altsteinzeit bildeten auf Felswandzeichnungen vor allem Großwildtiere, Vögel und Fische ab, Menschen dagegen eher selten – oft abstrakt oder nur in Form von Handabdrücken. Einfache Umrisszeichnungen, aber auch aufwendige mehrfarbige Gemälde
15 und Bilderschriften wurden vor allem im Südwesten Frankreichs und in den Pyrenäen entdeckt. Die ältesten, rund 40 000 Jahre alten Gemälde wurden in Südafrika gefunden. Steingravuren in Australien deuten auf ein noch ungesichertes Alter von 75 000 Jahren hin.

20 Die Lage der Bilder zeigt, dass die natürliche Form der Felswände häufig in die Gestaltung einbezogen wurde. Die Künstler benutzten als schwarze Farbe Manganoxyd, das in der Natur als Braunstein vorkommt. Holzkohle ist seltener nachweisbar. Verwendet wurde auch
25 Tonerde in braunen, gelben und rötlichen Farben, die die Künstler pulverförmig gegen den Fels bliesen oder mit Öl anrührten.

Neben den Farbstoffen fand man auf den Höhlenböden Pinsel, Knochenröhrchen, Anmisch- und Reibsteine,
30 auch Lämpchen und Feuersteinwerkzeuge.

Warum diese Werke angefertigt wurden, ist unter Forschern umstritten. Manche meinen, dass sie Glück bei der Jagd bringen sollten. Andere sind der Auffassung, sie dienten dazu, um Schutzgeister anzurufen oder Einwei-
35 hungsrituale zu begleiten. Unbestritten ist, dass sie eine Art Zeichensprache darstellen, die die Menschen damals verstanden. Sie dachten über Tiere und Natur nach, über Götter und Tod.

M 2 Aus dem Roman „Mit Jeans in die Steinzeit" (1988)

Die 13-jährige Isabelle verbringt ihre Sommerferien bei Verwandten in Südfrankreich. Mit ihrer Cousine Suzanne und den Cousins Régis und Philippe entdeckt sie eine Höhle:

Zaghaft drangen sie tiefer in die Höhle ein ... Der Gang wurde zwar breiter, aber immer noch ging es leicht schräg abwärts. Philippe tappte mit der Taschenlampe voran, die beiden Mädchen mit ihren
5 Kerzen so dicht wie nur möglich hintendrein ... Philippe und Régis leuchteten gerade mit ihrer Taschenlampe eine tiefe Nische aus, als sie ein durchdringender Schrei jählings zusammenzucken ließ. Die Jungen sprangen auf. „Um Himmels willen, was ist
10 denn jetzt schon wieder los? Was ist passiert, wo steckt Isabelle, hat sie sich was gebrochen, ist sie gestürzt? Sag doch endlich was!" Philippe hatte seine Cousine an der Schulter gepackt und rüttelte sie:

„Du, sag was!" Doch Suzanne schien derartig ver-
15 stört, dass sie nur stumm auf den schmalen Durchschlupf deuten konnte. Philippe zwängte sich, die eine Schulter voran, schnaufend vor Erregung und Anstrengung hinein. „Isabelle", schrie er, indem er sich ohne Rücksicht auf die seine Kleider schürfen-
20 den Felswände voranschob. „Was hast du, was soll das hysteri...?" Das Schimpfwort blieb ihm buchstäblich in der Kehle stecken vor Entsetzen. Auge in Auge sah er sich einem angreifenden Bison gegenüber, der ihn mit gesenkten spitzen Hörnern
25 bedrohte und dessen Nüstern vor Wut geradezu schäumten und hörbar zu schnauben schienen. Noch niemals hatte Philippe, auch auf keiner noch so gelungenen Fotografie in irgendeinem Tierbuch, die rasende Angriffslust eines wilden gefährlichen
30 Tieres derart vollendet dargestellt gesehen.

Zit. nach Wolfgang Kuhn, Mit Jeans in die Steinzeit, München (= dtv-junior, Nr. 70144) 1988, S. 50 und 65.

M 3

Felsmalerei in der Höhle von Altamira, Spanien, um 13 000 v. Chr.

1 Beschreibe die in M1 abgebildete Situation möglichst genau. Nimm Stellung, ob du dich von der Darstellung angesprochen fühlst. Vergleiche auch mit M3.

2 **Partnerarbeit:** Erarbeitet den Romanausschnitt M2 anhand der folgenden Fragen:
   a) Um welches Thema geht es?
   b) Wer sind die handelnden Figuren?
   c) Wie wirkt der Ausschnitt auf euch?
   d) Prüft mithilfe von M1, M3 und des Darstellungstextes, vor welchem geschichtlichen Hintergrund die Erzählung geschrieben worden ist.

3 **Wähle eine Aufgabe aus:**
   a) Sieh dir den virtuellen Rundgang durch die Höhle von Lascaux an und beschreibe, welche Tiere dort abgebildet sind.
   Webcode: FG2450006-037
   b) Gestalte eine eigene Felsmalerei. Material: flache, raue Kalksteine oder Packpapier als Grundlage, Kohlestift, Rötel- und Ockerpulver (Farbengeschäft), Öl, Pinsel, Tupfer zum Auftragen.

Warum wurden die Menschen sesshaft?

Zwischen der Altsteinzeit und der Jungsteinzeit vollzog sich der bisher radikalste Umbruch in der Geschichte der Menschheit: Die Menschen wurden sesshaft. Was bedeutete das für ihre weitere Entwicklung?

- *Lies den Darstellungstext und notiere die wichtigsten Informationen in Stichworten.*
- *Wähle ein Material (A, B, C) aus und bearbeite es mithilfe der Aufgaben.*

Neue Möglichkeiten durch technische Erfindungen
In der Jungsteinzeit begannen die Menschen, die Natur für ihre Zwecke zu nutzen und zu gestalten. Vor allem rodeten sie große Waldflächen, da sie Platz für ihre Felder und Holz für den Bau von Siedlungen benötigten. Die
5 charakteristischen Langhäuser dieser Zeit boten mit ihren ca. 40 Metern Länge Platz für mehrere Familien und wahrscheinlich auch das Vieh. Erstmalig leiteten die Menschen Flussläufe um und bewässerten so ihre Felder. Die Arbeit veränderte sich durch technische Erfindun-
10 gen: Der hölzerne Hakenpflug und Holzspaten verbesserten den Feldanbau. Gefäße aus Ton ermöglichten eine Vorratshaltung. Andere Erfindungen waren das Spinnen, das Weben und das Durchbohren von Steinen. Die Arbeit mit den Werkzeugen erforderte viel Geschick, sodass
15 sich die Menschen auf bestimmte Tätigkeiten des Ackerbaus und der Viehzucht spezialisierten. Bald konnten sie mehr erwirtschaften, als sie für sich selbst zum Überleben brauchten. Man geht davon aus, dass in der Jungsteinzeit der Tauschhandel begann.

20 Auch das Zusammenleben musste organisiert werden – in der Familie, in der Sippe, im Dorf. Grundrisse von festen Gebäuden und große Gräberfelder zeigen, dass die Menschen in größeren Siedlungen mit rund 70 Häusern zusammenlebten. Über die Organisation in der frühbäu-
25 erlichen Gesellschaft wissen die Forscher allerdings noch wenig: Gab es z. B. einen Dorfvorsteher oder eine Dorfvorsteherin? Wie wurden Entscheidungen gefällt? Wie wurde Streit geschlichtet?

....

Jungsteinzeit – Neolithische Revolution
Die Jungsteinzeit (griech. Neolithikum) begann nach dem Ende der letzten Kaltzeit um 9000 v. Chr. im Raum des heutigen Vorderen Orients. Von dort verbreitete sich die neue Lebensform allmählich bis nach Europa und erreichte Mitteleuropa um 5500 v. Chr. Die Menschen wurden sesshaft, lebten in Dörfern und ernährten sich von Ackerbau und Viehhaltung. Nach Ansicht vieler Wissenschaftler war der Übergang von der Alt- zur Jungsteinzeit so bedeutsam in der Geschichte der Menschheit, dass sie von der „Neolithischen Revolution" sprechen. Die Jungsteinzeit endete um 2200 v. Chr.

 A

1 Beschreibe die neuen Techniken und Geräte von M1.
Tipp: Notiere in einer Tabelle, welche Funktionen die Geräte jeweils erfüllen sollen und wie sie das Leben der Menschen verändern konnten.

M 1 *Neue Techniken und Geräte in der Jungsteinzeit, Rekonstruktionszeichnung, 1999. Steinbohrer, Pflug, Räderwagen, Webstuhl, polierte Steinaxt, Töpferwaren*

B

Bau eines Hauses in der Jungsteinzeit, Rekonstruktion aufgrund von Grabungsergebnissen. Die verschiedenen Arbeitsgänge werden hier zeitgleich gezeigt; tatsächlich wurden sie nacheinander ausgeführt.

1 Erläutere anhand von M2 die Technik des Hausbaus. Bringe dabei die Arbeitsschritte in die richtige Reihenfolge: Flechtwände herstellen, die Wände mit Lehm verputzen, Dachkonstruktionen bauen, Tragpfosten errichten, das Dach mit Schilf decken

2 Zeichne ein Bild: Wie könnte das Haus eingerichtet gewesen sein? Berücksichtige deine Kenntnisse über Arbeit und Alltag der Menschen in der Jungsteinzeit (Darstellungstext, M1).

C

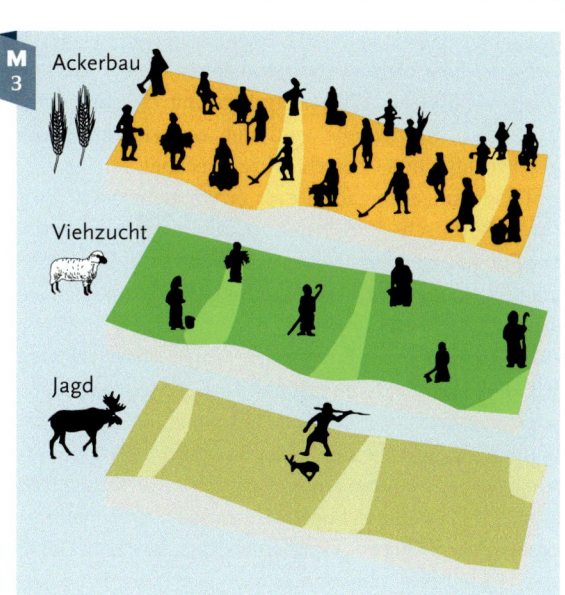

Wirtschaftsweisen beeinflussen das Leben der Menschen und die Natur in der Steinzeit. Dargestellt ist die Zahl der ernährten Menschen pro Quadratkilometer.

1 Schau dir M3 an. Überprüfe dann die folgenden Aussagen und schreibe sie richtig auf:
a) Die Jagd konnte sechs Menschen je Quadratkilometer ernähren.
b) Die Viehzucht konnte mehr Menschen je Quadratkilometer ernähren als der Ackerbau.

Aufgabe für alle:
Tragt in der Klasse Gründe dafür zusammen, dass die Lebensform der Jungsteinzeit sich ziemlich schnell verbreitete.

Der Mann aus dem Eis – eine Fallanalyse

Im September 1991 fand ein Ehepaar bei einer Bergwanderung in den Alpen eine mumifizierte Leiche. Bald wurde klar, dass es sich um eine Sensation handelte, denn der Fund erwies sich als ein Mann aus der späten Jungsteinzeit. In den folgenden Jahren wurde „Ötzi", wie er nach seinem Fundort genannt wurde, zur bestuntersuchten Mumie und zum Publikumsmagnet des Museums in Bozen.
- *Was haben Forscher über „Ötzi" herausgefunden?*

Die Leiche des Gletschermannes am Fundort, Foto, 1991

Ötzis Tod – ein Krimi?

Es ist Frühsommer, als der ungefähr 45 Jahre alte Mann den Südhang der Ötztaler Alpen hinaufsteigt. Seine Hand umklammert einen Dolch aus Feuerstein. Mit seiner Mütze aus Bärenfell, dem Grasumhang über seinem
5 Fellmantel und den gepolsterten Schuhen aus Hirschleder ist er gut gegen die Kälte des Hochgebirges gerüstet. Da surrt von hinten ein Pfeil heran, dringt tief in seine Schulter und bleibt in ihr stecken. Trotz innerer Blutungen kletterte der Mann weiter. Auf über 3000 Metern
10 Höhe legt er sich entkräftet hin und stirbt. Der einsetzende Schnee begräbt und gefriert den Mann über die nächsten 5300 Jahre.

Die Antworten der Wissenschaftler

Ob sich der „Fall Ötzi" genau so zugetragen hat, wissen
15 wir nicht, denn er beruht auf vielen Einzelergebnissen der Forschung. Es existiert keine Quelle, die über den Tod des Gletschermannes berichtet. Fest steht, dass Ötzi vor rund 5300 Jahren starb und damit aus der Kupferzeit (ca. 4300 bis 2200 v. Chr.) stammt. Wegen seines
20 wertvollen Kupferbeils wird der Gletschermann der gesellschaftlichen Oberschicht zugerechnet.

Untersuchungen ergaben, dass er vor seinem Tod Brot sowie Rothirsch- und Steinbockfleisch gegessen hatte. Die Funde sagen nichts über den „Beruf" des Gletscher-
25 mannes aus. Er könnte Hirte gewesen sein, aber auch ein Jäger oder ein Metallsucher.

Aufgrund der Pflanzenpollen in seinem Magen wissen wir aber, dass Ötzi im Frühjahr starb. In seinem Magen wurden auch Reste von Mehl gefunden, das mit Stein-
30 mühlen gemahlen wurde. Seine Kleidung bestand überwiegend aus Fell und Leder. Noch kurz vor seinem Tod arbeitete er an einem Bogen und an Pfeilen, die halbfertig in seinem Köcher gefunden wurden. In einem Gefäß aus Birkenrinde transportierte er Glut zum Feuerma-
35 chen. Das mitgeführte Birkenharz ergab gekocht als Teer den Alleskleber der Jungsteinzeit.

M2 Der Gletschermann, Rekonstruktion von Kleidung und Ausrüstung nach neuesten wissenschaftlichen Erkenntnissen, Südtiroler Archäologiemuseum in Bozen (Italien), Foto, 2011. Die Rekonstruktion ist 154 cm groß, der Gletschermann war bei seinem Tode etwa 45 Jahre alt und wog etwa 50 kg.

M3 Funde in der Nähe von Ötzis Leiche

Pfeile

Werkzeug zum Schärfen der Steingeräte.

Birkenrindenbehälter

Schuhe

Bärenfellmütze

Beil

Köcher mit Pfeilen

Gürteltasche

Dolch mit Scheide

1 Beschreibe anhand von M1 Fundort und Zustand des Gletschermannes.
2 Zeige anhand der Ausstattung des Gletschermannes (M2 und M3), wie er sich an Klima und Natur angepasst hat.

3 **Partnerarbeit:** Besprecht, anhand welcher Informationen es den Forschern gelang, eine Rekonstruktion von Ötzi anzufertigen (Darstellungstext, M2).
4 Erkläre, welche allgemeinen Erkenntnisse sich über das Leben im Alpenraum zu Lebzeiten Ötzis gewinnen lassen.

Die Kelten – Wohlstand durch Metall?

*Metalle als Werkstoffe gewannen in Europa seit ca. 2200 v. Chr. immer mehr an
Bedeutung: Auf die Steinzeit folgte die Metallzeit. Meister in der Metallverarbei-
tung waren die Kelten, die um 500 v. Chr. große Teile Europas besiedelten. Die
Römer nannten sie Gallier.*
- *Wie wurden Metalle gewonnen?*
- *Welche Bedeutung hatten Bronze und Eisen für die Kelten?*

Kupfer, Bronze, Eisen

Metalle kommen in bestimmten Gesteinen (= Erzen) vor,
die in der Erde lagern und in Bergwerken abgebaut werden. Aus diesen Erzen werden bei hohen Temperaturen
die Metalle herausgeschmolzen. Anschließend können
5 sie in Formen gegossen, geschmiedet, gewalzt und
mechanisch bearbeitet werden.
Kupfer war das erste Metall, das
Menschen im Vorderen Orient
im 6. Jahrtausend v. Chr. ge-
10 wannen. Da Kupfer relativ
weich ist, suchten die Menschen bald nach anderen
Möglichkeiten. Sie fanden
heraus, dass eine Mischung
15 aus Kupfer und Zinn im
Verhältnis 9 : 1 ein härteres
Metall ergibt: die Bronze.
Ein noch härteres Metall ist
das Eisen, mit dessen Ver-
20 wendung um 800 v. Chr. in
Mitteleuropa die Eisenzeit begann.

Die Kelten

Die Kelten stellten sowohl Waffen
25 als auch viele Gebrauchsgegen-
stände daraus her. Sie lebten in Stämmen und breiteten sich durch Kriegszüge und Wanderungen aus. Unser
Wissen über die Kelten überlieferten die Griechen und
30 Römer, da sie selbst keine Schriften hinterließen. Keltische Sprachen haben sich bis heute in Irland, Schott-
land, Wales und der Bretagne erhalten und werden im
Alltag benutzt.
Die Kelten lebten auf einzelnen Bauernhöfen und in
35 kleinen Dörfern. Im 3. und 2. Jahrhundert v. Chr. gründeten sie große, stadtähnliche Siedlungen mit Wehranlagen. Die Römer nannten sie „oppida". Im heutigen
Rheinland-Pfalz ist auf dem Donnersberg ein großes
keltisches Oppidum entdeckt worden.

Veränderungen in Gesellschaft und Kultur

40 Wie bei anderen Völkern bildete sich bei den Kelten eine
neue Arbeitsteilung heraus: Es entstanden Berufe wie
Schmied, Töpfer, Bergmann, Steinmetz und Händler.
Händler transportierten und tauschten Rohstoffe und
Produkte, manchmal über Tausende von Kilometern
45 hinweg. Dank ihrer Spezialisierung waren die Menschen in der Lage, mehr zu produzieren, als sie selbst
brauchten, hatten aber selbst weniger Zeit, das Feld zu
bestellen oder das Vieh zu hüten. Durch Tausch konnte
Vermögen angesammelt werden und in der Gemein-
50 schaft entstand ein „Oben" und „Unten": Die Mächtigsten standen als Fürsten oder Häuptlinge an der Spitze
der keltischen Stämme, regierten die Stammesgeschäfte
und kontrollierten den Fernhandel. Sie wurden in weit-
hin   sichtbaren Hügelgräbern mit
55   prunkvollen Grabbeigaben
                         bestattet. Eine besondere
                         Rolle spielten als religiö-
                         se Führer die Druiden,
                         die selbst nicht kämpf-
60   ten und keine Steuern
                         zahlten.

*Beigaben aus dem Grab einer keltischen Fürstin,
gefunden in Reinheim/Saarland, Foto, 2008*

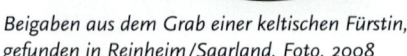

Lesetipp:
Martin Kuckenburg, Die Welt der Kelten: Entdeckungs-
buch, Stuttgart (Theiss) 2012.

Webcode: FG2450006-042
Film: Die Kelten

Die Ausbreitung der Kelten

Legende der Karte M2:
- ursprünglicher Siedlungsraum
- spätere Ausbreitung ab dem 5. Jh. v. Chr.
- → Vorstöße

Rohstoffe und Fundstellen:
- ● Kupfer
- ● Zinn
- ● Gold
- ● Bernstein
- ■ Funde von Barren und Schwertern, die auf die Verhüttung und den Handel mit Eisen hinweisen
- — heutige Staatsgrenzen

Al. = Albanien
And. = Andorra
B.-H. = Bosnien-Herzegowina
Lux. = Luxemburg
Jord. = Jordanien
K. = Kosovo
Öst. = Österreich
Mo. = Montenegro
Mz. = Mazedonien
Sl. = Slowenien

Metallzeit

Die neuen Werkstoffe aus Metall veränderten das Leben der Menschen stark. Deshalb benennen wir geschichtliche Zeiträume nach dem bevorzugten Metall: Bronzezeit in Mitteleuropa zwischen 2200 und circa 800 v. Chr.; Eisenzeit in Mitteleuropa ab etwa 800 v. Chr. Werkzeuge, Geräte und Waffen wurden jetzt aus Eisen hergestellt.

Rekonstruiertes Keltendorf in Steinbach, Rheinland-Pfalz, 2004

1 **a)** Nenne Vor- und Nachteile wichtiger Werkstoffe aus der Steinzeit (Steine, Holz, Knochen).
   b) Vergleiche sie mit den Eigenschaften der in der Metallzeit verwendeten Metalle (Darstellungstext, M1).

2 Kläre mithilfe von M2, wo der ursprüngliche Siedlungsraum der Kelten war. Welche heutigen Länder Europas liegen im keltischen Kulturraum?

3 **a)** Finde mithilfe des Darstellungstextes heraus, welchem Zweck die Gebäude in M3 vermutlich gedient haben.
   b) Überlege, was bei der Rekonstruktion der Häuser bekannt ist und was nur vermutet werden kann.

4 Vergleiche, was Forscher über Dörfer in der Jungsteinzeit und über keltische Dörfer in der Eisenzeit herausgefunden haben.
   Tipp: Lies auch die Seiten 38/39.

5 **Internetrecherche:** Informiert euch in Gruppen über die Überreste keltischen Lebens im heutigen Südwestdeutschland. Stellt in der Klasse vor,
   • was gefunden wurde und wozu es diente,
   • aus welcher Zeit die Funde stammen,
   • ob und wo man die Funde besichtigen kann.
   Themenvorschläge: Keltenschanze am Donnersberg, Keltendorf Steinbach, Keltenmuseum Hochdorf, „Europäische Keltenroute".

Archäologen bei der Arbeit

Eine Abfallgrube aus der Eisenzeit, ein Feld mit Gräbern aus dem Mittelalter, Reste jungsteinzeitlicher Hauspfosten – hier finden Archäologinnen und Archäologen ihre Forschungsgegenstände. Sie sichern die Überreste und werten sie aus. Aber: Woher wissen sie, an welchen Stellen Überreste verborgen sind? Häufig ergänzen sich zufällige Entdeckungen und systematisches, detektivisches Suchen.

Archäologen bei der Ausgrabung eines frühmittelalterlichen Gräberfeldes, Foto, 2012

Wie arbeiten Archäologen*?

1. Schritt Suchen und Finden: Zunächst muss die Fundstelle festgestellt und beschrieben werden. Häufig geben Zufallsfunde beim Haus- oder Straßenbau erste Hinweise. Eine Ausgrabung wird dann systematisch vor
5 bereitet (Personal, Werkzeuge usw.).

2. Schritt Graben: Die Ausgrabung muss sehr vorsichtig durchgeführt werden: Grabungsgelände vermessen, Schicht für Schicht den Boden abtragen, vermessen, fotografieren, genaue Lage von Gegenständen eintragen
10 (Grabungstagebuch, Fundprotokoll führen).

3. Schritt Auswerten: Beschreiben, Datieren, Funktion der Funde klären; eventuell Biologen, Geologen, Chemiker, Kunsthistoriker heranziehen

4. Schritt Bewahren und Ausstellen: Funde reinigen,
15 restaurieren, ergänzen; für Besichtigung (Ausstellung) vorbereiten.

Zufallsfund Getreidemühle

Am 1. März 2013 kam die Jungsteinzeitexpertin Andrea Zeeb-Lanz auch nach Altrip, um einen jungsteinzeitlichen Fund zu besichtigen.

Der Hobbyhistoriker Wolfgang Schneider (71) hatte
5 beim Jäger Franz Kraus einen vermutlich jungsteinzeitlichen Mahlstein gesehen …

Franz Kraus, der schon seit Jahrzehnten Mammutzähne, römische Münzen und sonst allerlei Funde aus längst vergangenen Zeiten zusammengetragen
10 hat, war sofort bereit, den Mahlstein der Wissenschaft zur Verfügung zu stellen. Dies ist übrigens gesetzlich auch Pflicht …

Nun konnte ein weiteres Mosaiksteinchen einer jungsteinzeitlichen Besiedlung um Altrip vermerkt
15 werden.

Wochenzeitung „Durchblick", Speyer, 15. 03. 2013. Bearb. v. Verf.

. . . .

1 Gib mit eigenen Worten die Fundgeschichte der Altriper Getreidemühle M2 wieder.

  Tipp: Ziehe auch die Abbildung S. 29, M4 hinzu.

2 **Internetrecherche:** Informiere dich über die Methode der Luftbildarchäologie und stelle deine Ergebnisse anhand von Fotos in der Klasse vor.

  Webcode: FG2450006-044

3 **Methode:** Stelle fest, welche Arbeitsschritte der Archäologen in M1 und M2 dargestellt sind.

2 Mio. v. Chr.	800 000 v. Chr.	5500 v. Chr.	2200 v. Chr.	800 v. Chr.
Altsteinzeit in Afrika	Altsteinzeit in Mitteleuropa	Jungsteinzeit in Mitteleuropa	Bronzezeit in Mitteleuropa	Eisenzeit in Mitteleuropa

Leben in der Frühzeit

Spuren der ersten Menschen

Die ältesten Spuren der Menschen sind rund vier Millionen Jahre alt. Der heutige Mensch (= Jetztzeitmensch oder Homo sapiens sapiens) entwickelte sich aber erst vor rund 200 000 Jahren im warmen Klima Afrikas.

5 Leben in der Altsteinzeit

In der Altsteinzeit, die vor ungefähr zwei Millionen Jahren in Afrika begann, lebten die Menschen als Jäger und Sammlerinnen und zogen als Nomaden von Ort zu Ort. Um besser überleben zu können, lebten sie in kleinen 10 Gruppen. In die Natur griffen sie kaum ein.

Die Menschen stellten Werkzeuge aus Stein, Holz und Knochen her und nutzten das Feuer. Funde von Felsmalereien und kleinen Steinfiguren zeigen, dass die Menschen auch künstlerisch tätig waren. Die genaue Bedeu-15 tung der Kunstwerke kennen wir nicht. Zu vermuten ist aber eine kultische Verehrung der Natur. In der Altsteinzeit wechselte das Klima mehrfach zwischen Warm- und Kaltzeiten. Mit dem Ende der letzten Eiszeit um 9000 v. Chr. ging diese Epoche der Menschheits-20 geschichte zu Ende.

Leben in der Jungsteinzeit

Seit etwa 5500 v. Chr. veränderten die Menschen in Mitteleuropa ihre Lebensweise: Sie wurden sesshaft und lebten als Ackerbauern und Viehzüchter in dorfähnli-25 chen Siedlungen. Diese neue Epoche wird als Jungstein-

zeit bezeichnet. Die Menschen der Jungsteinzeit griffen in die Natur ein, um sie für ihre Zwecke zu nutzen. Sie rodeten Wälder, züchteten Getreide aus wilden Gräsern, zähmten und züchteten Schafe, Ziegen und Rinder. Da-30 bei dehnten sie Acker- und Weideflächen immer mehr aus, passten sich aber in Bauweise und Anlage der Felder auch der Natur an. Freigelegte Grundrisse von Häusern und große Gräberfelder belegen, dass die Menschen in größeren Gemeinschaften lebten.

35 Das Leben der Kelten in der Metallzeit

Die Gewinnung von Metallen aus Erzen gelang den Menschen zuerst mit Kupfer. Das war um 6000 v. Chr. im Vorderen Orient. Doch erst die Bronze, eine Mischung aus Kupfer und Zinn, war hart genug für eine Vielzahl 40 von Geräten und Waffen. Schwieriger zu gewinnen und zu verarbeiten, aber noch widerstandsfähiger und härter erwies sich das Eisen, was sich in seiner Vorform als Eisenerz an vielen Stellen in Europa fand. Spezialisten der Eisenverarbeitung waren die Kelten. Sie lebten in 45 Stämmen mit Fürsten und Druiden, waren erfolgreiche Händler und Krieger. Die Kelten wohnten in großen, stadtähnlichen Siedlungen mit Wehranlagen (oppida, Einzahl: oppidum). Sie kannten die Arbeitsteilung zwischen bäuerlichen und handwerklichen Berufen 50 (Schmied, Töpfer, Händler) und besiedelten große Teile Europas.

In diesem Kapitel konntest du folgende Kompetenzen erwerben:

- darstellen, woher die ersten Menschen kamen und wie sie sich auf der Erde verbreiteten
- beschreiben, wie die Menschen in der Altsteinzeit lebten
- vergleichen, wie die Menschen in der Altsteinzeit und in der Jungsteinzeit mit der Natur umgingen und sie nutzten

- erklären, wie sich Arbeit und Gesellschaft von der Altsteinzeit bis zur Metallzeit veränderten
- **Methode:** Einen Sachtext erschließen

. . . .

Jäger und sesshafte Bauern begegnen sich – ein Rollenspiel

Wie Menschen in der Geschichte gedacht und gefühlt haben, wissen wir nicht genau, besonders wenn die Überlieferungen sehr dürftig sind oder ganz fehlen. In einem Rollenspiel können schwierige Situationen der Vergangenheit, ⁵ *z. B. Konflikte zweier Gruppen oder Entscheidungen, nachgespielt werden. Die Auftaktseite zu diesem Kapitel (siehe S. 26/27) könnte so eine Situation darstellen.*

Beispiel Rollenkarte

Ein Jäger: Er ist 35 Jahre alt und Spezialist für das Aufarbeiten von Tierfellen. Er bewertet das Auftauchen der Siedler eher positiv. Schließlich könnte er in Notzeiten seine Felle gegen getötete Tiere der Bauern eintauschen.

Beispiel Situationskarte

Um ihr Feld- und Weideland zu vergrößern, verbrennen die Siedler eines jungsteinzeitlichen Dorfes den Wald hinter ihren Äckern. Die Gruppe von Jägern und Sammlerinnen, die den Wald bisher als Jagdgebiet genutzt hat, ist empört und beunruhigt: Wenn die Wildtiere durch Brandrodung verdrängt werden, müssen sie über große Entfernungen weiterziehen, um genug Beute für ihr Überleben zu machen. Jetzt kommen sie ins Dorf, um mit den Siedlern zu reden ...

Hilfe zur Gestaltung des Rollenspiels

1. Ausgangslage festhalten
Auf der Situationskarte festhalten, welche Situation nachgespielt werden soll. Welche Personen sind beteiligt? Welche Probleme sind zu lösen?

2. Rollen verteilen
Auf den Rollenkarten die spielenden Personen beschreiben: Tätigkeit, Eigenschaften, Verhalten und ihre Ziele. Vorgaben der Rollenkarten beachten, eigene Vorstellungen dürfen aber auch eingebracht werden.

3. Spiel vorbereiten
Die Spielerinnen und Spieler heften sich ein Schild mit ihrer Rollenkennzeichnung an. Sie besprechen die Situation (Situationskarte) und die Rollen (Rollenkarten) untereinander.

4. Spiel auswerten
Spielbeobachter machen sich während des Spiels Notizen zu den einzelnen Rollen. Sie bewerten das Spiel und begründen ihre Meinung. Wurden die Rollen glaubhaft gespielt? Welche Argumente wurden genannt? Passten sie in die Situation und die Zeit? Was war gut, was könnte verbessert werden?

Steinaxt, um 2500 v. Chr., gefunden bei Koblenz, 2008

Die Archäologin Brigitte Röder über Frauen- und Männerarbeit in der Jungsteinzeit (1998)

Das tägliche Arbeitspensum war um ein Vielfaches gestiegen, weil Ackerbau und Viehzucht wesentlich zeitaufwendiger sind als eine Nahrungssicherung durch Sammeln, Jagen und

5 Fischen ... Zur Arbeit in der Landwirtschaft kam eine Vielzahl neuer Tätigkeiten ... Ein völlig neuer, ebenfalls arbeitsintensiver Bereich war die Vorratshaltung ...

Der Anstieg von Arbeitsbelastung und Arbeits-

10 teilung wirkte sich auch auf das Geschlechterverhältnis aus, da offenbar neu ausgehandelt werden musste, welche Arbeiten Frauen und Männer jeweils zu übernehmen hatten ... Untersuchungen ... an den Knochen ... zeigen, dass [jungstein-

15 zeitliche] Frauen ausgesprochen hart und schwer arbeiteten.

Brigitte Röder, Jungsteinzeit – Frauenzeit? In: Bärbel Auffermann/Gerd-Christian Weniger (Hg.), Frauen Zeiten Spuren, Mettmann (Neanderthal-Museum) 1998, S. 244 f. und 261.

Goldschale und Eisendolch aus einem keltischen Fürstengrab, 6. Jh. v. Chr.

Methodenkompetenz

1 Wähle eine Aufgabe aus:
a) Beschreibe die Abbildungen M1 und M2. Stelle fest, um welche Quellenart es sich handelt.
Tipp: Ziehe S. 19 heran.
b) Prüfe mithilfe der Zeitleiste S. 43, in welche Epochen das Dargestellte eingeordnet werden kann. Begründe dein Ergebnis.
2 Bearbeite den Sachtext M3 mithilfe der Arbeitsschritte „Einen Sachtext erschließen" (S. 33). Fasse den Inhalt knapp und treffend zusammen und trage ihn in der Klasse vor.

Sachkompetenz

3 Kläre, zu welchem Menschentyp der Junge vom Turkanasee gehört (S. 30–32). Begründe.
4 Zwei Begriffe aus der Wortreihe passen jeweils zusammen. Schreibe sie paarweise auf:
Altsteinzeit – Feuer – Arbeitsteilung – Homo erectus – Sesshaftigkeit – Metall – Nomaden – Jungsteinzeit
5 Gestalte ein Rollenspiel „Jäger und Sesshafte begegnen sich" (siehe S. 44).

Urteilskompetenz

6 Überprüfe und erkläre die folgenden Aussagen:
a) Die ersten Menschen entwickelten sich zeitgleich in verschiedenen Erdteilen.
b) Die Menschen der Steinzeit hatten keine Zeit für kulturelle Leistungen oder technische Erfindungen.
c) Die Archäologie ist ein Fenster in die Vergangenheit.
7 Vergleiche Gesellschaft und Arbeit in Altsteinzeit, Jungsteinzeit und Metallzeit mithilfe einer Tabelle:

	Altsteinzeit	*Jungsteinzeit*	*Metallzeit*
Arbeit	...	*Steinwerkzeuge, Ackerbauern ...*	...
Ernährung	...	...	...
Zusammenleben	*Nomaden*	...	*Dorf ...*

8 Die jungsteinzeitliche bäuerliche Gesellschaft brachte für alle Menschen große Arbeitserleichterungen. Schreibe deine Meinung zu diesem Satz auf.
Tipp: Ziehe M3 heran.

3
Ägypten – eine Hochkultur

Am Stadtrand von Kairo, der heutigen Haupt-stadt Ägyptens, ragen gewaltige Pyramiden aus dem Wüstensand. Über 4500 Jahre sind die Riesenbauwerke alt. Tag für Tag stehen Tausende von Besuchern aus aller Welt stau-nend vor diesen faszinierenden und zugleich geheimnisvollen Zeugen einer großen Vergan-genheit.

Was könnte uns der abgebildete Fremden-führer wohl über das Alte Ägypten erzählen? Welche Fragen möchtet ihr ihm auf jeden Fall stellen?

Blick auf die Chephrenpyramide in Ägypten, Foto, 2003

3000 v. Chr.	2500 v. Chr.	2000 v. Chr.
Vereinigung von Ober- und Unterägypten unter einem König		
Erfindung der Hieroglyphenschrift	Altes Reich: Bau der großen Pyramiden als Königsgräber	Mittleres Reich: Ausdehnung des Reichs nach Nubien im Süden
	Hochkultur in Mesopotamien	um 1750 v. Chr. Hammurabi herrscht in Babylon

5500–2200 v. Chr.
Jungsteinzeit in Mitteleuropa; Metallzeit im Vorderen Orient

2200–800 v. Chr.
Bronzezeit in Mitteleuropa

Ägypten – eine Hochkultur

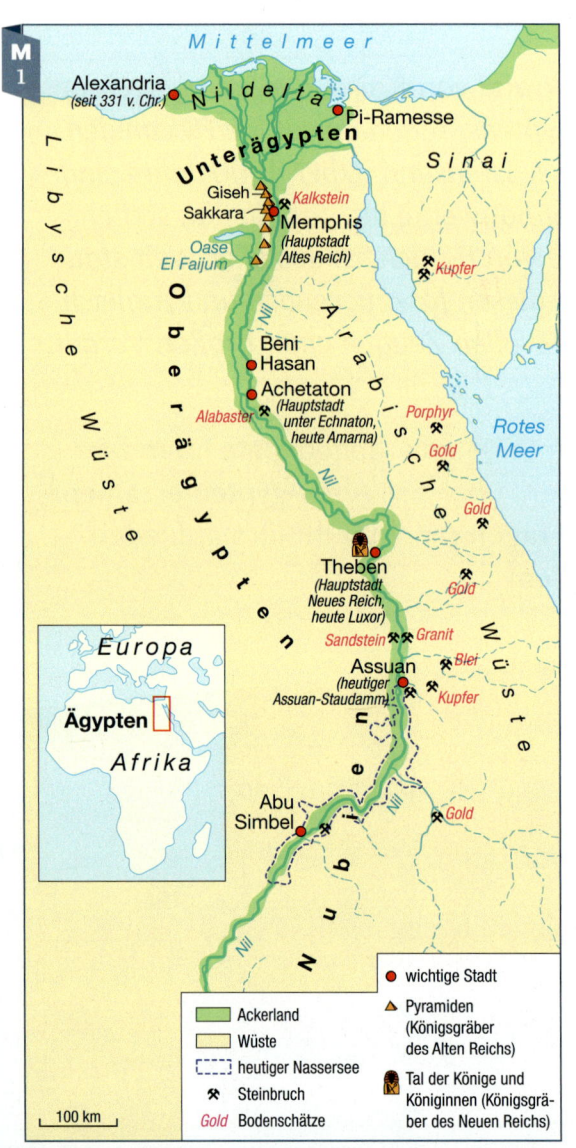

Ägypten zur Zeit des Neuen Reichs von 1550 bis 1070 v. Chr.

Während die Menschen in Europa in kleinen Dörfern lebten, entstand in Ägypten um 3000 v. Chr. ein großes Reich mit zahlreichen Einwohnern und prächtigen Bauwerken. Einige seiner Könige – die Pharaonen – ließen
5 sich als Grabstätten Pyramiden bauen.

Wissenschaftler haben in den zurückliegenden 200 Jahren wertvolle Entdeckungen machen können und eine Vielzahl von Erkenntnissen über das Pharaonenreich gesammelt. Ein Beispiel für eine solche Entdeckung zei
10 gen dir die Fotos auf der rechten Seite. Heute reisen Touristen aus aller Welt nach Ägypten oder sie besuchen die großen ägyptischen Museen in Kairo, Paris, London und Berlin.

Zwischen 3500 und 1500 v. Chr. gab es auch in anderen
15 Teilen der Erde große Reiche. Aber die Überreste aus der ägyptischen Vergangenheit sind zahlreicher und haben sich im trockenen Wüstenklima besser erhalten.

In diesem Kapitel untersuchst du,
• wie die Hochkultur in Ägypten entstand,
20 • was die Kennzeichen einer antiken Hochkultur waren.

1 **Wählt eine Aufgabe aus:**

Partnerarbeit: Bearbeitet eine der folgenden Aufgaben und stellt eure Ergebnisse in einem Kurzvortrag vor (siehe S. 189) :

a) Beschreibt, was sich anhand der Karte M1 und des Fotos M1 auf S. 44 über den Lebensraum in Ägypten vor etwa 3000 Jahren sagen lässt. Berechnet auch die Länge des Nils von Abu Simbel bis zur Mündung und die durchschnittliche Breite des „fruchtbaren Kulturlandes" auf dieser Strecke.

Tipp: Beachtet die Angaben in der Kartenlegende.

| | 1500 v. Chr. | 1000 v. Chr. | 500 v. Chr. | |

Neues Reich:
Ägypten wird Großmacht

berühmte Königinnen und
Könige: Hatschepsut, Echnaton, Nofretete, Tutanchamun, Ramses II.

753 v. Chr.
Gründung
Roms

M 3

Eingeweide-Sarkophag von Pharao Tutanchamun, 14. Jh. v. Chr.

M 2 *Grabkammer mit dem Sarkophag von Pharao Tutanchamun, 14. Jh. v. Chr.*

1922 wurde im Tal der Könige und Königinnen das unterirdische Grab des Pharaos Tutanchamun (ca. 1332–1323 v. Chr.) entdeckt. Auf dem Foto blickt man von oben in das Tal. In der Mitte ist der freigelegte Grabeingang zu erkennen.

b) Informiert euch in Sachbüchern (z. B. in eurer Schülerbücherei) über die Umstände der Entdeckung des Grabes von Tutanchamun. Entscheidet dann, ob diese Entdeckung eine „Sternstunde der Archäologie" war.

M 4

Webcode: FG2450006-051
Tutanchamun

Wie entstand in Ägypten eine Hochkultur?

Als sich vor etwa 9000 Jahren das Klima auf der Erde änderte und es immer wärmer wurde, trockneten große Teile Nordafrikas aus und wurden zur Wüste. Um zu überleben, ließen sich die Menschen als Bauern an den wasserreichen Flussufern des Nils nieder.

* *Welche Bedeutung hatte der Nil für die Ägypter und wie beeinflusste er ihr Leben?*

Nillandschaft heute bei Beni Hasan, Foto, um 2009

Gerät zum Schöpfen von Wasser (arabisch: Schaduf), Aquarell nach einem Wandgemälde im Grab des Ipui in der Arbeitersiedlung Deir-el-Medina im Tal der Könige bei Theben, um 1240 v. Chr.

Die Nilschwemme bietet fruchtbares Land

Im Gebiet der Nilquellen in Äthiopien regnet es im Frühsommer fast unaufhörlich. Bäche und Flüsse wälzen Massen fruchtbarer Erde in den Nil. Der Wasserstand des Nils stieg zwischen Juni und Oktober um bis zu acht
5 Meter an. Das flache Land verschwand unter den Fluten dieser alljährlichen Nilschwemme*. Wenn dann von Oktober bis Dezember der Wasserstand wieder sank und der Nil in sein Flussbett zurückgekehrt war, blieb auf den überschwemmten Flächen der fruchtbare Schlamm zu-
10 rück. Dies nutzten die Menschen aus: Sie pflügten und wässerten die Äcker, säten Getreide und bauten vielerlei Pflanzen an. Vier Monate später konnten das Korn geschnitten, Linsen, Bohnen, Trauben, Datteln und Feigen geerntet werden. Danach lag das Land vier Monate lang
15 brach*.

… und bestimmt das Leben der Ägypter

Der Nil ermöglichte den Ägyptern zwar einen ertragreichen Ackerbau, trotzdem stellte er sie auch vor schwierige Aufgaben: War die Flutwelle zu hoch, so wurden
20 Dörfer und Siedlungen überschwemmt und zerstört, war sie zu niedrig, blieben weite Gebiete trocken, und es drohte eine Hungersnot. Um das Hochwasser zu bändigen, schlossen sich die Menschen zu dörflichen Gemeinschaften zusammen und bauten ein gemeinsames
25 Bewässerungssystem* aus Deichen, Dämmen und Bewässerungskanälen. Mit einfachen Schöpfwerken wurde das Wasser auf die höher gelegenen Felder gebracht. Den Menschen fiel auf, dass die Nilflut immer dann Unterägypten erreichte, wenn im Juni der Stern Sirius kurz
30 vor Sonnenaufgang hell am Horizont erschien.
Für die Ägypter war dies der Jahresanfang. Die Zeit bis zum nächsten Auftauchen des Sterns teilten sie in zwölf Monate auf. So entwickelten die Ägypter erstmals einen Kalender*.

Versorgungssicherheit durch Vorratshaltung

35 Nach jeder Nilschwemme mussten die Felder neu vermessen werden. Aus dieser „Kunst der Feldvermessung" entwickelte sich eine Wissenschaft, die von den Griechen später Geometrie* genannt wurde. Da die Ernte
40 nicht immer gleich gut war, bewahrte man Getreideüberschüsse aus guten Jahren in Speichern auf. So entstand eine Vorratshaltung* zur Versorgung der Bevölkerung in schlechten Erntejahren.

Ohne Zusammenarbeit vieler Menschen und einer guten
45 Verwaltung mit dem Pharao an der Spitze des Staates wären diese Leistungen nicht möglich gewesen.

Hochkultur

Merkmale einer Hochkultur sind: ein Staat mit zentraler Verwaltung und Regierung, Arbeitsteilung, Schrift, Zeitrechnung, Kunst, Architektur, Anfänge von Wissenschaft und Technik.

M3

Ein ägyptisches Lied über den Nil aus dem 2. Jahrtausend v. Chr.:

Sei gegrüßt, Nil, hervorgegangen aus der Erde, gekommen, um Ägypten am Leben zu erhalten! Herr der Fische, der die Zugvögel stromauf ziehen lässt, der Gerste schafft und Bohnen entste-
5 hen lässt.
Wenn er faul ist, dann werden die Nasen verstopft und jedermann verarmt.
Wenn er habgierig ist, ist das ganze Land krank, Große und Kleine schreien.
10 Beständig an Regeln, kommt er zu seiner Zeit, Ober- und Unterägypten zu füllen.
Der die Menschen kleidet mit dem Flachs[1], der den Webergott seine Erzeugnisse herstellen lässt und den Salbengott sein Öl.
15 Alle Erzeugnisse werden aus ihm hervorgebracht.
... Fließe, Nil! Man opfert dir.
Komm nach Ägypten! Auf, Verborgener!
Der Menschen und Tiere am Leben erhält mit seinen Gaben des Feldes.

Zit. nach Jan Assmann (Hg.), Ägyptische Hymnen und Gebete, Zürich (Artemis) 1975, S. 500 ff. Bearb. v. Verf.

[1] *Pflanze zur Herstellung von Leinenstoff und Öl*

Durch Arbeitsteilung entstehen neue Berufe

Die große Mehrheit der Ägypter waren Bauern und Bäuerinnen. Mit den erwirtschafteten Nahrungsüberschüs-
50 sen wurden aber auch die Teile der Bevölkerung versorgt, die nicht in der Landwirtschaft arbeiteten. Dadurch konnten diese Menschen andere Aufgaben ausführen: Handwerker stellten z. B. Geräte für die Landwirtschaft her. Arbeiter und Arbeiterinnen waren in Spinnereien
55 und Webereien, im Hafen, in Vorratsspeichern und beim Bau von Großbauten, wie z. B. Tempel und Pyramiden, beschäftigt. Architekten und Landvermesser waren für die Planung der großen Bauvorhaben zuständig, Mathematiker entwickelten die dafür nötigen Grundlagen.
60 Händler kauften und verkauften Produkte aller Art. So entstand eine Arbeitsteilung* zwischen Landwirtschaft, Handwerk, Handel und Wissenschaft. Diese Form des Zusammenlebens entwickelte sich in Ägypten seit etwa 3000 v. Chr. und ist ein wichtiges Merkmal früher Hoch-
65 kulturen.

1 Beschreibe mithilfe des Darstellungstextes (Z. 1–46) und M1, welche Bedeutung die Nilschwemme für die Menschen hatte.

2 „Der Nil war Segen und Fluch für die Ägypter". Begründe diese Aussage anhand von M3.

3 **Wähle eine Aufgabe aus:**
a) Erkläre mithilfe des Darstellungstextes (Z. 47–65) den Begriff Arbeitsteilung.
b) Schaue im Atlas nach und notiere, wo die beiden Quellflüsse des Nils entspringen und durch welche heutigen Länder der Nil fließt.

4 **Partnerarbeit:** Welche Merkmale einer Hochkultur habt ihr bisher am Beispiel Ägyptens kennengelernt? Findet diese Merkmale heraus und erklärt sie euch gegenseitig.

5 **Rollenspiel:** Dorfbewohner beraten: Bildet Gruppen von jeweils vier bis sechs Schülern und organisiert ein Rollenspiel zu einer der folgenden Situationen:
a) Der Nil führt zu viel Wasser: eine Überschwemmung droht! Was ist zu tun?
b) Der Nil führt zu wenig Wasser: eine Hungersnot droht! Was ist zu tun?
Tipp: Die Anleitung für ein Rollenspiel findet ihr auf S. 190.

Zusatzaufgabe: siehe S. 178

Eine Bildquelle auswerten

Aus alten Kulturen stehen uns als Quellen oft nur Bilder wie Felszeichnungen, Wandmalereien oder Abbildungen z. B. auf Vasen zur Verfügung. Hier lernst du die Methode kennen, wie du Bildquellen möglichst viele Informationen entnimmst. Beachte aber: Auch bei einer gründlichen Untersuchung bleiben immer Fragen offen.

M 1

Grabbild des Amenemhet aus Theben in Oberägypten, Kalkstein mit Bemalung, Höhe 30 cm, Breite 50 cm, um 2000 v. Chr. Die Hieroglyphenzeile drückt eine Bitte für Sach- und Lebensmittelspenden für den Verstorbenen aus.

Bilder erzählen Geschichte(n)

Bilder zeigen Menschen, Dinge oder die Natur nicht immer so, wie sie in Wirklichkeit aussahen. Ein Beispiel: Manchmal ist z. B. eine Person auffallend kleiner gezeichnet als die andere. Ob sie wirklich kleiner war, wissen wir aber nicht. Häufig will der Künstler durch die Größe der Personen einen Rangunterschied zeigen.

Bei Bildern aus dem alten Ägypten muss man beachten, dass sie Menschen nicht naturgetreu darstellen, sondern immer nach einem bestimmten Schema, das heißt:

10 • Der Kopf wird immer in der Seitenansicht (im Profil) abgebildet. Dabei sieht aber ein Auge den Betrachter direkt an (Frontalansicht).

15 • Der Oberkörper ist von vorn zu sehen – Unterkörper, Beine und Füße sind wie der Kopf im Profil gemalt.
• Personen oder Dinge sollten möglichst einzeln, ohne Überschneidung dargestellt und klar erkennbar sein.
• Braune Hautfarbe (Männer) zeigt an, dass man sich viel im Freien aufhält, weil man dort arbeitet. Helle Haut (Frauen) zeigt, dass man vorwiegend im Haus tätig ist.

20 Schwierig wird es auch dann, wenn der Künstler Bildzeichen (Symbole) benutzt, die eine bestimmte Bedeutung haben. Beispiel: Das Kreuz ist das Symbol des Christentums. Bei den Ägyptern war das Zeichen ☥ (anch) das
25 Symbol für „Leben".

1 **„Experiment":** Zwei Schülerinnen und zwei Schüler sollen als „lebendige Puppen" das Bild M 1 so genau wie möglich darstellen. Die anderen formen dieses Standbild durch Anweisung und Vormachen. Achtet hierbei auf die Stellung der Köpfe, der Oberkörper, der Arme, Hände, Beine und Füße. Was fällt euch auf?
Tipp: Die Anleitung für ein Standbild findet ihr auf S. 190.

2 Beschreibe und deute M 1 mithilfe der Arbeitsschritte S. 55. Vergleiche anschließend deine Ergebnisse mit den Lösungshinweisen in der rechten Spalte.

3 Werte mithilfe der Arbeitsschritte die Bildquelle M 2 aus.

4 Untersuche, welche zusätzlichen Informationen der Text M 3 im Vergleich zu M 2 enthält.
Tipp: Achte auf die Arbeitsbedingungen, den Lohn und die Forderung des Arbeiters.

Arbeitsschritte „Eine Bildquelle auswerten"

Einzelheiten des Bildes erfassen	Lösungshinweise zu M1
1. Welche Personen sind dargestellt? 2. Wie sind sie gekleidet? 3. Welche weiteren Gegenstände oder Tiere sind zu sehen? 4. Wo befinden sich die Personen und Gegenstände?	• *Dargestellt sind vier Personen, zwei Männer und zwei Frauen. Die Männer tragen runde Perücken, Halskragen und Armreife; bekleidet sind sie mit einem kurzen Lendenschurz. Die Frauen haben ein langes Kleid an. Sie tragen lange Perücken, Halsschmuck, Arm und Fußreife. Ein Mann hat einen Bart. Die Haut der Männer ist braun, die der Frauen hell. Rechts im Bild ein Tisch mit Speisen.*
Zusammenhänge erklären	
5. In welcher Beziehung stehen die abgebildeten Personen, Tiere oder Gegenstände zueinander? 6. Findest du Merkmale, die auf bestimmte Eigenschaften, Beruf oder gesellschaftliche Stellung der dargestellten Personen hinweisen?	• *Drei Personen, zwei Männer und eine Frau, sitzen eng beieinander und umarmen sich. Die zweite Frau steht in respektvollem Abstand zu den anderen. Jetzt wird der Zusammenhang klar: Es ist ein Familienbild. Der Vater (mit Bart) und seine Ehefrau umarmen ihren Sohn. Die Schwiegertochter steht in gebührendem Abstand an der Seite. Sie gehört auch auf das Bild, aber nicht ganz eng dazu.* • *An der unterschiedlichen Hautfarbe erkennt man die Aufgabenverteilung zwischen Mann und Frau.*
Zusätzliche Informationen heranziehen	
7. In der Bildlegende findest du wichtige Hinweise. Sie gibt dir Auskunft darüber, wer wann für wen warum ein Bild gemalt hat. Manchmal hat das Bild auch einen Titel. 8. Weitere Fragen lassen sich oft durch eine zusätzliche Textquelle klären.	• *Das Bild wurde um 2000 v. Chr. in der Stadt Theben als Grabbild für Amenemhet gemalt. Der Künstler ist unbekannt.* • *Der Grabherr Amenemhet fühlt sich offensichtlich im Kreis seiner harmonischen, glücklich und gut versorgten Familie wohl. Dieses Gefühl möchte er auch im Jenseits genießen.*

Soldaten erhalten einen Teil ihrer Entlohnung in Getreidesäckchen. Malerei aus dem Grab des königlichen Schreibers Userhat, um 1400 v. Chr.

M3

Brief eines Arbeiters aus der Arbeitersiedlung Deir el-Medina an den Wesir Ta (um 1160 v. Chr.):
Ich teile meinem Herrn mit, dass ich an den Gräbern der Königskinder arbeite, deren Errichtung der Wesir befohlen hatte. Wir Arbeiter sind sehr elend geworden. Alle Sachen für uns, die
5 das staatliche Schatzhaus, die Scheune und das Magazin uns liefern sollten, sind nicht verteilt worden. Nicht leicht ist das Tragen von Steinen! Man hat uns auch die 11,5 Sack Gerste fortgenommen, um uns stattdessen 11,5 Sack Dreck zu ge-
10 ben! Möge mein Herr handeln, sodass wir leben können.
Zit. nach Arne Eggebrecht, Das alte Ägypten, München (Bertelsmann) 1984, S. 219.

Woran glaubten die Alten Ägypter?

Die Papyruszeichnung M1 war eine Grabbeigabe für den Schreiber Hunefer. Bilder und Hieroglyphen erzählen hier, wie sich die Ägypter das Leben nach dem Tod vorstellten.
- *Lies die Texte dieser Seite und finde heraus, was uns die Zeichnung über den Glauben der Ägypter mitteilt.*

Viele Götter in verschiedenen Gestalten

Nach der Überlieferung waren in Ägypten die Götter für vieles zuständig, wie z. B. für den täglichen Lauf von Sonne und Mond, die Herrschaft des Königs und die Sorge um die Toten. Die zahlreichen Götter wurden als Tiere,
5 als Personen oder auch als Mischwesen halb Mensch, halb Tier dargestellt und in Abbildungen verehrt.
Unter den vielen Göttinnen und Göttern wird die Göttin Maat (sprich: Ma-at) besonders hervorgehoben. Ihr Erkennungszeichen war eine Straußenfeder auf dem zier-
10 lichen Kopf. Maat stand für die Beachtung von Wahrheit und Gerechtigkeit und der richtigen Ordnung in der Welt.
Der Schöpfer- und Sonnengott Re war der König der Götter und auch der Herr von Maat. Und da der Pharao
15 als Sohn des Re galt, war er dafür verantwortlich, dass die Werte von Maat beachtet wurden. Seine Aufgabe war es deshalb, alles Schlechte zu verhindern und die Maat in der Welt zu verteidigen. Je nachdem, wie es dem Land und den Menschen ging, wurde dies als Zeichen
20 dafür betrachtet, ob die Werte von Maat eingehalten wurden oder nicht.
Die verschiedenen Götter wurden in speziell für sie errichteten Tempeln verehrt. Stellvertretend für alle Ägypter führten hier Priester täglich Opferhandlungen
25 vor den Götterabbildungen durch, um die Götter gnädig zu stimmen. Bei religiösen Festen öffneten sich die Tempel, und die Bevölkerung konnte bei Prozessionen den Götterbildern direkt zujubeln.

Leben nach dem Tod – der Totenkult der Ägypter

30 Seit früher Zeit glaubten die Ägypter, dass das Leben nicht mit dem Tod zu Ende sei. Sie stellten sich vor, dass es im Jenseits ähnliche Lebensmöglichkeiten wie im Diesseits gebe. Deshalb gab man den Verstorbenen häufig alles Lebensnotwendige mit in das Grab: Nahrungs-
35 mittel, Kleider, Schmuck, Teller und Krüge, sogar Möbel und Kosmetika. Wohlhabende Ägypter erhielten auch ein Totenbuch als Grabbeigabe. Es enthielt Gebete und Sprüche, die dem Verstorbenen helfen sollten, wenn er sich vor dem Totengericht verantworten musste.
40 Für ein Weiterleben nach dem Tod musste der Körper erhalten werden (siehe S. 70).

Das Totengericht der Ägypter

Die Ägypter glaubten, dass sich jeder Mensch nach seinem Tod bei einem Totengericht vor den Göttern für sein
45 Handeln im Leben verantworten musste.
Wie die Ägypter sich den Ablauf des Totengerichts vorstellten, zeigt das Bild aus dem Totenbuch des Schreibers Hunefer (M1):
- **In der ersten Szene** oben links kniet Hunefer (A) vor
50 14 sitzenden Göttern und sagt Texte auf, in denen er beteuert, in seinem Leben keine Sünden begangen zu haben. Er sagt: „Ich habe kein Unrecht gegen Menschen begangen. Ich habe keine Tiere misshandelt. Ich habe keinen Gott beleidigt. Ich habe nicht getötet. Ich
55 bin rein, ich bin rein, ich bin rein".

Polytheismus/Monotheismus

Nach den griechischen Wörtern polys = viel und theos = Gott die Bezeichnung für den Glauben an viele Götter. Polytheistische Religionen wie die der Alten Ägypter, Griechen und Römer gibt es auch heute noch, z. B. den Hinduismus. Im Gegensatz zum Polytheismus bezeichnet der Monotheismus (griech. monos = einzig) den Glauben an einen einzigen Gott. Das Judentum, das Christentum und der Islam sind monotheistische Religionen.

Totengericht, Papyrus aus dem Grab des Schreibers Hunefer, um 1300 v. Chr.

• **In der zweiten Szene** wird Hunefer von Anubis (B) zur Waage geführt. Anubis trägt den Kopf eines Scha- 70 kals und ist für die Mumifizierung zuständig. Über der Waage ist die Maat (D) zu sehen. Auf der rechten Waagschale steht eine Feder als Symbol für die Maat 60 (Wahrheit, Gerechtigkeit, Ordnung). Auf der linken Waagschale sieht man ein Herz, stellvertretend für Hunefers Charakter und seine Lebensführung. Gegen- 75 einander abgewogen, muss sich beides im Gleichge- 65 wicht befinden. Ammit (C, „Totenfresserin") mit dem Krokodilkopf verschlingt den Verstorbenen, falls die- ser die Prüfung nicht besteht (damit würde er ein 80 zweites Mal sterben, ohne Aussicht auf ein Weiter-

leben im Jenseits). Thot (E) mit dem Ibiskopf schreibt das Ergebnis dieser Prüfung auf.
• **In der dritten Szene** führt Horus (F, mit Falkenkopf), der Sohn des Osiris, den Verstorbenen zur Urteilsver- kündung vor den Thron des Osiris. Osiris (G) ist Herr- scher des Jenseits und trägt die Doppelfederkrone (Herrschaft über Ober- und Unterägypten), Götter- bart, Krummstab und Geißel (Peitsche) als Herr- schaftszeichen. Isis (H) galt als ideale Ehefrau und Beschützerin der Kinder – Nephtys (I) als Beschütze- rin des Sargs. Beide treten auf Grababbildungen oft gemeinsam auf.

1 Begründe mithilfe des Darstellungstextes und des Begriffskastens, weshalb die Religion im Alten Ägyp- ten als eine polytheistische Religion bezeichnet wer- den kann.
2 Suche in M1 alle Götter mit Tierköpfen heraus und notiere mithilfe des Darstellungstextes, welche Auf- gaben ihnen im Totenreich übertragen wurden.
3 **Partnerarbeit:** Erklärt mithilfe des Darstellungstextes Z. 1–28 die besondere Bedeutung der Maat:
   a) für den Pharao
   b) für jeden Einzelnen (am Beispiel Hunefers)

4 **Wähle eine Aufgabe aus:**
   a) Kopiere M1 und fertige daraus einen Comic mit Denk- und Sprechblasen zu den einzelnen Szenen.
   b) Vergleiche die Vorstellungen der Alten Ägypter vom Leben nach dem Tod mit den Vorstellungen anderer Religionen, die du kennst.
5 **Rollenspiel:** Spielt das Totengericht M1 nach und erfindet dazu eigene Texte (Rollenspiel, siehe S. 190).
   Tipp: Schreibt Rollenkarten zu den Figuren, die auf- treten sollen.

Webcode: FG2450006-057
Ägyptische Götter

Herrschaft und Gesellschaft im Alten Ägypten – Lernen an Stationen

Nachdem ihr euch Grundinformationen zur Geschichte des Alten Ägyptens erarbeitet habt, soll es im Folgenden um spezielle Themen gehen. Dafür bietet sich das Stationenlernen an. Es gibt Pflicht- und Wahlstationen. Ob ihr sie in Einzel- oder Partnerarbeit bearbeitet, könnt ihr selbst entscheiden. Eine bestimmte Reihenfolge bei der Bearbeitung müsst ihr nicht einhalten.

Der Laufzettel

Die Grundlage des Stationenlernens ist der Laufzettel (M1). Hier findet ihr eine Übersicht über die Pflicht- und Wahlstationen. Rechts stehen Felder, in denen ihr Notizen zu eurer Arbeit macht. Kopiert und vergrößert den
5 Laufzettel für alle. In diesem Kapitel gibt es insgesamt sieben Stationen: Die ersten vier Stationen sind für alle verbindliche **Pflichtstationen**. Aus den **Wahlstationen** wählt ihr mindtestens eine aus. Die zwei übrigen Wahlstationen könnt ihr je nach Interesse und verbleibender
10 Zeit bearbeiten.

Die Stationen

Die Arbeitsaufgaben findet ihr auf den Seiten der jeweiligen Station. Ihr könnt sie ohne weitere Informationen bearbeiten. Für eine vertiefende Auseinandersetzung
15 mit den Themen könnt ihr die Stationen um weitere Materialien wie Sachbücher und Zeitschriften erweitern. Entscheidet vor Beginn der Arbeit, wie ihr eure Ergebnisse auswerten und präsentieren wollt, z. B.
- als Beitrag für einen Bericht im Radio zur Reihe „Das
20   Alte Ägypten – was wir heute noch darüber wissen",
- als Spiel nach dem Prinzip einer Quizshow,
- als Wandzeitung / Ausstellung zu einzelnen Themen.

Regeln für das Stationenlernen

- Für das Stationenlernen benötigst du einen Ordner/Schnellhefter. Beschrifte den Laufzettel mit deinem Namen und hefte ihn als erste Seite im Ordner ab. Dahinter kommen auf eigenen Blättern deine Aufzeichnungen zu den einzelnen Stationen.
- Bearbeite die Arbeitsaufträge an einer Station in der angegebenen Reihenfolge. Schreibe immer die Aufgabenstellung ab, damit du deine Notizen später eindeutig zuordnen kannst.
- Schreibe deine Ergebnisse gut lesbar und, wenn nicht anders angegeben, in ganzen Sätzen auf.
- Wenn du eine Station bearbeitet hast, notierst du auf dem Laufzettel, wann und mit wem du daran gearbeitet hast. Außerdem notierst du deine persönliche Meinung zum Thema in der entsprechenden Spalte.

M 1 Laufzettel zum Kopieren (120 % = DIN A4)

Herrschaft und Gesellschaft im Alten Ägypten Pflichtstationen	bearbeitet mit ... am ...	meine Meinung zum Thema z. B. war interessant, weil ... Ich war überrascht, dass ... Ich würde gerne mehr erfahren über ... Es fiel mir schwer/leicht, weil ...
Station 1: Wie war die ägyptische Gesellschaft aufgebaut?		
Station 2: Was wäre der Pharao ohne seine Beamten?		
Station 3: Wie lebten die Menschen im Alten Ägypten?		
Station 4: Welche Rolle hatten die Frauen in der Gesellschaft?		
Wahlstationen		
Station 5: Wie bauten die Ägypter Pyramiden?		
Station 6: Warum gab es Mumien?		
Station 7: Pharao Echnaton schafft die Götter ab		

Station 1: Wie war die ägyptische Gesellschaft aufgebaut?

Der Pharao regierte Ägypten

Wir sprechen heute von den Pharaonen, wenn wir die altägyptischen Könige meinen. Sie selbst nannten sich aber lange Zeit anders und verwendeten den Titel „Herr der beiden Länder". Der Begriff Pharao bedeutet „großes
5 Haus" und bezog sich ursprünglich auf den Königspalast und dessen zahlreiche Bewohner. Erst seit Beginn des Neuen Reichs nannten sich die ägyptischen Könige Pharao.

Als alleiniger Herrscher stand der Pharao an der Spitze
10 des Staates* und entschied mit unbegrenzter Macht über alle wichtigen Angelegenheiten des Königreichs: Er machte die Gesetze und setzte Beamte ein. Er war für die Bewässerung, die Nahrungs- und Vorratsbeschaffung und als höchster Richter für den Frieden im Land verant-
15 wortlich. Als oberster Kriegsherr führte er die Armee gegen ausländische Mächte. Diese Form der Herrschaft heißt Monarchie*.

Die Ägypter gehorchten den Befehlen des Pharaos und erkannten seine herausragende Stellung an, weil er in
20 ihren Augen ein gottähnliches Wesen war. Seit etwa 2500 v. Chr. wurde der Pharao als Sohn des Sonnengottes Re verehrt. Man sah in ihm den Mittler zwischen den Menschen und den Göttern. Deshalb konnte er die Götter um das Lebensnotwendige bitten und seine Unterta-
25 nen vor allen Gefahren schützen. Im Gegenzug musste das Volk ihm dienen, z. B. bei den großen Bauvorhaben, und Abgaben leisten.

Eine hierarchische Gesellschaft

In der ägyptischen Gesellschaft hatte jeder seinen festen
30 Platz, der meist schon mit der Geburt feststand: Die Kinder eines Bauern wurden Bauern, die der Handwerker lernten den Beruf ihres Vaters usw. Dieser klare und streng von oben nach unten geordnete Gesellschafts-aufbau (Hierarchie) hat sich über viele Jahrhunderte
35 nicht verändert.

An der Spitze stand der Pharao. Danach folgten die Mitglieder der Herrscherfamilie und eine kleine Gruppe ausgewählter Berater, die als Höflinge ständig am Königshof lebten und den Pharao in allen wichtigen Fragen berieten.
40 Die Mehrheit der Ägypter lebte als Bauern, Handwerker und Arbeiter. Sie zusammen bildeten den unteren Teil der Gesellschaft. Je mehr sich das Reich ausdehnte, desto wichtiger wurden die Soldaten. Sie stammten ebenfalls aus dieser unteren Gesellschaftsschicht. Durch

Statue von Ramses II. – genannt „der Große" – im Tempel von Luxor, um 1250 v. Chr. Der König trägt die Doppelkrone, in der die Vereinigung der beiden Landesteile Ägyptens symbolisch dargestellt ist: Die äußere Krone steht für die Herrschaft über Unterägypten, die innere Krone steht für die Herrschaft über Oberägypten.

45 die Kriegszüge ab 1500 v. Chr. kamen immer wieder Kriegsgefangene nach Ägypten. Diese wurden zwar teilweise versklavt, spielten aber im Unterschied zum späteren Römischen Reich als Arbeitskräfte keine bedeutende Rolle.
50 Etwas höher gestellt gegenüber der Bevölkerungsmehrheit waren Händler, die im Auftrag des Pharaos wichtige Rohstoffe aus anderen Ländern besorgten (z. B. Holz zum Palast- und Schiffsbau).

Zwischen der Führungsschicht um den Pharao und der
55 Bevölkerungsmehrheit bildeten die Beamten eine Art Mittelschicht. Als wichtige Bindeglieder in der hierarchischen Ordnung der ägyptischen Gesellschaft gaben die Beamten Befehle und Aufträge von oben nach unten an Händler, Bauern, Arbeiter und Handwerker weiter. Sie
60 überwachten deren Ausführung und erstatteten regelmäßig Bericht darüber nach oben. Der oberste Beamte hieß Tschati oder Wesir. Mehr zur Aufgabe der Beamten erfährst du in Station 2.

Die Priester waren – wie die Beamten – sehr angesehen.
65 Aber sie lassen sich nicht eindeutig nur einer Schicht zuordnen, von den einfachen Helfern im Tempel bis hin zu den hohen Priestern in den großen Tempeln oder den Priestern, die als einflussreiche Berater direkt am Königshof lebten.

So begrüßten die Ägypter Pharao Ramses II. (Regierungszeit 1279–1213 v. Chr.):

Wir kommen zu dir, Herr des Himmels, Herr der Erde, du lebende Sonne des ganzen Landes, Herr der Lebensdauer, du Sonnengott der Menschheit, du Säule des Himmels, du Balken der Erde. Herr
5 vielfacher Speisung. Du, der wacht, wenn alles schläft, dessen Kraft Ägypten errettet, der über die Fremdländer siegt und triumphierend heimkehrt, dessen Stärke Ägypten schützt. Geliebter der Wahrheit, der in seinen Gesetzen in ihr lebt,
10 dessen Schrecken die Fremdländer weichen lässt, du, unser König, unser Herr.

Zit. nach Gottfried Guggenbühl (Hg.), Quellen zur Geschichte des Altertums, Zürich, 1964, S. 16. Bearb. v. Verf.

Monarchie

(griech. monos = einzig und archein = herrschen) bedeutet wörtlich übersetzt „Alleinherrschaft" und beschreibt eine Staatsform, in der eine einzelne Person (Monarch, Monarchin) in der Regel auf Lebenszeit die Herrschaft ausübt.

Hierarchie

(griech. hieros = heilig und archein = herrschen) bedeutet wörtlich übersetzt „heilige Herrschaft" und beschreibt eine streng von oben nach unten gegliederte Rangordnung innerhalb einer Gesellschaft.

Der Pharao Ramses II. als siegreicher Feldherr, dargestellt auf einem bemalten Kalksteinrelief in Abu Simbel, um 1250 v. Chr. Ramses hält in seiner linken Hand eine Streitaxt, mit seiner rechten Hand hat er die Haare von drei Gefangenen ergriffen, deren Hinrichtung durch den Herrscher selbst wohl unmittelbar bevorsteht. Diese Gefangenen stehen stellvertretend für drei von Ramses besiegte Völker: die Nubier im Süden, die Libyer im Westen und die Syrer im Osten.

1 Erläutere mithilfe des Darstellungstextes Z. 1–8 und M1 die verschiedenen Bezeichnungen (Titel) für die ägyptischen Könige.

2 **Wähle eine Aufgabe aus:**
   a) Beschreibe mithilfe des Darstellungstextes Z. 9–27, welche Aufgaben ein Pharao hatte.
   b) Arbeite aus M2 heraus, welche Eigenschaften dem Pharao Ramses II. zugeschrieben wurden.

3 **Partnerarbeit:** Vergleicht eure Ergebnisse aus Aufgabe 2 mit der Darstellung Ramses II. in M3.

4 Die ägyptische Gesellschaft wird gern mit einer Pyramide verglichen. Zeichne eine Pyramide (siehe Muster) in dein Heft. Suche im Darstellungstext alle Personen oder Gruppen der ägyptischen Bevölkerung und trage sie von oben nach unten entsprechend ihrem Rang in dein Schaubild ein. Du kannst auch Figuren als Symbole für die Personen zeichnen. Trage am Ende folgende Pfeilarten in dein Schaubild ein:
→ Dienst → Schutz → beraten → beauftragen
→ befehlen → überwachen → berichten

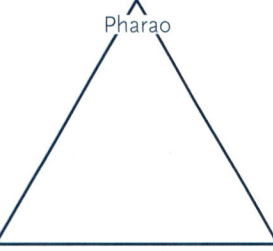

Pharao

Zusatzaufgabe: siehe S. 179

Station 2: Was wäre der Pharao ohne seine Beamten?

M 1 Zwei Ausschnitte aus einer Wandmalerei aus dem Grab des Mennah, Beamter unter Pharao Thutmosis IV., um 1400 v. Chr. Der Grabherr war als Beamter in der Landwirtschaft tätig.

Der Pharao herrscht durch seine Beamten

Ein so großes Reich wie Ägypten zu verwalten war nur mithilfe von gut ausgebildeten Beamten möglich. Weil außer ihnen nur wenige Ägypter lesen und schreiben konnten, wurden sie auch einfach nur „Schreiber" ge-
5 nannt. Der oberste Beamte hieß Tschati oder Wesir. Mehrfach in der ägyptischen Geschichte verwalteten zwei Wesire die Landesteile Ober- und Unterägypten. Als Stellvertreter des Pharaos überwachte der Wesir sowohl die Jahr für Jahr notwendige Feldvermessung nach
10 der Nilschwemme als auch die gesamten Steuereinnahmen des ägyptischen Staates. Regelmäßig erstattete er dem Pharao über alle wichtigen Ereignisse und Entscheidungen Bericht. Dem Wesir unterstanden alle höheren und niederen Beamten in den Provinzen, den Städten
15 und den Dörfern: Von oben nach unten wurden so die Befehle des Pharaos im ganzen Land weitergegeben.
Die Beamten übten eine strenge Kontrolle aus über
- Viehzählungen sowie Wasser- und Landzuteilungen;
- Bauern, die Getreideabgaben an den Pharao abzulie-
20 fern hatten oder auf Ländereien des Pharaos arbeiteten;
- Arbeiter und Handwerker, die vom Pharao angestellt und mit Lebensmitteln und Kleidung versorgt wurden, damit sie genügend Werkzeuge, Waffen und Ge-
25 fäße für den täglichen Gebrauch anfertigten oder auf den Großbaustellen arbeiten konnten;

- Fernhändler, Angestellte des Pharaos, die wertvolle Rohstoffe aus anderen Ländern besorgten;
- Ausbildung und Einsatz der Soldaten.

Die Ausbildung der Beamten

30 Schreiben zu können war die wichtigste Voraussetzung für eine Beamtenlaufbahn. Deshalb waren die Söhne der Beamten im Vorteil und wählten oft den gleichen Beruf wie ihr Vater. Anfangs unterrichteten die Väter ihre
35 Söhne selber. Als der Staat aber immer mehr Schreiber benötigte, wurde die Ausbildung erfahrenen Beamten übertragen, die sich ganz dieser Aufgabe widmeten. Die Ausbildung zum Schreiber konnte bis zu zehn Jahre dauern. In dieser Zeit lernten die Schüler mehrere hundert
40 Schriftzeichen, die Landeskunde von Ägypten, Mathematik und Geometrie, Astronomie, die Feste der Götter, gerechtes Verhalten gegenüber den Schwachen und Gehorsam gegenüber den Vorgesetzten.
Immer wieder kam es aber auch vor, dass Beamte ihre
45 Stellung für sich selbst missbrauchten. Klagen über nicht ausbezahlte Löhne oder über ungerechte Steuereintreibungen belegen dies (siehe S. 55, M3).
Um 2500 v. Chr. lebten in Ägypten ca. eine Million Menschen. Von ihnen waren etwa 10 000 Schreiber.
50 Bei Ankunft der Römer war die Bevölkerung bereits auf sieben bis acht Millionen angewachsen – für die damalige Zeit eine gewaltige Größe.

M2

Ratschläge eines Schreibers an seinen Sohn (um 2000 v. Chr.):

Kaum hat ein Schriftkundiger angefangen heranzuwachsen – er ist noch ein Kind –, so wird man ihn grüßen und als Boten senden; er wird nicht zurückkommen, um sich in den Arbeitsschurz zu stecken.
5 Einen Bildhauer kann man nicht als Boten senden, noch einen Goldschmied, der ausgeschickt würde. Ich habe den Erzarbeiter bei seiner Arbeit beobachtet, an der Öffnung seines Schmelzofens. Seine Finger sind krokodilartig, er stinkt mehr als Fischlaich …

10 Der Steinmetz graviert mit dem Meißel in allerlei harten Steinen. Hat er die Arbeit vollendet, so versagen ihm seine Arme und er ist müde; wenn er sich abends hinsetzt, sind seine Knie und sein Rücken gebrochen. Der Barbier schert noch spät am Abend
15 … Siehe, es gibt keinen Beruf, in dem einem nicht befohlen wird, außer dem des Beamten; da ist er es, der befiehlt. Wenn du schreiben kannst, wird dir das mehr Nutzen bringen als alle die Berufe, die ich dir dargelegt habe.

Zit. nach Friedrich Wilhelm v. Bissing, Altägyptische Lebensweisheiten, München (Artemis) 1955, S. 57ff.

1 Die Beamten hatten viele wichtige Aufgaben. Stelle diese mithilfe des Darstellungstextes auf S. 62 in Form einer Mindmap dar.
Tipp: Wichtige, hier nicht genannte Aufgaben hast du schon auf S. 60 kennengelernt.

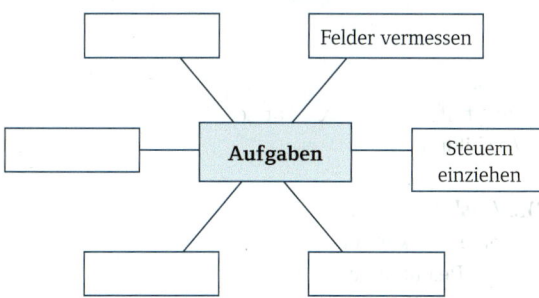

2 **Methode:** Beschreibe und deute das Bild M1 mithilfe der Arbeitsschritte auf S. 55. Welche zwei typischen Aufgabenbereiche eines Beamten kannst du erkennen?

3 **a)** Finde Argumente, mit denen der Verfasser von M2 versucht, seinen Sohn vom Beruf des Schreibers zu überzeugen.
b) Beschreibe die Wirkung, die der Schreiber in M3 auf dich hat.
c) Vergleiche diesen Eindruck mit deinen Ergebnissen zu M2.

4 Nenne heutige Berufe, die ähnliche Tätigkeiten erfordern wie die des Schreibers.

5 **Partnerarbeit:** Stellt euch vor, ihr geht auf eine Zeitreise in das Alte Ägypten. Der Wesir muss einige neue Beamte einstellen. Stellt die Eigenschaften und Voraussetzungen zusammen, die Bewerber eurer Meinung nach mitbringen müssen. Sucht euch dann ein anderes Team und führt abwechselnd als Wesire ein Bewerbungsgespräch mit einem Beamten durch.

M3

Schreiberstatue eines Beamten, Kalkstein, um 2450 v. Chr.

Station 3: Wie lebten die Menschen im Alten Ägypten?

Szenen landwirtschaftlicher Arbeit, Malerei aus dem Grab des Nacht, um 1425 v. Chr. Der Verstorbene sitzt rechts vor seinen Nahrungsmittelvorräten.

Der griechische Geschichtsschreiber Herodot (um 485–425 v. Chr.) berichtete nach einer Ägyptenreise:

Denn es ist klar und der Verständige sieht es, ohne dass man es ihm sagt, dass die Gebiete Ägyptens, die von den Hellenen[1] besucht werden, neugewonnen und ein Geschenk des Stromes [Nil] sind ...
5 Heute freilich gibt es kein Volk auf der Erde, auch keinen Landstrich in Ägypten, wo die Früchte des Bodens so mühelos gewonnen werden wie hier. Sie [die Bauern] haben nicht nötig, mit dem Pfluge Furchen in den Boden zu ziehen, ihn umzugraben und 10 die anderen Feldarbeiten zu machen, mit denen die übrigen Menschen sich abmühen. Sie warten einfach ab, bis der Fluss kommt, die Äcker bewässert und wieder abfließt. Dann besät jeder sein Feld und treibt die Schweine darauf, um die Saat einzustamp-15 fen, wartet ruhig die Erntezeit ab, drischt das Korn mithilfe der Schweine aus und speichert es auf.

Hans Wilhelm Haussig (Hg.), Herodot, Gesamtausgabe, 2. Buch, 4. Aufl., Stuttgart (Kröner) 1971, S. 108ff. Übers. v. August Horneffer.

....

[1] *Griechen*

In ägytischen Schreibschulen wurden folgende Zeilen als Übungstext eingesetzt:

Werde Schreiber! Dies wird dir die Mühsal ersparen und dich vor jeder Arbeit bewahren. Du brauchst keine Hacke in die Hand zu nehmen und wirst keinen Korb tragen müssen. Du wirst kein Ruder bewegen 5 müssen und von aller Not verschont bleiben.
Denk an die missliche Lage, in die der Bauer gerät, wenn die Beamten kommen, um die Erntesteuer zu schätzen. Schlangen und Nilpferde haben die Hälfte der Ernte verschlungen. Das im Speicher des Bauern 10 verbliebene Getreide ist gestohlen worden. Was er für den gemieteten Ochsen bezahlen muss, kann er nicht bezahlen ... Und genau in dem Moment legt der Beamte am Ufer an, um die Erntesteuer zu schätzen. Es gibt aber kein Getreide und der Bauer 15 wird gnadenlos geschlagen. Seine Frau und seine Kinder werden gefesselt. Der Beamte befiehlt allen. Seine Arbeit wird nicht besteuert; er hat keine Schulden. Merke dir das gut!

Sergio Donadoni (Hg.), Der Mensch des alten Ägypten, übers. v. Asa-Bettina Wuthenow, Frankfurt a. M. New York (Campus) 1992, S. 36.

Wie viel verdiente ein Arbeiter?

Die Überlieferungen der Schreiber von Deir el-Medina, einer Arbeitersiedlung bei Theben in der Nähe des Tals der Könige, enthalten auch Lohnabrechnungen. Der Warenwert ließ sich in Edelmetall messen. Maßeinheit war der Deben (= 90 Gramm Kupfer). Eine Durchschnittsfamilie umfasste acht bis zehn Personen. Hauptnahrungsmittel dieser Menschen war Brot.

Löhne pro Monat:

Ein Vorarbeiter verdiente 7,5 Sack Getreide, dazu 10–11 Deben.

Ein Arbeiter verdiente 5,5 Sack Getreide, dazu

5 10–11 Deben.

1 Sack Getreide enthielt 76 Liter und war 2 Deben wert.

Preise:

Ein Korb kostete 0,5 Deben.

10 Ein kleines Messer kostete 1 Deben.

Ein Paar Sandalen kostete 3 Deben.

Ein Stuhl kostete 12 Deben.

Ein Bett kostete 25 Deben.

Ein Ochse kostete 100 Deben.

15 **Arbeitszeit:**

Täglich ca. 8–10 Stunden; lange Mittagspause wegen der Hitze; der Monat bestand aus drei Arbeitswochen zu zehn Tagen. Mit den Feiertagen gab es im Jahr ca. 65 arbeitsfreie Tage, darun-

20 ter das 24 Tage dauernde „Theben-Fest". Die Arbeiter wurden dreimal im Monat entlohnt.

Zusammengestellt nach Manfred Clauss, Das alte Ägypten, Berlin (Fest) 2001, S. 393f.

 Bemalte Kalksteinfigur aus Ägypten, um 2400 v. Chr.

Herodot von Halikarnassos

(um 484–um 425 v. Chr.) war ein griechischer Geschichtsschreiber, Geograf und Völkerkundler. Mit seinem bis in unsere Zeit überlieferten Geschichtswerk „Historien" gilt er als einer der „Väter der Geschichtsschreibung".

Tipp für diese Station: Lege eine Tabelle an, in der du deine Ergebnisse zu den Aufgaben 1 und 2 notierst.

Bild M1	Herodot M2	Schreiber M3
...	...	...

1 **Methode:** Beschreibe und deute das Bild M1 mithilfe der Arbeitsschritte auf S. 55.

Tipp: Beachte, dass es in diesem Bild einen Vordergrund und einen Hintergrund gibt.

2 Lies die Quellen M2 und M3 und notiere, was du jeweils über das Leben der Bauern erfährst.

3 Vergleiche mithilfe der Tabelle die drei Materialien M1–M3 über das Leben der Bauern

Tipp: Nenne Gemeinsamkeiten und Unterschiede, z. B. hinsichtlich der beschriebenen Tätigkeiten, beteiligten Personen und körperlichen Belastungen.

4 **Wähle eine Aufgabe aus:**

a) Stelle dir vor, du bist ein ägyptischer Bauer. Schreibe einen Brief an Herodot, in dem du über deinen Arbeitsalltag berichtest. Der Brief könnte so beginnen: „Sehr geehrter Herr Herodot! Es stimmt, wir sind jeden Tag dankbar, dass wir den Nil haben. Aber von der Arbeit in der Landwirtschaft haben Sie keine Ahnung …"

b) Finde eine Antwort auf die Frage, warum der Text von M3 von den Schülern immer wieder abgeschrieben werden sollte.

5 Berechne anhand von M4, wie lang ein Arbeiter für ein Paar Sandalen und ein Bett arbeiten musste.

6 Beschreibe M5 und erläutere die dargestellte Tätigkeit.

Tipp: Nimm die Abbildung auf S. 46, M2 zu Hilfe.

Station 4: Welche Rolle hatten die Frauen in der Gesellschaft?

Wandmalerei aus dem Grab des Nacht, um 1400 v. Chr.

Wandmalerei aus dem Grab des Sennedjem, um 1290 v. Chr.

Geschichte erzählt: Ein Familienausflug vor ungefähr 3500 Jahren:

Ein hoher Beamter und seine Familie gehen einem beliebten Vergnügen nach: der Jagd auf Wildgänse. Das ist nicht ganz ungefährlich, denn am dicht bewachsenen Ufer des Nils könnten
5 Krokodile lauern. Seiner Frau Tani gehen vielleicht die folgenden Gedanken durch den Kopf: „Ich bin froh, dass die ganze Familie wieder einmal Zeit miteinander verbringen kann. Das ist leider nicht selbstverständlich. Mein Mann ist ein
10 hoher Beamter beim Pharao und deshalb ist er die meiste Zeit unterwegs. In der Zwischenzeit muss ich mich alleine um unser großes Haus kümmern. Ich teile die Arbeit der Bediensteten ein, organisiere die Empfänge meines Mannes
15 und kümmere mich um die Erziehung unserer beiden Kinder. Nebenher bleibt mir allerdings auch etwas Zeit für mich: Ich betreibe mit sieben Angestellten ein Geschäft für Perücken, denn die sind bei uns groß in Mode. Ich werde von mei-
20 nen Kunden mit Silberstücken oder Lebensmitteln bezahlt. Einen kleineren Teil des Verdienstes muss ich zwar als Steuern abgeben, mit dem übrigen Verdienst kann ich mir aber kaufen, was ich will. Das gibt mir ein Gefühl von Selbstständig-
25 keit und auch ein Stück weit Unabhängigkeit."
Verfassertext nach zeitgenössischen Quellen

Geschichte erzählt: Ein Ehepaar bei der Feldarbeit vor ungefähr 3500 Jahren:

In den Bauernfamilien arbeiteten die Frauen wie ihre Männer in der Landwirtschaft. Gemeinsam mit ihrem Ehemann erntet diese Bäuerin das reife Getreide. Was könnte sie wohl aus ihrem
5 Leben erzählen?
„Mein Name ist Tama. Ich bin eine Bäuerin aus der Nähe von Beni Hasan. Wir leben dort in einem einfachen Lehmhaus mit einer Terrasse auf dem Dach. Mehrmals am Tag mahle ich mühsam
10 Korn zu Mehl zum Brotbacken und Bierbrauen. Das Wasser dazu muss ich in schweren Krügen vom Nil heraufschleppen. Dazu kommt die Feldarbeit, die viel Zeit in Anspruch nimmt. Mehrmals im Jahr müssen die Schafe geschoren und
15 die Wolle anschließend verarbeitet werden. Von der täglichen Arbeit im Haushalt will ich gar nicht reden. Was uns nach den Abgaben von unserer Ernte bleibt, reicht nur für das Nötigste. Wer bei den Abgaben betrügt, der wird von den Beamten
20 schwer bestraft. Meine vier Kinder sind noch klein, aber sie helfen mir, wo sie können. Vielleicht mache ich später, wenn sie älter sind, ein Friseurgeschäft oder einen kleinen Obsthandel als Zubrot zur Landwirtschaft auf.
Verfassertext nach zeitgenössischen Quellen

Die rechtliche Stellung der Frau

Als der griechische Geschichtsschreiber und Weltreisende Herodot (siehe S. 65) im 5. Jahrhundert v. Chr. Ägypten bereiste, kam er aus dem Staunen nicht heraus. Verwundert beschrieb er Tätigkeiten und Freiheiten von
5 Frauen, die er sonst nirgendwo in der antiken Welt gesehen hatte. Vor allem deshalb kam er zu der Schlussfolgerung: „Fast alle Sitten und Gebräuche in Ägypten sind der Lebensweise der anderen Menschen entgegengesetzt."
10 Heute wissen wir, dass Herodot richtig beobachtet hatte. Historiker sind sich weitgehend einig, dass Ägypterinnen mehr Rechte besaßen als Frauen in den anderen damaligen Kulturen: Sie vertraten sich selbst vor Gericht und erhielten die gleichen Strafen wie Männer. Sie durf-
15 ten selbstständig Verträge abschließen, einen Beruf ausüben, Vermögen besitzen und ohne Zustimmung ihres Mannes vererben. In einigen Teilen Europas wären solche Rechte noch bis vor 100 Jahren für Frauen unvorstellbar gewesen.

20 Vollkommen gleichberechtigt waren die Frauen aber nicht: Zu öffentlichen Ämtern wurden Frauen selten zugelassen. Ob es Beamtinnen gab, ist umstritten. Grundsätzlich standen die Schreibschulen auch Mädchen offen, doch wissen wir aus den Quellen nur von sehr wenigen
25 Mädchen aus höhergestellten Familien, die tatsächlich zur Schule gingen. Priesterinnen mit unterschiedlichen Aufgaben gab es in allen Epochen der altägyptischen Geschichte.

Die Ehe im alten Ägypten

30 Im Vergleich zu heute war eine Eheschließung im alten Ägypten eine recht formlose Angelegenheit: Zog ein Paar zusammen in eine eigene Wohnung, dann galt es als verheiratet. Umgekehrt wurde durch die Auflösung der gemeinsamen Wohnung die Scheidung vollzogen. Die
35 Mehrheit der Ägypter lebte in Einehe. Mitglieder der Führungsschicht konnten auch mit zwei und mehr Frauen zusammenleben. Aus Quellen wissen wir, dass es Eheverträge zwischen Eheschließenden gegeben haben muss.

 M 5

Ägyptischer Ehevertrag (um 1500 v. Chr.):
Datum – Name der Eheschließenden
Es hat gesagt der Mann zu seiner Ehefrau: Ich habe dich zur Ehefrau gemacht. Gegeben habe ich dir fünf Silberkite[1] als deine Frauengabe[2].

5 *Scheidungsklausel 1:*
Entlasse ich dich als Ehefrau und nehme ich eine andere zur Frau, so werde ich dir fünf Silberkite zusätzlich zu den oben beschriebenen fünf Silberkiten geben, die ich dir als Frauengabe gegeben habe. Dazu
10 gebe ich dir ein Drittel von allem und jedem, was ich für uns erwerben werde ... Siehe das Verzeichnis der Sachen, die du mit in mein Haus gebracht hast (es folgt eine Liste mit Hausrat und Kleidern). Bist du

drinnen, sind sie mit dir drinnen. Bist du draußen,
15 sind die Dinge mit dir draußen.

Scheidungsklausel 2:
Wenn du es bist, die geht, indem du mich als Ehemann entlässt, so wirst du mir 2½ Silberkite von den fünf Silberkiten geben, die ich dir als Frauengabe
20 gegeben habe.
Unterschrift und Zeugen

Zit. nach Walther Wolf, Das alte Ägypten, 2. Aufl., München (dtv) 1978, S. 429 f.

....
[1] *Kite = Silberstück von ca. neun Gramm*
[2] *diente zur Absicherung der Frau, etwa im Scheidungsfall*

1 **Partnerarbeit:** M1–M4 könnt ihr entnehmen, wie das Leben ägyptischer Frauen vor ungefähr 3500 Jahren ausgesehen hat.
  a) Bearbeitet zuerst in Einzelarbeit M1/M2 oder M3/M4: Stellt zusammen, was ihr jeweils über das Leben der vorgestellten Ägypterin erfahrt.
  b) Stellt euch die beiden Frauen gegenseitig vor und vergleicht eure Ergebnisse.
  Tipp: Beachtet Tätigkeiten, Rolle in Haus und Familie, Erziehung der Kinder, rechtliche Stellung, Selbstständigkeit.

2 **a)** Fasse zusammen, welche Regelungen im Ehevertrag M5 getroffen werden.
  b) Beurteile die Abmachungen im Falle einer Scheidung aus der Sicht des Mannes und aus der Sicht der Frau.
3 „Die Ägypterinnen waren nicht gleichberechtigt, aber auch nicht rechtlos." Besprecht, ob ihr diese Einschätzung teilt.
  Tipp: Argumente findet ihr im Darstellungstext.

Zusatzaufgabe: siehe S. 179

Wahlstation 5: Wie bauten die Ägypter Pyramiden?

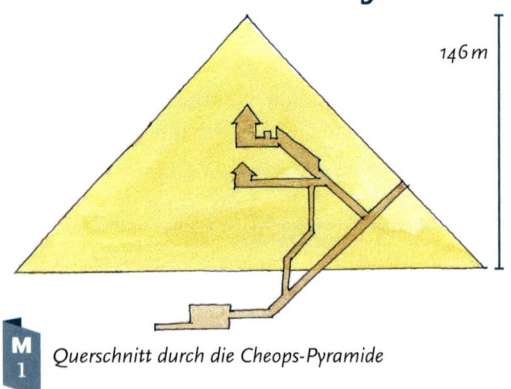

146 m

M 1 *Querschnitt durch die Cheops-Pyramide*

Bauwerke für die Ewigkeit

Der ägyptische Pharao bestimmte das Leben seiner Untertanen während seiner Regierungszeit und auch nach seinem Tod. Starb er, so stieg er nach den Vorstellungen der Ägypter auf einer Himmelsleiter zu den Sternen auf
5 und wurde selbst ein Gott. Im Alten Reich ließen sich die Könige in Pyramiden bestatten, hoch in den Himmel ragende „Wohnungen für die Ewigkeit". Im mittleren Reich ließen sich die Pharaonen in kleineren Pyramiden bestatten. Die Herrscher des Neuen Reichs fanden dage-
10 gen ihre letzte Ruhestätte in verborgenen unterirdischen Begräbnisstätten im „Tal der Könige und Königinnen" (siehe S. 50/51).

Die Cheops-Pyramide – ein Weltwunder?

Die drei größten Pyramiden wurden um 2500 v. Chr. am
15 Rande des heutigen Kairo erbaut (siehe S. 48/49). Die größte und älteste von ihnen ist die des Pharaos Cheops. Sie wurde auf einer quadratischen Grundfläche von 230 mal 230 Metern errichtet und war ursprünglich 146 Meter hoch. Etwa 2,3 Millionen Steinblöcke wurden in ihr
20 verbaut, von denen einer durchschnittlich 2,5 Tonnen wiegt. Im Inneren der Pyramide finden sich sogar Granitblöcke mit einem Gewicht von fast 50 Tonnen. Zum Vergleich: Ein Auto der Mittelklasse wiegt etwa 1,5 Tonnen. Schon in der Antike zählte man die Cheops-Pyra-
25 mide zu den sieben Weltwundern – bis heute ist sie eines der gewaltigsten Steinbauwerke der Erde.

Wer baute die Pyramiden?

Wegen der langen Bauzeit erteilten die Pharaonen den Befehl zum Bau der Pyramiden meist gleich zu Beginn
30 ihrer Herrschaft. Die oberste Bauleitung hatte der Wesir. Er war auch für den Transport des Baumaterials aus den Steinbrüchen im Süden des Landes verantwortlich. Da die Pyramiden mit einfachen Werkzeugen (Hammer, Meißel, Säge, Beil und Schleifstein) gebaut wurden, wa-
35 ren sehr viele Arbeitskräfte erforderlich. Sie wohnten in eigens angelegten Arbeitersiedlungen bei den Pyramidenbaustellen und den Steinbrüchen.

Ob die Arbeit an den Pyramiden freiwillig geleistet wurde, ist nicht eindeutig zu beantworten. Für die meisten
40 einfachen Arbeiter war sie wohl – ähnlich wie die Ernteabgaben der Bauern an den Pharao – verpflichtend als eine Form der Steuerleistung gegenüber dem Pharao. Denkbar ist auch, dass die Arbeit als Dienst für den Pharao angesehen wurde, von dessen Gunst man sich im
45 Leben wie nach dem Tode abhängig fühlte.

Welche Technik wurde angewandt?

Bis heute ist es nicht gelungen, eine technische Erklärung dafür zu finden, wie die Ägypter dieses gewaltige Bauwerk vor der Erfindung von Rad und Kran errichtet
50 haben. Vermutlich wurden die Steinblöcke mithilfe von Rundhölzern auf langen, ansteigenden Rampen aus Schutt und Sand nach oben gezogen. Wie diese Rampen aber aussahen und wie sie sich von unten um die wachsende Pyramide herumwanden, ist umstritten. Der fran-
55 zösische Architekt Jean-Pierre Houdin stellte 2007 eine neue Theorie vor (M4). Die Cheops-Pyramide ist in ihrem Ausmaß und in der Bautechnik aber eine Ausnahme. Die meisten Pyramiden waren etwa 50 bis 60 Meter hoch, in der Regel mit einfachen Lehmziegeln erbaut
60 und mit leuchtend weißen Kalksteinplatten verkleidet. Diese Außenverkleidung fehlt heute bei fast allen Pyramiden. Sie wurde in späterer Zeit abgetragen, um den feinen Kalkstein als Baumaterial bei anderen Bauten zu verwenden.

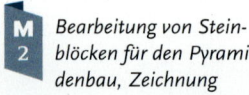
M 2 *Bearbeitung von Steinblöcken für den Pyramidenbau, Zeichnung*

Der griechische Geschichtsschreiber Herodot (um 485–425 v. Chr.) über den Bau der Cheops-Pyramide:

Cheops hat das Land ins tiefste Unglück gestürzt ... Er hat alle Ägypter gezwungen, für ihn zu arbeiten. Die einen mussten aus den Steinbrüchen im arabischen Gebirge Steinblöcke bis an den Nil schleifen.
5 Über den Strom wurden sie auf Schiffe gesetzt und andere mussten die Steine weiterziehen bis hin zu den sogenannten libyschen Bergen. Hunderttausend Menschen waren es, die daran arbeiteten und alle drei Monate abgelöst wurden. So wurde das Volk 10 bedrückt, und es dauerte zehn Jahre, ehe nur die Straße gebaut war, auf der die Steine dahergeschleift wurden, ein Werk, das mir fast ebenso gewaltig scheint wie der Bau der Pyramide selber. Denn die Straße ist fünf Stadien [890 m] lang, zehn Klafter 15 [18 m] breit, an der höchsten Stelle acht Klafter [14,4 m] hoch und aus geglätteten Steinen hergestellt, in die Tiergestalten eingemeißelt sind ... An der Pyramide selber wurde zwanzig Jahre gearbeitet.

Hans Wilhelm Haussig (Hg.), Herodot, Gesamtausgabe, 2. Buch, 4. Aufl., Stuttgart

Der Bau der Cheops-Pyramide nach der Theorie des französischen Architekten Jean-Pierre Houdin, Rekonstruktionszeichnung, 2007. Links: Baustufe 1 – Transport der Steinblöcke für die unteren Schichten der Pyramide auf einer Außenrampe. Rechts: Baustufe 2 – Transport der Steinblöcke für den oberen Teil der Pyramide über leicht ansteigende, spiralförmig angeordnete Gänge innerhalb der Pyramide. Das Material der Rampen wurde nach und nach zum Bau der Pyramide mit verwendet.

1 Stelle mithilfe des Darstellungstextes, M1 und M2 Argumente dafür zusammen, die Cheops-Pyramide als ein „Weltwunder" zu bezeichnen.
Tipp: Beachte hierbei z. B. die Wirkung auf den Betrachter, die Aufwendungen für den Bau und den Stand der damaligen Technik.

2 **Wähle eine Aufgabe aus:**
a) Finde mithilfe von M3 und des Darstellungstextes heraus, wie das Baumaterial zur Cheops-Pyramide gelangt ist. Beachte hierzu auch die Karte M1 auf S. 50.
b) „Zum Pyramidenbau gezwungen oder freiwillig mitgearbeitet?" Vergleiche die Antwort des Herodot in M3 mit dem Darstellungstext (Z. 27–45). Stelle dar, wie ein ägyptischer Arbeiter darüber gedacht haben könnte.

3 Stell dir vor, du bist ein Arbeiter auf der Pyramidenbaustelle zur Zeit des Pharaos Cheops. Abends schreibst du deiner Familie einen Brief, in dem du von deinem Arbeitstag berichtest.
Tipp: Denke an deine Tätigkeiten, an die Arbeitsbedingungen (z. B. Hitze, Arbeit mit „bloßen" Händen, Werkzeuge, Gefahren), an die Bedeutung deiner Arbeit für dich und deine Familie etc.

4 **Partnerarbeit:** Erläutert mithilfe von M4 die Theorie von Jean-Pierre Houdin zum Bau der Cheops-Pyramide.

Lesetipp:
Rosa Naumann, Verschollen in der Pyramide, 4. Aufl., München (dtv junior) 2007

Webcode: FG2450006-069
Pyramidenbau

Wahlstation 6: Warum gab es Mumien?

Die Technik der „Mumifizierung"

Vor der Zeit der großen Pyramidenbauten bestatteten die Ägypter ihre Verstorbenen in einfachen Gruben im trockenen, salzhaltigen Wüstensand. Das führte dazu, dass die Leichen austrockneten und auf natürliche Wei-
5 se erhalten blieben. Für die ärmeren Menschen blieb es bei dieser „natürlichen Mumifizierung". Als die reichen Ägypter ab etwa 2500 v. Chr. dazu übergingen, ihre Toten aufwendiger in Holzsärgen zu bestatten, gab es keinen direkten Kontakt mehr zwischen der Leiche und
10 dem Wüstensand. Die Folge war, dass der Körper Feuchtigkeit anzog und die Leiche schneller verweste.
Für den Glauben an ein Weiterleben nach dem Tod (siehe S. 56/57) war es aber wichtig, dass der Körper erhalten blieb. Die Seele, die nach dieser Vorstellung den
15 Körper beim Tod verließ, konnte so in den Körper zurückkehren. Aus diesem Grund begannen die Ägypter damit, die Leichen zu mumifizieren. Sie perfektionierten diese Technik so weit, dass selbst in heutiger Zeit ausgegrabene Mumien noch hervorragend erhalten sind.

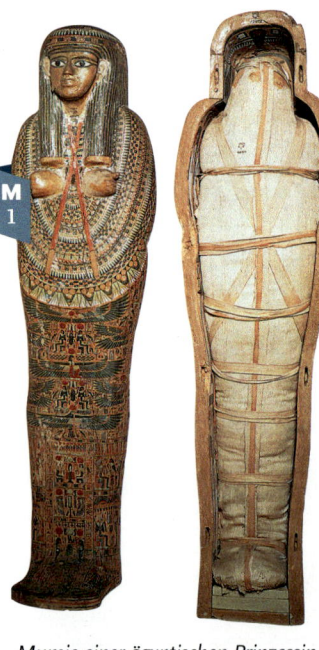

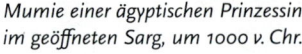

Mumie einer ägyptischen Prinzessin im geöffneten Sarg, um 1000 v. Chr.

Ausgewickelte Mumie des Pharaos Ramses II. im Mumienraum des ägyptischen Museums in Kairo, Foto, 1998

M 3

Der griechische Geschichtsschreiber Herodot (um 485–425 v. Chr.) über die Mumifizierung:

Es gibt besondere Leute, die dies berufsmäßig ausüben. Zu ihnen wird die Leiche gebracht ... Zunächst wird mittels eines eisernen Hakens das Gehirn durch die Nasenlöcher herausgeleitet, teils auch mit-
5 tels eingegossener Flüssigkeiten. Dann macht man mit einem scharfen ... Stein einen Schnitt in die Leiche und nimmt die ganzen Eingeweide heraus. Sie werden gereinigt, mit Palmwein und dann mit geriebenen Gewürzen durchspült. Dann wird der Magen
10 mit reiner geriebener Myrrhe, mit Zimt und mit anderem Räucherwerk ... gefüllt und [der Bauch] zuge-
näht. Nun legen sie die Leiche ganz in Natronlauge[1], siebzig Tage lang ... Sind sie vorüber, so wird die Leiche gewaschen, der ganze Körper mit Binden von
15 Leinwand umwickelt und mit Gummi bestrichen, was die Ägypter anstelle von Leim zu verwenden pflegen. Nun holen die Angehörigen die Leiche ab, machen einen hölzernen Sarg in Menschengestalt und legen die Leiche hinein.

Hans Wilhelm Haussig (Hg.), Herodot, Gesamtausgabe, 2. Buch, 4. Aufl., Stuttgart (Kröner) 1971, S. 145f. Übers. v. August Horneffer.

[1] *Salzlösung*

1 Erläutere mithilfe des Darstellungstextes die besondere Bedeutung der Mumifizierung für die Menschen im Alten Ägypten.

2 Beschreibe mithilfe von M1 und M3 den Vorgang einer Mumifizierung.

3 In einem Kairo-Reiseführer steht:
„Eine besondere Attraktion für die Besucher ist der sehr gut erhaltene und fast vollständig ausgewickelte Leichnam des Pharaos Ramses II. In jüngster Zeit werden allerdings Stimmen laut, die diese Zurschaustellung des ausgewickelten Leichnams als Störung der Totenruhe verhindern wollen." Wie denkst du darüber? Nimm mithilfe von M2 dazu Stellung und begründe deine Meinung.

Wahlstation 7: Pharao Echnaton schafft die Götter ab

Pharao Echnaton (1365–1348 v. Chr.) und seine Frau Nofretete opfern dem Sonnengott Aton Gefäße mit Wasser. Flachrelief aus Achetaton, um 1350 v. Chr.
Der Sonnengott Amun-Re, bisher in menschlicher Gestalt und mit Falkenkopf dargestellt, erscheint nun als Sonnenscheibe (ägyptisch: Aton). Von allen Geschöpfen steht der durch seine Größe hervorgehobene Echnaton dem Sonnengott am nächsten. Aton sendet sein Licht als Sonnenstrahlen aus; mit den offenen Händen an ihren Enden werden sie zum Segen für die gesamte Schöpfung.

Die Sonne als Gott

Die Ägypter verehrten viele Götter, aber als der Pharao Amenophis IV. auf den Thron kam, bestimmte er Aton als einzige Gottheit, als Leben spendende Sonne. Damit wurde er ein Vorläufer der späteren monotheistischen
5 Religionen (Monotheismus, siehe S. 56).
Der König selbst nannte sich jetzt Echnaton (sprich Ach-en-Aton, d. h. „dem Aton wohlgefällig"). Außerdem gründete er die neue Hauptstadt Achetaton (sprich Achet-Aton, d. h. „Horizont des Aton"). Dort entstand
10 das heilige Zentrum der Aton-Religion. Die Tempel der alten Götter wurden geschlossen – ihre Priester und sämtliche bisherigen hohen Beamten wurden entlassen. An ihre Stellen setzte Echnaton ihm und seinem Gott treu ergebene Männer ein.
15 Die Sonnenscheibe war fortan das alleinige Symbol der neuen Religion. Ohne Rücksicht auf die religiösen Ge-

fühle und Bedürfnisse der Bevölkerung wurden die bisherigen Götternamen und tiergestaltigen Götterbilder aus Tempelwänden ausgemeißelt. Wer weiterhin der alten
20 Religion anhing, sah sich vielfach der Verfolgung durch Echnatons Polizeitruppen ausgesetzt.
Die neue Religion hatte nicht lange Bestand. Der übernächste Nachfolger Echnatons, der junge König Tutanchamun ordnete die Rückkehr zum alten Glauben an. Er gab
25 die Stadt Achetaton auf und ließ sie restlos zerstören.

Aus dem von Pharao Echnaton verfassten Sonnengesang (14. Jahrhundert v. Chr.):
Schön erscheinst du im Horizont des Himmels, du lebendige Sonne [Aton], die das Leben bestimmt ... Deine Strahlen umfassen die Länder bis ans Ende von allem, was du geschaffen hast
5 ... Am Morgen aber bist du aufgegangen im Horizont und leuchtest als Sonne am Tage; du vertreibst die Finsternis und schenkst deine Strahlen ... Alles Vieh ist zufrieden mit seinem Kraut, Bäume und Kräuter grünen ... Lastschiffe fahren
10 stromab und wieder stromauf, jeder Weg ist offen durch dein Erscheinen. Die Fische im Strom springen vor deinem Angesicht, deine Strahlen sind im Innern des Meeres ... Wie zahlreich sind deine Werke, die dem Angesicht verborgen sind,
15 du einziger Gott, dessengleichen nicht ist ... Kein anderer ist, der dich kennt, außer deinem Sohne [Echnaton], den du dein Wesen und deine Macht erkennen lässt ... Seit du die Welt gegründet hast, erhebst du sie für deinen Sohn, der aus deinem
20 Leib hervorgegangen ist, den König Beider Ägypten ... Echnaton, groß in seiner Lebenszeit."
Zit. nach Erik Hornung, Echnaton. Die Religion des Lichtes, 2. Aufl., Düsseldorf und Zürich (Patmos/Artemis & Winkler) 2001, S. 88ff.

1 **Wähle eine Aufgabe aus:**
   a) Liste die Eigenschaften der Sonne auf, die im Sonnengesang M2 beschrieben werden.
   b) Finde mithilfe von M1 und M2 heraus, welche Bedeutung Echnaton in dieser neuen Religion hatte.
2 Schreibe aus der Sicht eines Priesters der bisherigen Religion einen Beschwerdebrief an Echnaton. Nimm dazu den Darstellungstext, M1 und M2 zu Hilfe.

Das Internet nutzen

Wie gehst du vor, wenn du mehr über ein Thema wissen willst? Wenn du im Internet suchst, erhältst du oft eine Fülle an Suchergebnissen, und die richtige Auswahl geeigneter Adressen kostet viel Zeit. Deshalb lernst du hier, wie du bei einer Internetrecherche (Recherche = Untersuchung, Nachforschung) am zweckmäßigsten vorgehst.

Arbeitsschritte „Das Internet nutzen"

Suche beginnen	Lösungshinweise
1. Welche Internet-Suchmaschine wähle ich aus?	• *z. B. Google oder eine Kindersuchmaschine wie Blinde Kuh oder Frag Finn* **Webcode:** FG2450006-072
2. Welche Internethinweise gibt das Schulbuch?	• *Webcodes aus deinem Schulbuch anklicken, z. B. S. 69*
Suchabsicht festlegen	
3. Welche Suchwörter helfen mir zur Beantwortung meiner Fragen weiter?	• *eine Liste mit möglichen Suchwörtern festlegen, bei Gruppenarbeit festlegen, wer welche Teilthemen/Suchwörter bearbeitet.* • *Suchbegriffe in das Suchfeld der Startseite der Suchmaschine eingeben*
Überblick über das Suchergebnis bekommen	
4. Welche Links sind interessant und brauchbar für mich?	• *Überschriften und Kurzerläuterungen der Links lesen* • *prüfen, wer die Webseiten mit welchem Interesse betreibt (private Webseite, Webseite eines Unternehmens, Webseite einer Schule, eines Museums oder einer Universität)*
5. Welche Links stammen von glaubwürdigen Anbietern?	• *brauchbar erscheinende Links für die Auswertung auswählen und als Favoriten/Lesezeichen auf dem PC sammeln* • *ein Zeitlimit für die Recherche festlegen*
Ergebnisse ordnen	
6. Wie gehe ich mit den Informationen einer Webseite um?	• *ausgewählte Webseite lesen und die Informationen auswählen, die für die Aufgabenstellung hilfreich und auch verständlich sind (ggf. unverständliche Sachverhalte klären)*
Informationen sichern und auswerten	
7. Wie halte ich die gefundenen Informationen fest?	• *interessante Textteile und Bilder mit vollständiger Internetadresse und Entnahmedatum (= Quellenangabe) als Dateien auf dem PC speichern;* • *mit handschriftlichen Notizen die Inhalte zusammenfassen*

Um das **Ziel** und die **Zeit** bei einer Internetrecherche nicht aus den Augen zu verlieren, kann dir das Führen eines **Rechercheprotokolls** helfen. Du kannst ein solches Protokoll nach folgendem Muster erstellen – es orientiert sich an den Arbeitsschritten auf der linken Seite. Als Beispiel ist hier die Internetrecherche **„Theorien zum Bau der Cheops-Pyramide"** dargestellt.

Protokoll Internetrecherche

Thema	Bau der Cheops-Pyramide
Datum der Recherche	21. Juni 2014
Dauer der Recherche	45 Minuten
Internet-Suchmaschine	www.google.de
Ich suche nach ...	Theorien zum Bau der Cheops-Pyramide; Suchbegriffe: Ägypten – Pyramide – Cheops – Technik – Theorie
brauchbare Links (Favoriten)	**Kinderzeitmaschine - Ägypten - Die Cheops-Pyramide: ist ...** www.kinderzeitmaschine.de/.../**aegypten**/.../die-**cheops-pyramide**-ist-sie-... ▾ Die Höhe der **Cheops**pyramide betrug einmal exakt 146,60 Meter. Dann verlor sie aber ihre Spitze und damit verringerte sich ihre Höhe auf 137,50 Meter. **Planet Wissen - Cheops-Pyramide** https://www.planet-wissen.de/.../**aegypten**/**pyramiden**bau/**cheops**_**pyramide**... Die geheimnisvollen Schächte der **Cheops**-Pyramide ... technischer Raffinesse ließen sich **altägyptische** Ingenieure Mechanismen einfallen, die komplette Teile ... **Neue Theorie zur Technik des Pyramidenbaus kommt aus ...** blog.**selket**.de/.../neue-**theorie**-zur-technik-des-**pyramidenbaus**-kommt-a... ▾ 13.10.2013 - Neue **Theorie** zur Technik des **Pyramidenbaus** kommt aus Berlin. Sonntag ... Dann unterstütze **selket**.de und empfehle diesen weiter. Ich freue ... **Pyramiden von Gizeh Ägypten Weltwunder der Antike** www.weltwunder-online.de/antike/**pyramiden**.htm ▾ Die **Pyramiden** von Gizeh in der Nähe von Kairo in **Ägypten** sind mit einem ... Bis in das Mittealter hinein war die **Cheops Pyramide** das höchste Gebäude der ...
ausgewählte Webseiten für die weitere Auswertung	http://www.planet-wissen.de/geschichte/antike/pyramidenbau/pwvideoplanetwissenvideopyramidenbau100.html (1. September 2015) Videoclip mit Modell zu einer Bau-Theorie; vertrauenswürdige Webseite (öffentlich-rechtlicher Rundfunk); hilfreiche Link-Tipps http://www.spiegel.de/wissenschaft/mensch/cheops-pyramide-architekt-will-uraltes-bau-raetsel-geloest-haben-a-475196.html (20. Juli 2016) Erläuterungen zur Theorie des Architekten Jean-Pierre Houdin, siehe Abbildung im Schulbuch S.69

1 a) **Partnerarbeit:** Stellt „Hitlisten" mit fünf besonders guten Internetseiten zum Thema „Altes Ägypten" zusammen. Denkt daran, die Internetadressen genau anzugeben, damit auch andere die Seite finden können.
b) Begründet in einem kurzen Text, warum euch die Seiten gefallen haben.
c) Vergleicht die Ergebnisse in der Klasse.

2 **Gruppenarbeit:** Pyramiden gehören zu den „Sieben Weltwundern". Führt mithilfe der Arbeitsschritte auf S. 72 eine Internetrecherche zu den anderen sechs Weltwundern durch. Haltet eure Ergebnisse in einem Rechercheprotokoll fest (siehe M1)

3 Probiere einen „Webcode" aus diesem Kapitel aus und berichte in der Klasse über das Ergebnis.

Ägypten – Fortschritt durch Arbeitsteilung?

Im Alten Ägypten arbeiteten nicht mehr alle Menschen ständig in der Landwirtschaft. Die Arbeitsteilung mit klarer Aufgabenverteilung bildete die Grundlage für die hierarchisch aufgebaute Gesellschaft im Pharaonenreich.

- *Welche Auswirkungen hatte die Arbeitsteilung auf die wirtschaftliche Entwicklung Ägyptens?*
- *Wie veränderten weitere Erfindungen und Entdeckungen den Alltag?*

Gerät zum Schöpfen von Wasser (arabisch: Schaduf), Aquarell nach einem Wandgemälde im Grab des Ipui, Deir-el-Medina, um 1240 v. Chr.

Zahlen der alten Ägypter

Der Kalender und mathematische Kenntnisse

Wenn im Juni der Stern Sirius hell am Horizont aufleuchtete, wussten die Ägypter, dass die Nilflut kurz bevorstand. Die Zeit bis zum nächsten Aufleuchten des Sirius wurde in zwölf Monate zu je 30 Tagen eingeteilt; dazu
5 kamen noch fünf Zusatztage. Das Jahr bestand für die Ägypter aus den drei Jahreszeiten „Überschwemmung", „Herauskommen des Landes" und „Trockenheit". Bereits um 2700 v. Chr. war unter Pharao Djoser der Kalender* in Gebrauch.
10 Nach der Nilflut kamen Landvermesser und Seilspanner, um die Ackerflächen zu vermessen und zu verteilen. Deiche mussten gebaut und ausgebessert, Kanäle und Wasserspeicher für Trockenzeiten gegraben werden. Beamte überwachten die Verteilung des Bodens, teilten das
15 Saatgut zu, überprüften regelmäßig das Wachstum und organisierten die Erntearbeiten sowie den Getreidetransport in die Vorratslager. Schreiber hielten die Ergebnisse auf Papyrusrollen fest, da nach den Erträgen auch die Steuern berechnet wurden. Nur extremes Nil-
20 hochwasser und die alles kahl fressenden Heuschreckenschwärme stellten eine Bedrohung der Ernte dar.

Die Handwerkskunst

Stabile Matten aus kreuzweise übereinandergelegten Papyrusstreifen dienten als Bodenbelag, Windschutz und
25 Wandbespannung für die Holzgestelle der Hütten. Kleidung wurde aus Wolle gewebt, und die Lederherstellung nahm einen bedeutenden Platz ein. Die Ägypter waren Meister in der Herstellung von Keramik und produzierten undurchsichtiges farbiges Glas. Die dazu nötigen hohen
30 Temperaturen wurden mit Blasrohren aus Kupfer erzeugt.

Metallverarbeitung und Holzimport

Ägypten verfügte über große Vorkommen an Gold, Kupfer und Blei, die aber alle mühsam in entfernten Wüstengegenden gewonnen und ins Niltal transportiert werden
35 mussten. Eisenerz gab es nur in geringen Mengen. Die Grundlagen der Techniken der Metallverarbeitung übernahmen die Ägypter aus Kleinasien und Mesopotamien, verfeinerten sie jedoch ständig. Aus Gold fertigte man vorwiegend Schmuck und Luxusgüter. Kupfer und Bron-
40 ze dienten vor allem für die Herstellung von Werkzeugen, da diese wesentlich besser waren als die primitiven Steinwerkzeuge.

Holz gab es in Ägypten nur wenig. Es war kostbar und wurde sparsam für Möbel, Wagen, Dachkonstruktionen,
45 Schiffe und als Brennstoff verwendet. Große Stämme wurden aus dem heutigen Libanon importiert. Dazu kamen Lastschiffe zum Einsatz, die auch nilaufwärts segeln konnten.

M3 Bronzeherstellung

Bronze ist eine Legierung aus Kupfer und Zinn. Das Rohmaterial kam per Schiff aus Syrien:
Kräftige Männer im Lendenschurz schüren und belüften die Flamme, wuchten Schmelztiegel und die Topfgebläse, beugen sich über Erzschlacke und
5 Holzkohle, senken den Tiegel mit Rutenzangen ins Feuer und gießen endlich die Schmelze in Gussform. Von rechts rollt der Nachschub, dazwischen durcheilen die Gießmeister die Szene.

Joachim Fritz-Vannahme, Die Metallurgen des Pharao. In: Die Zeit, 5. 4. 1996, S. 30.

Malerei aus dem Grab des Wesirs Rechmire, 15. Jh. v. Chr.

Segel eines Nilschiffs werden gesetzt. Kalksteinrelief im Grab des Beamten Nefer in Sakkara, um 2400 v. Chr.

....

1 Finde heraus, wie ein Schaduf funktioniert (M1).
2 Entziffere die Zahl in M2 und suche ihre Bedeutung aus dem Darstellungstext heraus.
   Geschrieben wurde meist von rechts nach links.

3 Nenne mithilfe der Karte M1 auf S. 50, welche Metalle wo in Ägypten gefunden wurden. Nenne auch die Transportwege für den Import von Kupfer und Holz (Darstellungstext).
4 Erstelle einen Stichwortzettel für eine Reportage über die ägyptische Bronzeherstellung. Der Text des Journalisten hilft dir dabei (M3). Unbekannte Begriffe musst du nachschlagen.
5 In Ägypten arbeiteten nicht mehr alle Menschen in der Landwirtschaft, sondern spezialisierten sich auf bestimmte Berufe. Suche Belege aus dem Darstellungstext heraus.
6 Welche der hier genannten Erfindungen, Verfahren und Entdeckungen waren deiner Meinung nach am wichtigsten für die wirtschaftliche Entwicklung des alten Ägyptens? Begründe.

Mesopotamien – die Gesetzessammlung des Königs Hammurabi

Oberer Teil der Gesetzessäule des Hammurabi, um 1700 v. Chr. Hammurabi (links) erhält von dem thronenden Gott der Sonne und des Rechts Samasch Ring und Stab als Zeichen der Herrschaft. Darunter stehen die mit Keilschrift eingemeißelten 282 Gesetzestexte. Die Säule aus Basaltstein ist 2,25 m hoch.

Hammurabi von Babylon und das Recht

Hammurabi (um 1792–1750 v. Chr.) war einer der mächtigsten Könige Mesopotamiens. Durch Eroberungen gelang es ihm, das Gebiet zwischen Euphrat und Tigris unter seiner Herrschaft in einem Großreich zu vereinen. In den großen Städten setzte er Statthalter als seine Stellvertreter ein. Mithilfe schriftkundiger Beamter verwaltete und regierte er sein Reich von der prachtvoll ausgebauten Hauptstadt Babylon aus.
Hammurabi war der erste Herrscher, der das gültige Recht aufschreiben ließ, um so das Zusammenleben seines Volkes zu regeln („Codex Hammurabi").

M2   Aus den Gesetzen König Hammurabis:

§22 Wenn ein Bürger einen Raub begangen hat und ergriffen wird, so wird dieser Bürger getötet.

§23 Wenn der Räuber nicht ergriffen wird, ... ersetzt [die Gemeinde dem beraubten Bürger] das abhanden gekommene Gut.

§53 Wenn ein Bürger ... seinen Deich nicht befestigt hat, ... ersetzt der Bürger das Getreide, das er [dadurch] vernichtet hat.

§54 Wenn er das Getreide nicht ersetzen kann, wird er und sein Hab und Gut verkauft und der Erlös unter denjenigen verteilt, denen das Wasser Getreide weggeschwemmt hat.

§128 Wenn ein Bürger eine Ehefrau genommen hat, aber keine vertragliche Abmachung über sie aufgesetzt hat, so ist diese Frau keine Ehefrau.

§195 Wenn ein Sohn seinen Vater schlägt, haut man ihm die Hände ab.

§200 Wenn ein Bürger einem Bürger seines Standes einen Zahn ausschlägt, so schlägt man auch diesem einen Zahn aus.

§201 Wenn er den Zahn eines Untergebenen ausschlägt, so zahlt er ein Drittel Mine Silber. [1 Mine entspricht ca. 500 g]

§229 Wenn ein Baumeister einem Bürger ein Haus baut, ... das Haus aber einstürzt und er dadurch den Hauseigentümer ums Leben bringt, so wird dieser Baumeister getötet.

Dies sind Rechtssprüche der Gerechtigkeit, die Hammurabi, der tüchtige König, festgesetzt hat.

Zit. nach Wilhelm Eilers, Gesetzesstele Chammurabis, in: Der alte Orient, Bd. 31, H. 3/4, Leipzig 1932, S. 19 ff. Bearb. v. Verf.

1 Nenne mögliche Gründe, warum Hammurabi in M1 mit der obersten Gottheit abgebildet wurde.

2 **Wähle eine Aufgabe aus:**
   a) Wähle aus M2 vier Paragrafen, die dir besonders auffällig erscheinen, und erläutere sie.
   b) Zeige an Beispielen, wer aus den Gesetzen M2 Nutzen zog.

3 **Partnerarbeit:** Diskutiert darüber, was man unter der Herrschaft Hammurabis unter einer gerechten Strafe verstanden hat.

| 3000 v. Chr. | 2500 v. Chr. | 2000 v. Chr. | 1500 v. Chr. | 1000 v. Chr. | 500 v. Chr. |

um 3000 v. Chr.
Entstehung von Hochkulturen in Ägypten
und Mesopotamien

1750 v. Chr.
Hammurabi

332 v. Chr.
Ägypten wird griechisch

30 v. Chr.
Ägypten wird
römische
Provinz

Altes Reich
(2700–2155 v. Chr.)
Bau der großen
Pyramiden

Mittleres Reich
(2134–1785 v. Chr.)
Bewässerungs-
techniken

Neues Reich
(1550–1070 v. Chr.)
Ägypten wird Groß-
macht, Blütezeit von
Kunst und Architektur

Ägypten – eine Hochkultur

Leben nach den Regeln des Nils

Als etwa um 9000 v. Chr. die Warmzeit begann, zogen sich die als Jäger und Sammler lebenden Menschen aus den allmählich austrocknenden Grasländern Nordafrikas an die wasserreichen Ufer des Nils zurück. Sie gaben das
5 Leben als Nomaden auf, wurden sesshaft und schlossen sich in Dorfgemeinschaften zusammen. Sie bauten Deiche und Bewässerungsanlagen und nutzten so das lebenswichtige Wasser für die Landwirtschaft. Ernteüberschüsse legten sie vorausschauend in Vorräten an
10 (Vorratshaltung). Das Leben wurde vom Rhythmus des Nils bestimmt: Einerseits nutzten die Ägypter den angeschwemmten fruchtbaren Boden nach der alljährlichen Nilschwemme, andererseits die Kraft des Wassers für ihr Bewässerungssystem und die Schifffahrt. Mit dem Bau
15 von Kanälen griffen sie in die Landschaft ein.

Herrschaft und Staat

Um 3000 v. Chr. wurden die Reiche von Ober- und Unterägypten zu einem Staat vereinigt (Flächenstaat). An der Spitze stand der König (Pharao), der mit unbegrenz-
20 ter Macht regierte (Monarchie). Er wurde von den Ägyptern wie ein Gott verehrt und im Alten Reich in Pyramiden begraben. Eine leistungsstarke Verwaltung mit zahlreichen Beamten setzte seine Befehle um. Als wichtiges Hilfsmittel hierfür entwickelten die Ägypter
25 die Hieroglyphenschrift (siehe S. 80/81).

Gesellschaft und Wirtschaft

Der größte Teil der Bevölkerung lebte als Bauern, Arbeiter und Handwerker. Die Vorratshaltung ermöglichte es, dass nicht mehr alle Menschen ständig in der Landwirt-
30 schaft arbeiten mussten. So konnten sie andere Tätigkeiten ausüben und es entstand eine arbeitsteilige Gesellschaft. Eine mächtige Stellung hatten die Schreiber (Beamte), die unterschiedliche Verwaltungstätigkeiten ausführten. Anordnungen wurden von oben nach unten
35 erteilt. Es entstand eine hierarchische Gesellschaftsordnung. Frauen hatten vergleichsweise mehr Rechte als in anderen damaligen Kulturen – gleichberechtigt waren sie aber nicht.

Religion

40 Die Religion war geprägt von der Vorstellung, dass das Leben der Menschen nach dem Tod nicht zu Ende sei. Deshalb waren Grabbau, Grabausstattung und Mumifizierung von großer Bedeutung. Allen Menschen gemeinsam war die polytheistische Religion. Die Anzahl
45 der verehrten Götter war groß. Besondere Bedeutung genoss die Göttin Maat. Sie verkörperte Wahrheit, Gerechtigkeit und Ordnung. Das Weiterleben nach dem Tod konnte nach dem Glauben der Ägypter nur erlangen, wer im Totengericht nachwies, dass er im Diesseits nichts
50 Unrechtes getan hatte.

Hochkulturen

In Ägypten entstand seit etwa 3000 v. Chr. eine Hochkultur: ein Staat mit zentraler Regierung und Verwaltung, Arbeitsteilung, Schrift, Zeitrechnung (Kalender),
55 Kunst, Architektur und Anfänge von Wissenschaft (z. B. Geometrie) und Technik.
Zeitgleich entstand an den Flüssen Euphrat und Tigris die Hochkultur Mesopotamiens. Als erster Herrscher erließ der Babylonierkönig Hammurabi eine für alle gültige
60 Rechtsordnung in Schriftform (Keilschrift).

In diesem Kapitel konntest du folgende Kompetenzen erwerben:

- den Einfluss der Nilschwemme auf das Leben der Menschen im Alten Ägypten erklären
- Merkmale des altägyptischen Staates nennen und die Stellung der Pharaonen beurteilen
- den Aufbau der altägyptischen Gesellschaft darstellen
- die Rolle der Frauen in der Gesellschaft erläutern
- die Bedeutung der Religion für die Ägypter beurteilen

- die Funktion der Pyramiden erläutern
- Merkmale einer frühen Hochkultur am Beispiel Ägypten nennen
- **Methode:** Eine Bildquelle auswerten
- **Methode:** Das Internet nutzen

M 1 *Viehzählung: In einer Laube sitzen der Aufseher und vier Schreiber. Ein Hirte wird geprügelt. Holzmodell aus dem Grab eines hohen Beamten, um 2000 v. Chr.*

M 2

M 3

1	Nil	a	heilige Einritzungen
2	Herodot	b	Gesellschaftsordnung von oben nach unten geordnet
3	Pharao	c	Gott des Jenseits
4	Beamter	d	Grabmal von Pharaonen
5	Papyrus	e	griechischer Geschichtsschreiber
6	Wesir	f	König in Ägypten
7	Osiris	g	Pflanze, Grundlage für Schreibmaterial
8	Hieroglyphe	h	oberster Beamter
9	Pyramide	i	Fluss in Ägypten
10	Hierarchie	j	Schreiber

M 4 Geschichtstabu

Ein Team besteht aus ca. fünf Personen. Zwei Teams spielen gegeneinander.

Spielkarten: Oben auf der Karte steht der zu erratende Begriff; die darunter notierten „Tabuwörter" dürfen bei der Umschreibung nicht benutzt werden (siehe Beispielkarte).

Ablauf: Abwechselnd muss jeweils ein Teammitglied den anderen seines Teams einen Begriff umschreiben. Dazu setzt sich dieser Spieler zum gegnerischen Team. Sowohl er als auch das gegnerische Team dürfen die Karte sehen.

Zeitvorgabe: möglichst viele Karten in 1 bis 5 Minuten – die Zeitmessung erfolgt durch ein Mitglied des gegnerischen Teams!

Ziel: Das Team mit den meisten erratenen Begriffen hat gewonnen.

Wichtig:
- Die Benutzung von Armen, Händen und Beinen ist verboten!
- Nur vollständige Sätze sind erlaubt!
- Das gegnerische Team achtet auf die Einhaltung der Spielregeln!
- Bei einem Fehler wird „Stopp!" gerufen; der Punkt ist dann verloren und die gegnerische Mannschaft ist am Zug.

Pharao
König
Monarch
Ägypten
Pyramide
Mumie

Sachkompetenz

1 In M2 findest du Abbildungen, die aus diesem Kapitel stammen. Sie zeigen wichtige Merkmale einer Hochkultur. Finde heraus, welche Merkmale dies sind. Aufgepasst! Eine Abbildung aus einem anderen Kapitel ist versehentlich dazwischengeraten. Welche ist es?

2 **Wähle eine Aufgabe aus:**
   a) **Einzelarbeit:** Ordne den Begriffen aus M3 die jeweils passende Erklärung zu.
   b) **Partnerarbeit:** Erklärt euch gegenseitig die Begriffe Pharao, Hieroglyphe, Wesir, Schreiber, Hierarchie, Totenkult, Polytheismus und Hochkultur.

3 Erkläre, welche Bedeutung die Schrift für die Verwaltung des Ägyptischen Reichs hatte.

Frage- und Methodenkompetenz

4 Betrachte das Holzmodell genau und notiere W-Fragen (z. B. Wer, Wann, Warum …) zu dieser Quelle.

5 **Methode:** Finde mithilfe einer Internetrecherche heraus, welche Technik ägyptische Bauern heute nutzen, um ihre Felder zu bewässern. Orientiere dich hierbei an den Arbeitsschritten S. 72.

6 **Gruppenarbeit:** „Tabu" – gestaltet gemeinsam zehn Spielkarten und spielt das Spiel mit verschiedenen Gruppen im Wechsel. Ein Beispiel und die Regeln findet ihr in M4.

Urteilskompetenz

7 **Wählt eine Aufgabe aus:**
   „Ägypten – ein Geschenk des Nils" – so lautet sinngemäß das Urteil des Griechen Herodot um 450 v. Chr. Bearbeitet in **Partnerarbeit** entweder **a)** und **b)** oder **a)** und **c)**:

   a) Nennt und beschreibt drei „Dinge" (Vorteile, Errungenschaften), welche die Ägypter diesem besonderen Fluss verdanken.
   b) Setzt euch mit dem Urteil Herodots auseinander und formuliert eine zusammenfassende Antwort. Überlegt dabei auch: Hat Herodot die Leistung der Menschen genug berücksichtigt?
   c) Beurteilt folgende Behauptung: „Ägypten ist nicht ein Geschenk des Nils, Ägypten ist ein Geschenk der Ägypter!"

3000 v. Chr.	2000 v. Chr.	1000 v. Chr.	0	1000 n. Chr.	2000 n. Chr.

um 3000 v. Chr.
Hieroglyphenschrift in
Ägypten und Keilschrift
in Mesopotamien
(1. Medienrevolution)

um 800 v. Chr.
griechische Buch-
stabenschrift

um 1450 n. Chr.
Erfindung des Buchdrucks
(2. Medienrevolution)

20. Jh.
Radio, Film, Fernsehen

Beginn d. 21. Jh.
PC, Internet
(3. Medienrevolution)

Die Schrift – Merkmal einer Hochkultur

*Über 5000 Jahre hat die Entwicklung von der ersten Schrift bis zur heutigen Nut-
zung von Internet und Smartphone gedauert. Im Laufe dieser Entwicklung hat es –
bedingt durch Erfindungen und technischen Fortschritt – immer wieder so grundlegende Veränderungen gegeben, dass die Kommunikationswissenschaft von
„Medienrevolutionen" spricht. In diesem Längsschnitt kannst du folgenden Fragen
nachgehen:*

- *Welche Bedeutung hatte die Erfindung der Schrift in Ägypten und Mesopotamien?*
- *Wie wirkte sich die Erfindung des Buchdrucks aus?*
- *Wie verändert das Internet das Leben?*

Von der mündlichen Überlieferung zur Schrift

Die Menschen in der Alt- und Jungsteinzeit brauchten
keine Schrift, da sie in kleinen Gruppen zusammenlebten. Ereignisse und Berichte wurden mündlich weitergegeben. Durch Höhlenbilder und Felsmalereien drückte
5 der Mensch seine Vorstellungen aus, lange bevor er
schreiben konnte (siehe S. 36/37). Erst als sich um etwa
3000 v. Chr. in Ägypten und Mesopotamien Staaten bildeten und sich eine Arbeitsteilung entwickelte, begann-
nen die Menschen, wichtige Dinge schriftlich festzuhal-
10 ten. So konnten Listen über Ernteerträge erstellt,
Hochwassertermine in einem Kalender festgehalten,
Nachrichten in alle Landesteile verbreitet und die Taten
der Herrscher verherrlicht und an kommende Generationen überliefert werden. Später entwickelten auch die
15 Chinesen, die Inder und die Phöniker eine Schrift.

Ägyptens Hieroglyphen – rätselhafte Zeichen?

Die von den Ägyptern benutzten Schriftzeichen beste-
hen aus kleinen Bildern und Symbolen, die wir heute
unter der griechischen Bezeichnung Hieroglyphen
20 (= heilige Einritzungen) kennen. Am Anfang benutzten
die Ägypter Bilder, wenn sie etwas ausdrücken wollten,
z. B. Wellen für Wasser. Im Laufe der Zeit wurden die
Bildzeichen aber auch als Lautzeichen verwendet. Sie
wurden auf Tonscherben oder Stein- und Wachstafeln,
25 später vor allem auf Papyrus geschrieben (siehe S. 56).
Von Anfang an war diese Hieroglyphenschrift eine uns

sehr kompliziert erscheinende Kombination von mehreren Tausend Bild- und Lautzeichen, deren Bedeutung
lange Zeit ein Rätsel war. Erst 1822 gelang es dem Fran-
30 zosen Jean-Francois Champollion sie zu entziffern: Auf
einem Stein aus dem Nildelta aus dem Jahr 196 v. Chr.
entdecke er einen Text, der sowohl in Hieroglyphen als
auch in der bekannten griechischen Schrift eingemeißelt
war. So konnte er die Hieroglyphen „übersetzen".

**Mesopotamiens Keilschrift – die „internationale
35 Schrift" des alten Orients**

Aus der Zeit um 3000 v. Chr. gibt es in Mesopotamien,
dem Land zwischen den Flüssen Euphrat und Tigris, erste schriftliche Aufzeichnungen. Wie in Ägypten hatten
40 die Menschen auch hier gelernt, die Flüsse zu beherrschen und für sich nutzbar zu machen. Die vor allem im
Süden ansässigen Sumerer schlossen sich in kleineren
Stadtstaaten zusammen, wie z. B. Uruk, von denen aus
das umliegende Gebiet durch Könige, Priester und Be-
45 amte regiert wurde. Um ihre Städte zu verwalten, entwickelten die Sumerer um 2900 v. Chr. die Keilschrift*, die
so heißt, weil ihre Zeichen wie kleine Keile aussahen.
Diese aus etwa 600 Zeichen bestehende Schrift entwickelte sich zur internationalen Schrift des Alten Orients.
50 Sie wurde – neben späteren antiken Schriften wie die
phönikischen, griechischen und lateinischen Buchsta-
benschriften – über 3000 Jahre lang benutzt.

 Transkulturalität

Hieroglyphenschrift

Auswahl von Hieroglyphen, die den Lauten unseres Alphabets ungefähr entsprechen:

Hieroglyphe	Bildbedeutung	Aussprache
	Geier	a
	Bein	b
	Hand	d
	Arm	a oder e
	Viper	f
	Krugständer	g
	Hof(-grundriss)	h
	Schilfblatt	i oder j
	Abhang	k oder q
	Henkelkorb	k
	Löwe	l
	Eule	m
	Wasser	n
	Hocker	p
	Mund	r
	gefalteter Stoff	s
	Teich(-grundriss)	sch
	Seil	tsch
	Brotlaib	t
	Wachtelküken	w
	Seil und gefalteter Stoff	z
	Zeichen für Frauen/Mädchen vor oder nach dem Namen	
	Zeichen für Männer/Jungen vor oder nach dem Namen	
	Kartusche = Umrahmung für Herrschernamen	

Bei der Keilschrift hinterließ das Schreibwerkzeug einen keilförmigen Eindruck in den weichen Tontafeln.

Grundriss eines Hauses mit Angaben in Keilschrift zu Bestimmung und Größe der Räume (Wohnraum 4 x 6 m, Empfangshalle 3 x 6 m, Empfangshof 4,5 x 6 m, Eingangshalle 7 x 3 m), Lagasch, um 2400 v. Chr.

Vertrag über den Verkauf eines Erbteils zwischen zwei Brüdern, Tontafel mit Keilschrift und Siegelabdrücken der Vertragspartner (Höhe 7,5 cm, Breite 8,7 cm), Nordsyrien, um 1800 v. Chr.

1 Beschreibe den Wandel, der sich in der Verständigung der Menschen untereinander durch den Übergang von der mündlichen Kommunikation zur Benutzung der Schrift vollzogen hat.

2 Finde mithilfe von M2 heraus, welches Wort sich hinter M1 verbirgt.

3 **Partnerarbeit:** Jeder schreibt mithilfe von M2 eine Inschrift in Hieroglyphenschrift. Versucht gegenseitig, eure Inschriften zu entschlüsseln.

4 **Wähle eine Aufgabe aus:**
a) Erläutere mithilfe des Textes und der Funde M4 und M5, welche Bedeutung die Schrift in frühen Hochkulturen hatte.
b) Lies den Text und notiere Gründe, warum die Ägypter und die Sumerer eine Schrift benötigten.

5 „Von allen großen Fortschritten der Menschheit ist die Entwicklung der Schrift vielleicht die größte." Nimm zu dieser Aussage Stellung.

Zusatzaufgabe: siehe S. 179

Wie wirkte sich die Erfindung des Buchdrucks aus?

Die Menschen der Antike und des Mittelalters schrieben Briefe und Bücher mit der Hand. Vervielfältigt wurde das einmal Geschriebene auch mit der Hand: Vor allen Mönche schrieben die Bibel und religiöse Schriften, aber auch Werke der antiken Philosophen und Reiseberichte – oft durch kostbare Zeichnungen illustriert – mühsam auf Pergament ab. Durch die Erfindung des Buchdrucks änderte sich das schlagartig. Der erste Schritt zu den Massenmedien war getan.

Die Erfindung des Buchdrucks

Schreiben und Lesen war über Jahrtausende nur einer kleinen Gruppe von Menschen vorbehalten. Schon bei den Ägyptern gab es den hoch angesehenen Beruf des Schreibers. Im Jahrtausend nach Christus waren es ne-
5 ben Adligen vor allem die Mönche, die schreiben und lesen konnten.

Johannes Gutenberg (um 1400–1468) aus Mainz entwickelte in jahrelanger Arbeit ein ganz neues Verfahren zur Vervielfältigung von Geschriebenem: das Drucken mit
10 einzelnen beweglichen Lettern aus einem Blei-Zinn-Gemisch und einer Druckerpresse. Die Buchstaben konnten zu Wörtern und Seiten zusammengesetzt und nach dem Druck wieder auseinander genommen und für neue Seiten verwendet werden. Die erste so gedruckte Guten-
15 berg-Bibel erschien in zwei Bänden mit jeweils über 600 Seiten im Jahr 1455.

Ein Medienereignis

Durch die Jahrhunderterfindung des Buchdrucks ent-
20 standen neue Medien:
- das preiswert gedruckte Buch in hoher Auflage,
- die massenweise verbreiteten Flugschriften zu religiösen und politischen Fragen,
- schließlich ab ca. 1650 die Zeitungen.

25 Die Erfindung löste eine Buchproduktion in Serie aus, die bisher nicht vorstellbar erschien. Schon um 1500 gab es in Europa mehr als 1100 Druckereien, die über 40 000 Werke herstellten. Die Mehrzahl dieser Bücher waren Bibeln und religiöse und juristische Schriften, doch im-
30 mer stärker drängten naturwissenschaftliche, historische und philosophische Werke auf den Markt. Bücher waren jetzt nicht mehr nur Geistlichen und Reichen vorbehalten. Die Universitäten* erfuhren europaweit einen großen Aufschwung. Neue Ideen erreichten auch die
35 einfache Bevölkerung. Wichtig für den Medienwandel war auch die Entwicklung neuer preiswerter Verfahren der Papierherstellung.

Die massenhafte Reproduktion und Verbreitung von Wissen und Nachrichten in bisher unbekanntem Maße
40 stieß aber nicht überall auf ungeteilte Zustimmung. Weltliche und geistliche Fürsten sahen durch das neue Medium ihre Macht gefährdet. Neue gesellschaftliche Eliten, vor allem das reiche Bürgertum, hofften dagegen auf mehr Macht und Einfluss durch bessere Informations-
45 möglichkeiten.

M1

Druckerwerkstatt im 16. Jh., Kupferstich von Jan Stradanus

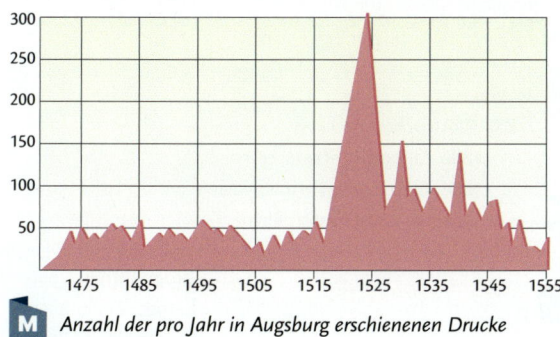

Anzahl der pro Jahr in Augsburg erschienenen Drucke 1465 bis 1555

Verbreitung des Buchdrucks von 1455 bis 1500

M4

Pro und Contra Buchdruck

a) *Rede zur Feier des Buchdrucks aus dem Jahr 1740:*

Für das Geld, wofür man sonst kaum zwei oder drei Bücher hatte kaufen können, konnte man jetzt ganze Büchersäle auffüllen. Was vorher nur den Großen der Welt und Begüterte im Volk hatten tun können, das war jetzt auch dem einfachen Volk nicht versagt.

b) *Ein englischer Bischof schrieb im 18. Jahrhundert:*

Ich danke Gott, wir haben hier keine Buchdruckereien, und ich hoffe, es soll noch lange Zeit so bleiben, denn das Lernen hat nur Ungehorsam in die Welt gebracht, die Buchdruckerkunst aber war die Dienerin aller dieser Gräuel.

Zit. nach: Ingrid Kästner, Johann Gutenberg, 3. Auflage, Wiesbaden (Springer Fachmedien) 1984, S. 58.

1 Beschreibe mithilfe von M1 die Buchherstellung im 16. Jahrhundert. Ordne dabei folgende Tätigkeiten den Nummern in M1 zu: Setzen, Sortieren, Korrektur lesen, Trocknen, Drucken, Schwärzen, Einlegen.

2 Liste mithilfe des Textes die Folgewirkungen der Erfindung des Buchdrucks auf.

3 Stelle anhand der Karte M3 dar, wie sich der Buchdruck in Europa ausbreitete.

4 Vergleiche die beiden Stellungnahmen zum Buchdruck: Welche Vorteile werden in M4 genannt, welche Nachteile sieht der Bischof?

5 Beurteile, ob die folgenden Aussagen zutreffend sind, und begründe dein Urteil:

a) „Mehr als das Gold hat das Blei die Welt verändert. Und mehr als das Blei in der Flinte das Blei im Setzkasten."

b) Die vielfältigen Informationen via Buch oder Flugschriften sorgten dafür, dass Menschen kritischer wurden, sowohl gegenüber der Kirche als auch gegenüber den Herrschenden.

1800   1850   1900

1826 Fotografie
1837 Telegrafie
1846 Rotationsdruckmaschine
1876 Telefon
1883 Elektrisches Teleskop
1886 Linotype-Setzmaschine
1886 Elektromagnetische Wellen
1895 Stummfilm
1923 Regelmäßiges Radio-programm in Deutschland
1927 Erster abend-füllender Tonfilm

M 1 *Erfindungen auf dem Weg zu den heutigen Massenmedien*

Wie verändert das Internet das Leben?

Massenmedien wie Presse, Rundfunk und Fernsehen haben seit Ende des 19. Jahrhunderts über 100 Jahre den Austausch von Informationen, Bildern und Unterhaltung geprägt. Heute werden öffentliche und private Kommunikation immer mehr von Computer, Internet und Smartphone gekennzeichnet. Wir befinden uns Mitten in der digitalen Revolution.
- *Welche Folgen hat der Übergang von der Welt der elektronischen Medien zur Welt der digitalen Medien?*

Das Zeitalter der elektronischen Massenmedien

Die Entwicklung der Medien war im 19. Jahrhundert durch individuelle Erfindungen geprägt, die die Voraussetzungen für die Entwicklung von Massenmedien im 20. Jahrhundert geschaffen haben:

5 • Zeitungen und Zeitschriften gab es schon seit Mitte des 17. Jahrhunderts, aber erst durch die Erfindung der Telegrafie und der Rotationsdruck- und Setzmaschinen konnten sie mit neuesten Nachrichten, in hohen Auflagen und als Tageszeitungen erscheinen. Der
10 Hunger nach Nachrichten und Sensationen bei einer immer größeren Leserschaft breitete sich schnell aus, sodass die Zeitungen seit Anfang des 20. Jahrhunderts zum ersten Massenmedium wurden.

• Die Entdeckung der elektromagnetischen Wellen
15 durch Heinrich Hertz 1887 schufen die Voraussetzung für einen drahtlosen Rundfunk. Aber erst in den 1920er Jahren konnte sich der Rundfunk mit regelmäßigen Musik-, Unterhaltungs- und Bildungssendungen an seine Hörer wenden. Schnell wurden aber
20 auch die Gefahren des neuen elektronischen Massenmediums deutlich: Die Nationalsozialisten in Deutschland brachten 1933 ein preiswertes Radio, den „Volksempfänger", auf den Markt, um den Rundfunk in den Dienst ihrer Ideologie zu stellen und die Bevölkerung
25 mit ihrer nationalsozialistischen Propaganda zu beschallen.

• Es war ein langer Weg, bis sich von der Erfindung der Fotografie 1826 das Fernsehen als das wichtigste
30 elektronische Massenmedium der zweiten Hälfte des 20. Jahrhunderts durchgesetzt hat. Zwar gab es die technischen Voraussetzungen für die Herstellung von Fernsehsendungen schon Ende der 1920er Jahre, doch ein umfassendes Fernsehangebot entwickelte
35 sich in Deutschland erst langsam seit den 1950er Jahren. Mit der Möglichkeit, aus kaum übersehbaren öffentlichen und privaten Programmen auswählen zu können, hat sich das Fernsehen zum elektronischen Leitmedium entwickelt. Umfassende, auf die indivi-
40 duellen Wünsche abgestimmte Informations- und Unterhaltungsmöglichkeiten als Vorteil stehen Reizüberflutung, Oberflächlichkeit der Informationen und Manipulationsgefahren als Nachteile gegenüber.

Die digitale Revolution

Zwei Entwicklungen kennzeichnen den Übergang von den elektronischen zu den digitalen Medien: Einerseits
45 die Erfindung und Verbreitung des Computers, andererseits der Start des Word Wide Web und der damit verbundenen globalen Vernetzung. Diese Erfindungen und deren Weiterentwicklungen revolutionieren die Kommunikation zwischen den Menschen. Keine andere
50 Technologie hat das Leben der Menschen in so kurzer Zeit so stark verändert.

| | 1950 | | 2000 | | 2050 |

1933 Volksempfänger
1935 Erstes Fernsehprogramm in Deutschland
1953 Beginn des Fernsehens als Massenmedium in Deutschland
1967 Farbfernsehen in Deutschland
1975 Homecomputer
1984 Private Fernsehprogramme
1991 Internet
1992 Mobiltelefon
2001 Wikipedia
2005 Youtube
2007 Smartphone
2010 Tablet, Facebook

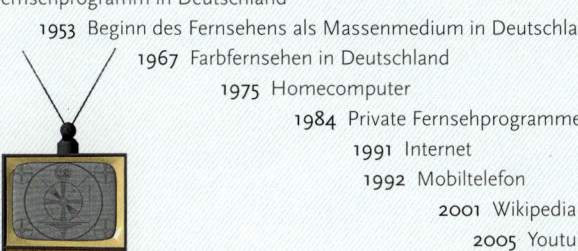

Über das Internet kommunizieren heute weltweit fast 3 Milliarden Menschen, in Deutschland waren es 2014 55 56 Millionen, d. h. 77 % der Bevölkerung, wobei die jungen Menschen zwischen 14 und 24 Jahren fast zu 100 % das Internet über Computer, Smartphone und Tablets nutzen. Jeder Nutzer des Internets hat weltweit Zugriff auf bereitgestellte Informationen, z. B. über Suchma- 60 schinen. Ebenso kann er jede Information, die er von sich preisgeben will, anderen Nutzern zugänglich machen. Über den Umgang mit den veröffentlichten Informationen hat er jedoch keine Kontrolle.

Die größte Veränderung im Kommunikationsverhalten 65 riefen die neu gegründeten sozialen Netzwerke hervor: Facebook, Twitter und Whatsapp ermöglichen die ständige Verbindung und Erreichbarkeit und den Austausch von Nachrichten mit Freunden. Die Kehrseite dieser Entwicklung ist die Bedrohung des Privaten, die un- 70 merkliche soziale Kontrolle und der Missbrauch durch die Verbreitung von Unwahrheiten, gegen die man sich nur schwer schützen kann. Außerdem verführt das Internet zur Flucht in künstliche Welten und birgt deshalb die Gefahr, die Wirklichkeit anders wahrzunehmen als 75 sie ist.

Das Internet hat heute Radio und Fernsehen als Massenmedium überholt. Aber Radio und Fernsehen verschmelzen als digitale Medien zunehmend mit dem Internet zu einem neuen multimedialen Massenmedium. Die Frage, 80 wie sich unsere Sicht der Wirklichkeit und unsere Beziehungen zu anderen Menschen dadurch verändern, lässt sich heute noch nicht beantworten.

M 2

Der Journalist Frank Hornig schrieb 2007:
Zeitungsmacher hatten einst Angst vor dem Radio, dieses fühlte sich vom Fernsehen attackiert – das Aufkommen neuer Medien hat immer für Unruhe gesorgt, doch im Prinzip hat sich seit Gutenbergs Erfin- 5 dung kaum etwas geändert. Stets gab es wenige Sender und viele, viele Empfänger.
An dieser Grundregel wird kräftig gerüttelt. Denn das Internet ist mehr als ein Vertriebskanal. Es ist zu einem Ort geworden, an dem die Leute sich unterhal- 10 ten und darstellen, an dem sie ihr Wissen und ihre Interessen organisieren – oder ganz einfach mit Freunden herumhängen. Es steht für eine Demokratisierung der Massenkommunikation, frei nach dem Motto: Mein Netz gehört mir! ... Der „gläserne 15 Mensch", in der Vergangenheit für viele eine Schreckensvision, wird zunehmend zur Realität – für manche gar zum erstrebenswerten Ideal. Wer viel von sich preisgibt, wird interessant, er wird in anderen Blogs erwähnt oder mit „comments" überhäuft.

Frank Hornig: Ein bunter, chaotischer Marktplatz. in: Spiegel spezial, Nr. 3/2007, S. 10f.

....

1 Beschreib mithilfe von M1 und dem Text die technischen Grundlagen für die Entwicklung von Zeitung, Radio und Fernsehen zu Massenmedien.

2 Stelle mithilfe des Textes die Unterschiede zwischen der elektronischen und der digitalen Medienwelt zusammen.

3 Erörtere die Einstellung zum Internet, wie sie in M2 zum Ausdruck kommt, und beurteile diese Einstellung aus deiner Sicht.

4 Schreibe einen zusammenfassenden Bericht über die Chancen und Gefahren des Internets. Ziehe dabei auch deine eigenen Erfahrungen im Umgang mit dem Internet heran.

5 Diskutiert die These, dass die digitale Revolution das menschliche Zusammenleben grundlegend verändert.

Webcode: FG2450006-085
Mediengeschichte

4
Die Welt der Griechen

So wie auf dieser Zeichnung könnte die griechische Stadt Athen um 400 v. Chr. ausgesehen haben. Athen galt in seiner Blütezeit als eine der schönsten und wichtigsten Städte des Mittelmeerraums. Etwa 100 000 Menschen lebten dort auf engstem Raum, meist in einfachen Häusern, alle ohne fließendes Wasser, ohne Kanalisation. Noch mehr Menschen wohnten in der fruchtbaren Landschaft Attikas vor den Mauern der Stadt.
Athen und Attika bildeten den Stadtstaat Athen. In Athen entschieden die Bürger über die politischen Angelegenheiten. Dafür versammelten sie sich auf der Pnyx, einem halbrunden Platz, der auf der Zeichnung gut zu erkennen ist. Auf der Akropolis, einem befestigten Hügel mitten in der Stadt, stand der größte Tempel für die Göttin Athene.

Sammelt anhand der Zeichnung Ideen, was die Athener Bürger in ihrem Stadtstaat regeln mussten.

Rekonstruktionszeichnung von Peter Connolly, 1998

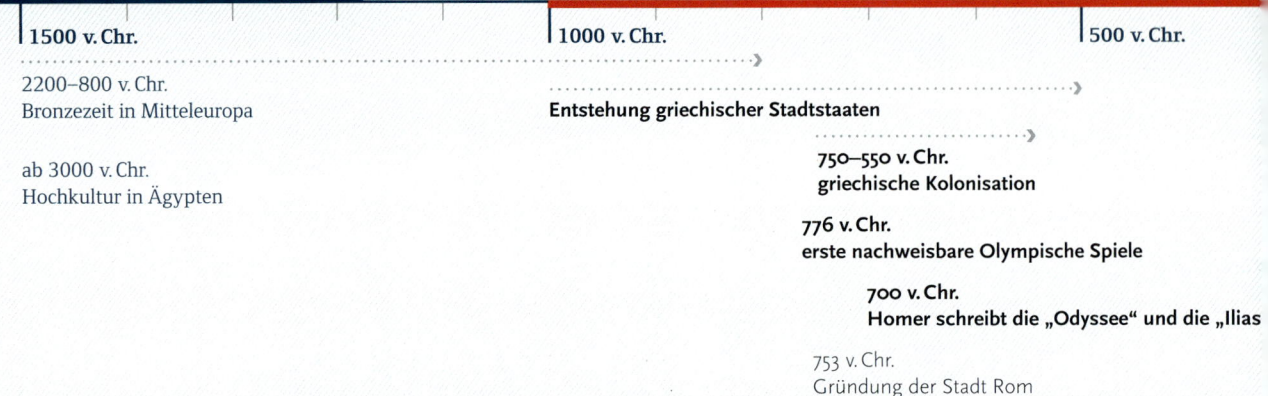

1500 v. Chr.   **1000 v. Chr.**   **500 v. Chr.**

2200–800 v. Chr.
Bronzezeit in Mitteleuropa

ab 3000 v. Chr.
Hochkultur in Ägypten

Entstehung griechischer Stadtstaaten

750–550 v. Chr.
griechische Kolonisation

776 v. Chr.
erste nachweisbare Olympische Spiele

700 v. Chr.
Homer schreibt die „Odyssee" und die „Ilias

753 v. Chr.
Gründung der Stadt Rom

Die Welt der Griechen

Im antiken Griechenland gab es viele kleine, voneinander unabhängige Stadtstaaten. Sie wurden von Königen und Adligen oder auch von den Bürgern regiert. Der
Stadtstaat Athen ist für uns heute besonders wichtig.
5 Hier entwickelte sich erstmals eine besondere Form der
Regierung, die Volksherrschaft („Demokratie").
Einen Herrscher, der über ganz Griechenland regierte,
hatten die Griechen lange Zeit nicht. Dies änderte sich
erst im 4. Jahrhundert v. Chr. mit König Philipp von
10 Makedonien und seinem Sohn Alexander dem Großen.
Obwohl jeder Stadtstaat politisch und wirtschaftlich ei-
genständig war, gab es unter den Griechen ein starkes
Gefühl der Zusammengehörigkeit: Alle Griechen sprachen die gleiche Sprache und jeder kannte die Dichtungen
15 des Schriftstellers Homer: die Geschichte vom Trojanischen Krieg („Ilias") und die Irrfahrten des Odysseus
(„Odyssee"). Zudem kamen die Menschen bei gesamtgriechischen Festen wie den Olympischen Spielen zusammen, um ihre Götter zu ehren.
20 • Wie sah das tägliche Leben der Menschen im antiken Griechenland aus?
• Wie funktionierte die athenische Demokratie?
Am Ende des Kapitels kannst du beurteilen, wie die griechische Kultur unser heutiges Leben beeinflusst hat.

Siedlungsraum der Griechen um 750 v. Chr.

---

1 Finde in der Karte M1 Athen, Olympia und die
Landschaften Attika und Peloponnes.

2 **Partnerarbeit:** Beschreibt euch gegenseitig M2, M3
und M4. Was erscheint euch fremd, was vertraut?

3 Tauscht euch mit der Methode Kugellager (siehe
S. 189) über euer Vorwissen zum antiken Griechenland aus.

| | | | Christi Geburt | | | | 500 n. Chr. |

5./4. Jh. v. Chr.
Demokratie in Athen

334–323 v. Chr.
Alexander der Große
erobert ein Weltreich

148 v. Chr.
Griechenland wird Teil
des Römischen Reichs

500 n. Chr.
Beginn des Mittelalters

M 2 *Unterrichtsszene, athenische Schale, um 400 v. Chr. Ein Lehrer (Mitte) hält eine Schriftrolle mit dem Anfang der „Odyssee"; am Bildrand rechts sitzt ein Erzieher, der den Schüler zum Unterricht begleitet hat.*

M 3 *Wettkampfszene, athenische Vase, 4. Jh. v. Chr. Gezeigt wird der Allkampf, eine Disziplin bei den Olympischen Spielen. Erlaubt war alles außer Beißen und Angriffe auf die Augenhöhlen. Rechts im Bild der Schiedsrichter*

M 4 *Ringkampf zwischen einer kubanischen und einer türkischen Sportlerin, Foto von den Olympischen Spielen in London 2012.*

Wie beeinflusste die Landschaft das Zusammenleben der Griechen?

Die Landschaften Griechenlands – das sind spektakuläre Gebirge, endlose Küsten, traumhafte Inseln und Sonne pur. Die Schönheit des Landes lockt zahlreiche Touristen an. Sie bildet die Grundlage für viele Arbeitsplätze. In der Antike war diese Landschaft eher Fluch als Segen. Das Überleben in den regenarmen, gebirgigen Tälern war nicht einfach.

- *Untersuche, wie unter diesen Bedingungen griechische Stadtstaaten entstanden.*

Blick auf die Hafenstadt Livadia auf der Insel Thilos, Foto, 2013

Inseln und Gebirge

Gewaltige Bergketten durchqueren Griechenland. Ihr Gestein besteht aus Kalk, der das Wasser nicht speichern kann. Deshalb sind die Böden hart und steinig. Die Gebirge setzen sich im Meer fort: Die vielen Inseln bilden
5 die Spitzen der Bergketten.

Der Kontakt zwischen den griechischen Siedlungen war wegen der vielen Gebirge schwierig. Wenn ihre Bewohner Handel trieben, bevorzugten sie den schnelleren Seeweg. Seltener traten sie den beschwerlichen Marsch
10 zu Fuß und mit Lasteseln über hohe Bergpässe an.

Um 1000 v. Chr. lebten vier Volksgruppen in Griechenland und an der kleinasiatischen Küste. Auf der Suche nach fruchtbarem Land waren sie durch Griechenland gewandert, hatten sich bekämpft, aber auch miteinander
15 vermischt. Trotz aller Unterschiede fühlten sie sich miteinander verbunden. Sie nannten sich selbst Hellenen (= Griechen). Völker, die kein Griechisch konnten, sprachen in den Augen der Griechen ein unverständliches Kauderwelsch. Das klang für sie wie „bar-bar-bar", da-
20 her bezeichneten die Griechen Fremde als „Barbaren".

Freie Bauern und Adlige

Um 900 v. Chr. lebten die meisten Griechen in verstreut liegenden Bauernhöfen. Das Haus, die dazugehörige Familie und der Landbesitz waren Bestandteile einer Haus-
25 gemeinschaft (griech. Oikos*). Hier fanden die Menschen Schutz, Nahrung und Kleidung. Der Hausherr bestimmte über alle Mitglieder seines Oikos. Bei einem einfachen Bauern waren dies meist nur seine Ehefrau und Kinder. Gemeinsam erwirtschafteten sie gerade ge-
30 nug zum Überleben. Ganz anders bei den Adligen: Zu ihrem Oikos gehörten neben der Großfamilie zahlreiche Sklaven und Diener, die die großen Ländereien bebauten. Nur Adlige konnten sich Pferde leisten. Wie Könige herrschten sie über ihre kleinen Gebiete. Untereinander
35 stritten sie um Ruhm und Ehre, besuchten sich aber auch gegenseitig und veranstalteten Gastmähler*. Leitspruch der Adligen war: „Immer der Beste sein und anderen überlegen."

Bauern beim Pflügen und Säen, Vasenabbildung, 6. Jh. v. Chr.

Die Polis – ein Staat im Kleinen

40 Die Bevölkerung Griechenlands wuchs im 9. Jahrhundert v. Chr. und die Bauern ließen sich in den fruchtbaren Gegenden an den Küsten oder in Flusstälern nieder. Zum Schutz vor Feinden bauten die Menschen ihre Höfe eng zusammen und umgaben sie mit einem Mauerring. Das
45 Ackerland lag damit oft außerhalb der Mauern. Diese neue Form der Siedlung, eine Stadt mit zugehörigem Umland, nannten die Griechen Polis* (Stadtstaat, Mehrzahl Poleis).

Gemeinsam regelten die Bürger, d. h. Männer mit Landbesitz, die Angelegenheiten ihrer Polis. In Versammlungen auf dem Marktplatz (griech. Agora*) diskutierten sie
50 z. B. darüber, ob ein neuer Weg angelegt werden sollte, oder sie versuchten sich beim Streit um fruchtbares Land zu einigen. Wichtige Regelungen schrieben sie auf: So
55 entstanden Gesetze. Fremde, Frauen, Kinder und Sklaven waren keine Bürger und durften nicht mitbestimmen. Mit Tempeln, meist in der Oberstadt gelegen (griech. Akropolis), verehrten die Polisbewohner ihre Götter.

60 Im antiken Griechenland entwickelten sich ca. 250 voneinander unabhängige Poleis. Oft lebten nur rund 2000 bis 3000 Menschen in einem Stadtstaat. Die ca. 400 bis 900 Bürger kannten sich untereinander. Deutlich größer waren die Poleis Athen, Sparta, Korinth und Milet.

Ansicht der Polis Smyrna (heute Izmir, Türkei) im 7. Jahrhundert v. Chr. Sie war vermutlich die Heimat des Dichters Homer. Die Gebäude mit rundem Dach waren Speicher. Rekonstruktionszeichnung, 2014

1 **Wähle eine Aufgabe aus:**
Lies den Darstellungstext Z. 1–38.
a) Beschreibe mithilfe der Karte S. 88 das Siedlungsgebiet der Griechen.
b) Erkläre mit eigenen Worten, welche Folgen die Landschaftsform für das Zusammenleben der Griechen hatte.

2 Finde im Darstellungstext und in M2 Informationen zum Leben der Bauern und der Adligen. Halte die Unterschiede in einer Tabelle fest.

3 **Partnerarbeit:** Listet anhand von M3 die Merkmale einer Polis auf.
Tipp: Nehmt den Darstellungstext Z. 39–64 zu Hilfe.

4 Archäologen fanden in Alt-Smyrna große Vorratsbehälter für Öl und Getreidespeicher. Finde dafür eine Erklärung.

Bauern	*Adlige*

Griechen wandern in die Fremde aus

Bist du da geboren, wo du heute lebst? Viele Griechen der Antike hätten diese Frage mit Nein beantwortet. Besonders vom 8. bis 6. Jahrhundert v. Chr. brachen zahlreiche Griechen in andere Gebiete auf und siedelten sich fern ihrer Heimat an.
- *Welche Gründe und welche Folgen hatte ihre Auswanderung?*

Nachbau des sagenumwobenen Schiffes Argo im Hafen von Volos. Forscher segelten 2007 mit diesem Fünfzigruderer – wie in der Sage Jason mit seinen Argonauten – von Griechenland zum Schwarzen Meer. Foto, 2007

Ursachen der Auswanderung

Zwischen 750 v. Chr. und 550 v. Chr. entstanden im gesamten Mittelmeerraum und am Schwarzen Meer griechische Stadtstaaten. Ihre Bewohner waren aus anderen Stadtstaaten ausgewandert. Dafür gab es vielfältige
5 Gründe: Manche mussten ihre Heimat verlassen, weil die Bevölkerung stark angestiegen war und bei schlechten Ernten die Nahrung nicht mehr für alle Einwohner einer Polis ausreichte. Auch Streitigkeiten zwischen den führenden Adligen oder Kriege zwangen Menschen zur
10 Auswanderung. Viele Händler siedelten sich freiwillig an fernen Orten an, da sie sich größere Gewinne erhofften. Andere wollten Abenteuer erleben. Die neuen Siedlungen in der Fremde werden Kolonien genannt, der Vorgang der Besiedlung heißt Kolonisation*.

15 Die Gründung von Kolonien

Meist schlossen sich Menschen, die aus einem Stadtstaat kamen, unter der Führung von Adligen zusammen und gründeten in der Fremde einen kleinen Handelsstützpunkt. Dies führte häufig zu Kämpfen mit der einheimischen
20 mischen Bevölkerung, die ihr Land oder die dort befindlichen Rohstoffe nicht teilen wollten. Manchmal mussten die Siedler dann weiterziehen. Aber in vielen Fällen wurden die Griechen freundlich aufgenommen, mit ihnen Waren getauscht und Kontakte geknüpft. Waren
25 die Lebensbedingungen in der Kolonie günstig, zogen immer mehr Menschen aus der Heimatpolis, der sogenannten Mutterstadt, nach und es entstanden eigenständige Poleis. Viele waren bald größer und mächtiger als die Mutterstädte. Ein Beispiel dafür ist Kyrene, eine
30 sehr wohlhabende Kolonie, in der sich Griechen aus verschiedensten Mutterstädten ansiedelten. Die Umgebung Kyrenes war reich an Getreide, Öl, Wolle und der Heilpflanze Silphion.

Die Siedler hielten Kontakt zu ihrer Mutterstadt und
35 reisten bei wichtigen religiösen Festen dorthin. Zudem nahmen sie an gesamtgriechischen Festen wie den Olympischen Spielen teil. Durch die Kolonisation verbreiteten sich die Staatsform der Polis und die griechische Kultur im gesamten Mittelmeerraum. Aber die Griechen
40 chen übernahmen auch viele Elemente von den Völkern, mit denen sie in Kontakt kamen.

In der Forschung ist umstritten, welche Rolle Frauen bei der griechischen Kolonisation spielten. Manche Historiker gehen davon aus, dass sich zunächst nur griechische
45 Männer auf den Weg machten, gemeinsam eine neue Siedlung anlegten und mit Frauen einheimischer Völker neue Familien gründeten. Andere vermuten ein späteres Nachziehen der Frauen aus den Mutterstädten.

Das Orakel von Delphi

Eine große Rolle bei der Kolonisation spielte das Orakel von Delphi. Da die Griechen glaubten, dass die Götter für ihr Glück und Unglück „zuständig" seien, wurden diese bei wichtigen Entscheidungen im Leben wie einer Schiffsfahrt oder Auswanderung um Rat gefragt. Dazu musste ein heiliger Ort aufgesucht werden, zum Beispiel Delphi. Dort saß die Priesterin Pythia über einer Erdspalte, aus der berauschende Dämpfe aufstiegen. Pythia entnahm, so glaubte man, den Dämpfen Vorhersagen des Gottes Apoll. Orakelsprüche waren häufig rätselhaft formuliert und mussten gedeutet werden, manchmal waren sie aber auch konkret und eindeutig.

M 2

Die Pythia weissagt einem König, attische Trinkschale, 5. Jh.

M 3

Die Gründung der Kolonie Kyrene

Der griechische Geschichtsschreiber Herodot (um 485–425 v. Chr.) berichtete, wie die Bewohner der griechischen Insel Thera (heute Santorin) im Jahr 631 v. Chr. die Kolonie Kyrene gründeten:

Als sich Grinnos, der König von Thera, ein Orakel über ganz andere Dinge sagen ließ, gab ihm die Pythia die Antwort, er solle in Libyen eine Stadt gründen. Darauf antwortete Grinnos: „Herr [Apollon],
5 ich bin zu alt und schwerfällig, mich auf den Weg zu machen. Aber fordere doch einen von diesen Jüngeren dazu auf!" Während dieser Worte wies er auf Battos. Weiter geschah damals nichts. Nach ihrer Heimkehr ließen sie den Orakelspruch ganz unbe-
10 achtet; denn sie wussten nicht, wo in aller Welt Libyen liegt, und wollten es nicht gern wagen, Siedler ins Ungewisse auszusenden.
Nun blieb sieben Jahre lang der Regen in Thera aus. Während dieser Zeit verdorrten alle Bäume auf der
15 Insel mit Ausnahme eines einzigen. Auf ihre Anfrage beim Orakel erinnerte die Pythia sie an die Kolonisation in Libyen …
Die Theraier bestimmten, dass aus allen sieben Gemeinden der Insel immer je einer von zwei Brüdern
20 um die Auswanderung losen sollte. Führer und König der Auswanderer sollte Battos sein. So schickten sie zwei Fünfzigruderer nach Platea [einer Insel vor der libyschen Küste] …
[Da es ihnen dort nicht gut ging, fragten sie nach
25 zwei Jahren erneut bei der Pythia nach. Diese erinnerte sie an die Ansiedlung in Libyen.]
Als Battos und seine Leute dies hörten, segelten sie wieder zurück; denn offenbar ersparte ihnen der Gott die Ansiedlung nicht, bis sie nach Libyen selbst
30 gekommen seien. Sie … siedelten sich auf dem libyschen Festland gegenüber der Insel an. Die Landschaft heißt Aziris … Im siebten Jahr erboten sich die Libyer, sie an einen noch schöneren Platz zu führen. Sie entschlossen sich mitzugehen [und gründe-
35 ten Kyrene].

Herodot, Historien, IV 150–158, hg. und übers. v. Josef Feix, München und Zürich (Artemis), 4. Aufl., 1988, S. 613 ff. Bearb. v. Verf.

---

1 Nenne anhand des Darstellungstextes Gründe für die Auswanderung der Griechen von 750 bis 550 v. Chr.
2 Bis die Bewohner Theras in Kyrene eine neue Heimat gefunden hatten, dauerte es lange. Notiere im Heft die einzelnen Etappen in der zeitlich passenden Reihenfolge (M3):

Ort	Ereignisse/Lebensumstände
Delphi	Orakel: Ansiedlung in Libyen
Thera	Hungersnot, …

3 **Gruppenarbeit:** Erarbeitet ein oder zwei Standbilder zu jeder Etappe der Gründungsgeschichte Kyrenes (M3). Baut, wenn möglich, auch die einheimischen Libyer ein (siehe Methode Standbild S. 190).
4 Schreibe aus der Sicht eines Kindes, das im Jahr 600 v. Chr. mit seiner Familie nach Kyrene übergesiedelt ist, einen Brief an einen Freund in der Mutterstadt und erzähle von der neuen Heimat.
5 Tragt im Gespräch zusammen, aus welchen Gründen Menschen heute auswandern, und vergleicht diese mit den Gründen im alten Griechenland.

Eine Geschichtskarte auswerten

Auf dieser Seite lernst du Geschichtskarten kennen. Geschichtskarten zeigen, wie sich Menschen in einem bestimmten Raum zu einer bestimmten Zeit verhalten haben. Um eine Karte zu entwerfen, werten Historiker nicht nur Quellen aus, sondern greifen auch auf schriftliche Darstellungen und andere Geschichtskarten zurück. Manche Geschichtskarten zeigen einen Zustand (statische Karten), manche verdeutlichen Entwicklungen (dynamische Karten).

Die bedeutendsten griechischen Kolonien im Mittelmeerraum ca. 750–550 v. Chr.

Griechischer Tempel in Akragas, erbaut im 5. Jh. v. Chr., Foto, 2012

Bronze-Delphine, die als Geldmünzen verwendet wurden, gefunden in einer griechischen Siedlung bei Olbia, 6. Jh. v. Chr.

Arbeitsschritte „Eine Geschichtskarte auswerten"

Den Kartentitel auswerten	Lösungshinweise zu M1
1. Welche Informationen kannst du dem Kartentitel entnehmen?	• *Der Kartentitel informiert über das Thema, den Zeitraum und das Gebiet. In diesem Fall lautet der Kartentitel „Die bedeutendsten griechischen Kolonien im Mittelmeerraum ca. 750–550 v. Chr.". Die Karte informiert also über ...*
Die Kartenlegende entschlüsseln und den Maßstab feststellen	
2. Nimm dir Zeit, die Legende genau zu studieren. Sie ist der Schlüssel zum Verständnis der Karte: Wofür stehen die verwendeten Symbole?	• *Beschreibe die Elemente der Legende mit eigenen Worten. Beginne so:* • *Die Legende enthält verschiedene Symbole für Mutterstädte und Kolonien. Quadrate kennzeichnen ... Kreise stehen für ... Gleiche Farben zeigen an, dass ...*
3. Welche Bedeutung haben die kursiv gesetzten Namen?	• *Sie stehen für die ...*
4. In welchem Maßstab ist die Karte angefertigt?	• *Der Maßstab wird in Geschichtskarten meist als Entfernungsleiste mit Kilometerangaben dargestellt. 1000 km entsprechen ... cm auf deinem Lineal.*
Die Karte lesen	
5. Häufig gehst du von vorformulierten Fragen aus, manchmal stellst du selbst Fragen an die Karten.	• *Mögliche Fragen: In welchen Gegenden wurden Kolonien gegründet? ...*
6. Was ist die Hauptaussage der Karte?	• *Um 550 v. Chr. siedelten Griechen ...*
Weitere Fragen zur Karte stellen	
7. Karten können nicht alle wichtigen Informationen zu einem Thema aufnehmen, da sie ansonsten mit Symbolen überfrachtet und kaum mehr lesbar wären. Ausgehend von einer Karte ergeben sich deshalb oft Fragen, zu deren Klärung du weitere Hilfsmittel benötigst.	• *In diesem Fall liefert die Karte z. B. keine Angaben über die Gründe der Auswanderung oder das Leben in den Kolonien.* • *Finde in deinem Schulbuch, in Sachbüchern oder im Internet Informationen dazu.*

1 Werte die Karte M1 mithilfe der Arbeitsschritte aus. Ergänze die Lösungshinweise an den markierten Stellen (…).

2 Berechne die Länge des Seewegs von Thera nach Kyrene.
   Tipp: Bei antiken Seefahrten wurde meist die Nähe der Küste gesucht.

3 **Partnerarbeit:** Listet in einer Tabelle Siedlungsräume, Anzahl der Kolonien und jeweils ein Beispiel auf. Fasst anschließend eure Ergebnisse zusammen.

Siedlungsraum	Anzahl	Beispiel
Sizilien	9	Syrakus

Woran glaubten die Griechen?

Eine Sportmarke heißt wie die griechische Siegesgöttin; ein Paketdienst benennt sich nach dem griechischen Götterboten – die griechischen Götter scheinen tatsächlich unsterblich zu sein.

- *Hier lernst du in einer Erzählung die wichtigsten Götter der Griechen kennen. Mithilfe von Quellen findest du heraus, wie die Griechen ihre Götter verehrten.*

M 1 Griechische Götter des Olymp, Zeichnungen, 2012

M 2

Göttermahl auf dem Berg Olymp

Zeus wollte wieder einmal seine Kinder und Geschwister beim Göttermahl vereint sehen. Daher ließ er Hermes, den Götterboten, zu sich kommen und befahl ihm: „Ziehe deinen Flügelhelm an und
5 rufe mir deine Brüder und Schwestern herbei! Ich will mit Hera, meiner Frau, ein Mahl geben." Hermes flog zuerst zu Hephaistos, dem Gott des Feuers. Der schmiedete großartige Waffen. Seine Frau war die schöne Aphrodite. Sie warf noch einen Blick
10 in den Spiegel und machte sich dann auf den Weg zum Olymp, dem Sitz der Götter. Ihr hinkender Mann konnte mit ihr nicht Schritt halten. Athene, die Lieblingstochter des Zeus, traf Hermes in der Stadt, deren Einwohner sie zur Schutzgöttin erwählt
15 hatten. Sie nahm Lanze und Schild und eilte zu ihrem Vater. Artemis jagte gerade auf der Halbinsel Peloponnes. Nicht weit davon entfernt traf der Götterbote ihren Bruder Apollo. Auf den Befehl des Hermes hin ergriff er sein Musikinstrument, eine Leier,
20 und suchte mit seiner Schwester seinen Vater auf. Dionysos, der Gott des Weines, schloss sich ihnen an. Zuletzt fand Hermes den Gott des Krieges, Ares. Wie er ihn antraf – mit Schild und Lanze –, so brachte ihn Hermes zu seinen Geschwistern auf den
25 Olymp.
Auch die Brüder des Zeus waren gekommen: Poseidon mit seinem Dreizack, der Gott des Meeres, und Hades, der Gott der Unterwelt, der seinen Richterstuhl verlassen hatte, um der Einladung zu folgen.
30 Kerberos, den mehrköpfigen Hund, ließ er als Wächter der Unterwelt zurück.
Bei Nektar* und Ambrosia* unterhielten sich die Götter und teilten Zeus ihre Sorgen mit.

Hans Geert Oomen (Hg.), Entdecken und Verstehen NRW, Bd. 1, Berlin (Cornelsen) 2012, S. 88.

Die Griechen und ihre Götter

Die griechische Götterwelt ist fast unüberschaubar. Über 300 Götter kennen wir heute noch namentlich. Die wichtigsten waren die zwölf olympischen Götter: die Götterfamilie, die auf dem Berg Olymp lebte mit Götter-
5 vater Zeus als Mittelpunkt. Die Unsterblichen, wie die Griechen ihre Götter nannten, kannten Gefühle: Sie ver-liebten sich, wurden zornig oder übten Rache. Natur-erscheinungen wie Gewitter erklärten sich die Griechen als Zeichen der Götter. Wenn es blitzte, glaubten sie,
10 dass Zeus wütend Blitze auf die Erde schickte. Die mündlich überlieferten Sagen von Göttern und Helden werden Mythen genannt (Einzahl Mythos*). In ihnen wird oft geschildert, wie Götter unterschiedliche Tier-und Menschengestalten annahmen und sich unter die
15 Menschen mischten.

Die Menschen begegneten ihren Göttern mit großem Respekt und Ehrfurcht. Sie opferten täglich am Haus-altar meist einfache Speisen wie Brot und dazu Wein, um die Götter günstig zu stimmen. Außerdem nahmen sie
20 regelmäßig an Festen zu Ehren der Götter teil, die in jeder Polis stattfanden. Bei diesen Festen wurden auf einem Altar der Agora* Tiere geopfert. Ein Teil des Opfertiers wurde verbrannt, denn nach der Vorstellung der Menschen brauchten die Götter den Rauch zum
25 Leben. Der Rest wurde gebraten und von den Bürgern gemeinsam verspeist.

Odysseus lauscht den Sirenen. Mit ihrem Gesang locken die weiblichen Fabelwesen Seefahrer auf ihre Insel, wo diese sterben. Odysseus lässt sich an den Schiffsmast binden, damit er dem Sirenen-Gesang nicht folgen kann.
Er ist ein Liebling der Göttin Athene, Poseidon hingegen macht ihm das Leben durch ungünstige Winde schwer. Vasenmalerei, 480 v. Chr.

Hörtipp:
Dimiter Inkiow, Die Abenteuer des Odysseus, Hörbuch (Igel Records) 1998.
Die Sagen, vor allem Homers „Odyssee"* und „Ilias"*, bildeten die Grund-lage für den Götterglauben der Grie-chen. Auf der CD hörst du Geschichten aus der „Odyssee" in heutiger Sprache nacherzählt.

M4 Der griechische Dichter Xenophanes (570–475 v. Chr.) über den Götterglauben der Griechen:

Aber die Menschen meinen, Götter würden geboren und hätten Kleidung, Stimme und Kör-per wie sie selbst ...
Alles haben Homer und Hesiod[1] den Göttern
5 zugeschoben, was bei den Menschen Schuld und Tadel ist, Stehlen und Ehebrechen und einander Betrügen.

Xenophanes, Fragmente und Werk. Zit. nach M. Laura Gemelli Marciano (Hg.), Die Vorsokratiker I, Regensburg (Artemis & Winkler) 2007 (= Sammlung Tusculum), S. 249ff.

[1] *griechische Dichter*

1 Lies die Erzählung M2 und finde heraus, welche Götter in M1 abgebildet sind.

2 Beschreibe mithilfe des Darstellungstextes und M3 das Verhalten der Götter. Überprüfe anschließend, welche der beigefügten Adjektive zu den Göttern passen: *gütig – allmächtig – unbeherrscht – unsterblich*.

3 Erkläre, was Xenophanes am Götterglauben kriti-sierte (M4). Was erscheint uns heute fremd am Göt-terglauben der Griechen?

4 **Partnerarbeit:** Sammelt Beispiele für die Verwen-dung griechischer Götternamen in der Gegenwart und erklärt, warum die griechischen Götter gerne zu Werbezwecken verwendet werden.

Zusatzaufgabe: siehe S. 180

Olympia: Ist Dabeisein alles?

„Dabeisein ist alles", antworten heute viele Sportlerinnen und Sportler auf die Frage, was ihnen die Teilnahme an den Olympischen Spielen bedeute.

- *Untersuche, wie es im alten Griechenland war, wo die Olympischen Spiele zuerst gefeiert wurden.*

Webcode:
FG2450006-098
Olympia

Ein Weitspringer mit Sprunggewichten, attische Vasenmalerei, um 500 v. Chr.

Wagenrennen, Vasenmalerei, 6. Jh. v. Chr.

Die Olympischen Spiele – mehr als ein Sportfest

In Griechenland gab es viele sportliche Wettbewerbe, alle in Zusammenhang mit religiösen Festen. Die wichtigsten davon waren die Olympischen Spiele, die zu Ehren des Gottes Zeus alle vier Jahre abgehalten wurden.

5 Sie fanden spätestens ab dem Jahr 776 v. Chr. in Olympia statt. Jeder freie männliche Grieche konnte als Sportler teilnehmen. Sklaven, Frauen und Nichtgriechen waren ausgeschlossen. Vermutlich waren die meisten Athleten Adlige. Denn nicht jeder konnte es sich leisten, monate-

10 lang nur zu trainieren, um sich auf die Wettkämpfe vorzubereiten. Zudem war Reisen nicht nur beschwerlich, sondern auch teuer.

Aus allen griechischen Poleis, selbst aus weit entfernten Kolonien, begaben sich Sportler und Zuschauer nach

15 Olympia. Das stärkte das Gefühl der Zusammengehörigkeit. Schätzungen zufolge konnten im Stadion bis zu 40 000 Menschen die Wettbewerbe verfolgen. Um eine sichere Anreise zu ermöglichen, verkündeten Boten bereits Monate vor den Spielen den „Gottesfrieden". Da-

20 raufhin ließen die griechischen Poleis die Waffen ruhen. Im Fall eines Sieges wurde dem Besten einer Sportart ein Olivenzweig überreicht. In seiner Heimat erhielt der Sieger weitere Geschenke oder besondere Rechte, etwa lebenslange Befreiung von der Steuer. Denn für jede Polis

25 war es eine große Ehre, einen Olympiasieger vorweisen

zu können. Die Olympischen Spiele waren für die Griechen so wichtig, dass sie sie zur Grundlage ihres Kalenders machten. Den Zeitraum zwischen den Spielen nannten sie Olympiade.

M3 Ablauf der Olympischen Spiele im 5. Jh. v. Chr.:

1. Tag: Feierliche Eröffnung mit einem Opfer am Altar des Zeus; Eid der Athleten, ihrer Brüder, Väter und Trainer im Rathaus: Versprechen, sich an die olympischen Regeln zu halten; Zusam-

5 menstellung der Kämpfer und Pferde in Altersgruppen durch die Schiedsrichter

2. Tag: Wettkämpfe der Jugend (Laufen, Ringen, Faustkampf)

3. Tag: Pferde- und Wagenrennen, nachmittags

10 Fünfkampf (Weitsprung, Diskus, Speerwurf, Wettlauf, Ringkampf), abends Opfer für König Pelops

4. Tag: Tag des Vollmonds, Festzug zum Altar des Zeus, Opfer, abends Festmahl

5. Tag: morgens Laufwettbewerbe in unter-

15 schiedlichen Längen, nachmittags Kampfsportarten (Ringkampf, Faustkampf, Allkampf)

6. Tag: Ehrung der Sieger mit Olivenzweigen im Zeustempel, Festmahl der Sieger

Zusammengestellt v. Verf.

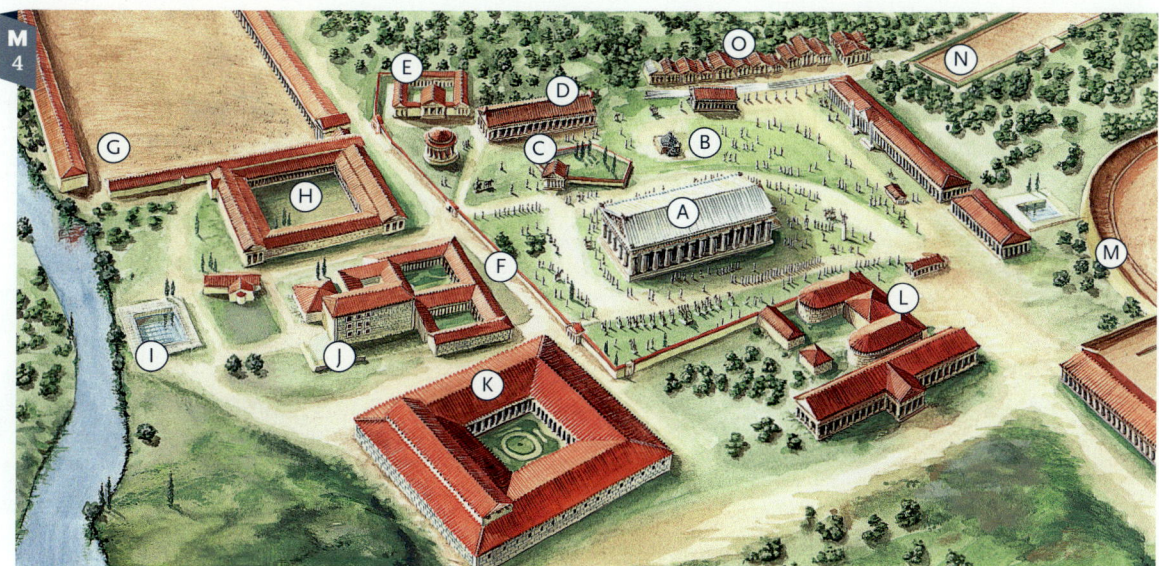

Olympia im 1. Jahrhundert v. Chr., Rekonstruktionszeichnung, 1995, beschriftet sind die wichtigsten Gebäude; A Zeustempel mit Zeus-statue; B Zeusaltar; C Grab des Königs Pelops; D Heratempel; E Prytaneion: Amtssitz hoher Verwaltungsbeamter (Ort der Festmähler); F Mauer um den heiligen Bezirk, der nur von griechischen Bürgern betreten werden durfte; G Gymnasion (Sportplatz); H Trainingsplatz für Kampfsportler, I Schwimmbad mit Badehaus; J Werkstatt des Bildhauers Phidias (hier wurde die Zeusstatue, die als Weltwunder galt, hergestellt); K Gästehaus; L Rathaus (Ort des Olympischen Eids); M Pferderennbahn; N Stadion (192 m Länge, Lauf- und Kampf-wettbewerbe); O Schatzhäuser einzelner Poleis (hier wurden Weihegaben* für die Götter aufbewahrt)

Milon von Kroton

Ein bekannter Athlet des Altertums war Milon von Kroton aus Unteritalien. Im Jahr 540 v. Chr. gewann er den Ringwettkampf der Jugendlichen in Olympia. Als Erwach-sener siegte er dort fünfmal nacheinander, hinzu kamen viele Siege bei anderen Wettbewerben. Überlieferungen zufolge soll Milon einen Ochsen durch das Stadion von Olympia getragen und später alleine verspeist haben.

Der Geograf Pausanias berichtete 174 n. Chr., dass Frauen die Todesstrafe drohte, wenn sie bei den Olympischen Spielen zusahen:

Es soll aber noch keine ertappt worden sein au-ßer allein Kallipateira ... Sie richtete sich, als ihr Mann gestorben war, ganz wie ein Sportlehrer her und brachte ihren Sohn zum Mitkämpfen
5 nach Olympia. Als Peisirodos siegte, übersprang Kallipateira die Umfriedung [Zaun], in der man die Sportlehrer abgetrennt hielt, und entblößte sich dabei. Obwohl sie nun als Frau ertappt war, bekam sie keine Strafe, aus Rücksicht auf ihren
10 Vater und ihre Brüder und ihren Sohn. Sie alle hatten olympische Siege erfochten und daraufhin machte man ein Gesetz, dass in Zukunft die Sportlehrer nackt zum Kampf antreten müssten.
Pausanias, Reisen in Griechenland, V 6,7–9, Gesamtaus-gabe in drei Bänden, übers. v. Ernst Meyer, hg. v. Felix Eck-stein, Bd. 2, Zürich und München (Artemis), 3. Aufl., 1986, S. 18 f. Bearb. v. Verf.

1 Ist Dabeisein alles? Beantworte die Frage mithilfe des Darstellungstextes.
2 Erläutere anhand von M4, dass die Olympischen Spiele der Antike aus religiösen Gründen stattfanden.
3 **Partnerarbeit:** Beschreibt aus Sicht eines Athleten den Ablauf der Olympischen Spiele. Geht von M3 aus und verdeutlich euch an M4 die Wege eines Athleten. Beginnt so: „Am ersten Tag begab ich mich mit allen anderen Teilnehmern zum Altar des Zeus (B). Dieser liegt mitten im heiligen Bezirk ..."
4 **Gruppenarbeit:** Die Olympischen Spiele in der Antike und heute – stellt Gemeinsamkeiten und Unterschiede zusammen.
Tipp: Geht dabei auf Sinn, Ablauf, Teilnehmer, einzelne Sportarten und Ehrungen ein. Nutzt dazu M1, M2, M5 und S. 89.
5 Es gibt viele Stimmen, die fordern, die Sportart Ringen aus dem Programm der Olympischen Spiele zu nehmen. Finde Gründe dafür und dagegen.

Zusatzaufgabe: siehe S. 180

Ein Kunstwerk entschlüsseln

Kunstwerke wie Tempel, Statuen oder Gemälde verraten uns viel über das Leben im antiken Griechenland, über den Alltag oder die Politik. Damit sie zu uns „sprechen", müssen wir sie entschlüsseln und Fragen stellen. Warum z. B. senkt die Dame auf M1 ihren Kopf? Mithilfe der Arbeitsschritte kannst du ihrem Geheimnis auf die Spur kommen und die Statue eines Faustkämpfers selbstständig deuten. Nicht immer gibt es eine eindeutige Lösung.

M1

Marmorrelief, 54 cm hoch, 35 cm breit, um 460 v. Chr., Hintergrund einst blau bemalt, gefunden auf der Akropolis in Athen

M 2

Faustkämpfer, Bronzestatue, 128 cm hoch, 1. Jh. v. Chr., gefunden in Rom, Stein modern, vermutlich ursprünglich an einem öffentlichen Platz aufgestellt, da Abriebstellen an den Füßen auf die Berührung vieler Menschen hinweisen. Der Ausschnitt zeigt die Spuren der Kämpfe.

Arbeitsschritte „Ein Kunstwerk entschlüsseln"

Einzelne Elemente beschreiben	Lösungshinweise zu M1
1. Welche Art von Kunstwerk liegt vor? 2. Was ist dargestellt (Personen oder Gegenstände)? 3. Welche Einzelheiten (z. B. Körperhaltung, Gesichtsausdruck, Kleidung, Frisur) sind zu erkennen? 4. Was erscheint mir merkwürdig oder fremd?	• *Es handelt sich um ein Relief (eine Darstellung, die sich plastisch vom Hintergrund abhebt). Zu sehen ist links eine Frau, die sich auf einen Stab stützt, rechts ein Steinblock.* • *Die Frau trägt einen Helm und ein langes, in der Mitte gegürtetes Gewand, sie ist barfüßig dargestellt. Ihr Kopf ist stark nach unten geneigt, sie wirkt ernst. Unklar ist, ob der Steinblock von vorne oder von der Seite zu sehen ist und ob er beschriftet ist.*

Bildunterschrift auswerten und weitere Informationen hinzuziehen	
5. Welche Hinweise gibt die Bildunterschrift? 6. Welche Kenntnisse habe ich bereits über Entstehungszeit, -ort und das Dargestellte? 7. Welche weiteren Informationen brauche ich?	• *Das Relief ist aus Marmor gefertigt und 54 cm hoch. Es entstand um 460 v. Chr. und wurde auf der Akropolis in Athen gefunden.* • *Athen war eine der wichtigsten Poleis. Deren Schutzgöttin Athene wird häufig bewaffnet dargestellt.* • *Die Bedeutung des Steinblocks lässt sich nicht ohne weitere Informationen erklären (Internet, Bibliothek).*

Kunstwerk deuten	
8. Um wen handelt es sich bei den dargestellten Personen? Welche Bedeutung haben die Gegenstände? 9. Welche Gesamtaussage lässt sich formulieren? 10. Welche Fragen bleiben offen?	• *An den typischen Zeichen (Lanze, Kriegshelm) ist die Göttin Athene zu erkennen. Auch der Fundort weist auf Athene hin.* • *Athene ist entweder nachdenklich oder traurig dargestellt. Der Stein rechts könnte als Grabstein oder als Pfosten/Pfeiler gedeutet werden. Im Fall eines Grabsteins wäre klar, dass Athene um einen Toten trauert. Das Relief insgesamt könnte ursprünglich Teil eines Grabsteines gewesen sein – Form und Größe sprechen dafür.* • *Pfosten wurden aber auch in Sportstadien als Start- und Zielmarke benutzt. Sehen wir hier also doch eine nachdenkliche Athene, etwa weil sie über Wettkämpfe nachdenkt, die ihr zu Ehren in Athen abgehalten werden? Wir wissen es nicht (und auch die Wissenschaftler konnten sich bisher nicht einigen).*

Aus einem Lexikon der Antike (2006):
Boxkämpfe
Ein Boxkampf [= Faustkampf] war nicht in Runden eingeteilt, sondern verlief ohne Unterbrechung, bis einer der Kämpfer k.o. geschlagen war oder eine Hand zum Zeichen der Aufgabe hob.
Reclams Lexikon der Antike, hg. v. Margaret C. Howatson, Stuttgart (Philipp Reclam jun.) 2006, S. 93.

1 Bemale eine Kopie von M1 und vergleiche die Wirkung zwischen bemalter und unbemalter Fassung.

2 Recherchiere im Internet Bilder von alten griechischen Grabsteinen und Grenzsteinen

3 **Partnerarbeit:** Deutet M2 mithilfe der Arbeitsschritte. Nehmt M3 zu Hilfe. Diskutiert, ob der Bildzusatz „Nach dem Sieg" eurer Meinung nach zur Statue passen würde.

4 Erkläre, warum griechische Kunstwerke Künstlern bis heute als Vorbild dienen können.

Athen auf dem Weg zur Demokratie

Das Recht, dass alle Bürgerinnen und Bürger in der Politik mitbestimmen sollen, ist für uns heute in Deutschland selbstverständlich. Diese Vorstellung ist in der Polis Athen entstanden. Die Athener nannten ihre Staatsform Demokratie.
* *Wie ist die athenische Demokratie entstanden?*

Silbermünze aus Athen, 5. Jh. v. Chr.

M2 Tonscherben als „Wahlzettel", Athen, 470 v. Chr.

Die Anfänge Athens

Athen wurde anfangs von Königen regiert. Diese lebten auf der Akropolis, sehr viel mehr wissen wir nicht über sie. Die Griechen nannten diese Form der Herrschaft Monarchie.

5 Im 8. Jh. v. Chr. wurden die Könige von Adligen entmachtet. Die Adligen traten von da an regelmäßig in einem Rat (Areopag*) zusammen und fällten gemeinsam die wichtigsten Entscheidungen für die Polis. Ihre Herrschaft bezeichnet man als Aristokratie.

10 Schwere Zeiten

Im 7. Jahrhundert v. Chr. verarmten viele Bauern der Polis Athen: Sie bearbeiteten nur kleine Anbauflächen, weil ihr Land immer wieder unter den erbberechtigten Söhnen aufgeteilt wurde. Hinzu kamen schlechte Ern-
15 ten. In ihrer Not liehen sich die Bauern Saatgut von reichen Adligen, konnten ihre Schulden aber nicht immer zurückzahlen. Im schlimmsten Fall mussten sie ihre Frauen, Kinder und schließlich sich selbst als Sklaven an Adlige verkaufen und verloren ihr Land. Man nannte
20 diese Abhängigkeit der Bauern von den Adligen Schuldknechtschaft*. Als ein Bürgerkrieg drohte, wählten die Athener um 600 v. Chr. den angesehenen Adligen Solon zum „Schiedsrichter".

M3 Der griechische Schriftsteller Aristoteles über den Athener Solon:

Als Adliger besaß Solon viel Land und musste nicht arbeiten. Er schrieb Gedichte und sang sie seinen Freunden vor. Aber seine Lieder wur-
5 den traurig, denn er machte sich Sorgen um Athen: Immer mehr Bauern wurden zu unfreien Schuldknechten, manche wurden sogar in die Fremde verkauft. Einst freie Bürger, nun Sklaven! Da gaben die Athener ihm den Auftrag, den Streit
10 zwischen Bauern und Adel zu schlichten. Zuerst verbot Solon die Schuldknechtschaft für alle Zeiten: Die versklavten Bauern und ihre Familienangehöri-

gen erhielten ihre Freiheit und ihr Land zurück. Die entsprechenden Gesetze ließ er sogleich in Stein
15 meißeln und öffentlich aufstellen. Und schließlich teilte er die Bürger in vier Vermögensklassen ein: Vom Besitz hing ab, wie viel Rechte und Pflichten jemand hatte. Zwar konnten die Bürger der untersten Vermögensklasse keine politischen Ämter über-
20 nehmen, aber sie durften mit den anderen Bürgern in der Volksversammlung über Gesetze abstimmen und über Krieg und Frieden entscheiden. Eine Forderung der Bauern erfüllte Solon jedoch nicht: Das Land Attikas wurde nicht völlig neu verteilt. Er be-
25 schützte also den Adel und die Bauern, ließ keinen von ihnen siegen.
Verfassertext nach Aristoteles, Staat der Athener 5,1-11,2

Politische Ämter für alle Bürger

25 Noch zu Lebzeiten Solons, im Jahr 561 v. Chr., riss der Adlige Peisistratos die Herrschaft gewaltsam an sich und herrschte allein (Tyrannis*), bis die Athener 510 v. Chr. seinen Sohn vertrieben. Danach setzte der Adlige Kleisthenes ab 508 v. Chr. Reformen durch. Er führte das
30 Scherbengericht* ein. Bei diesem ritzten die Bürger den Namen eines Mannes auf eine Scherbe, den sie verdächtigten, dass er die Herrschaft allein an sich reißen wollte. Zudem erreichte Kleisthenes, dass Bürger der untersten Vermögensklasse erstmals das Recht bekamen, politi-
35 sche Ämter zu übernehmen. Damit Reiche sich keinen Vorteil verschaffen konnten, bestimmte fast immer das Los*, wer ein Amt ausübte. Nur Heerführer, Architekten, Schreiber bei der Volksversammlung und Aufseher für öffentliche Bauten wurden gewählt. Alle Ämter wur-
40 den jährlich neu vergeben.
Seit Kleisthenes versammelten sich die Athener Bürger auf der Pnyx (siehe S. 77 f.), wenn etwas zu entscheiden war. Die Agora, der Platz im Zentrum Athens, war für die Volksversammlung zu klein geworden.

45 ## Bezahlung für politische Tätigkeit?
Ärmere Bürger hatten das Problem, dass sie nicht arbeiten konnten, während sie ein politisches Amt ausübten. Deshalb wurden ab 462 v. Chr. Tagegelder (Diäten) für Bürger mit Ämtern, um 400 v. Chr. auch für Teilnehmer
50 der Volksversammlung eingeführt. Nun erst stand die Politik allen Bürgern offen. Ausgeschlossen waren nach wie vor Frauen, Sklaven und Fremde.

 Der Historiker Plutarch (45–125 n. Chr.) über das Scherbengericht

Jeder Bürger nahm eine Scherbe, schrieb darauf den Namen des Mannes, den er verbannen wollte und brachte ihn an einen Ort auf die Agora, der rings mit Schranken umschlossen war.
5 Die Amtsträger zählten zuerst die gesamten abgelieferten Scherben durch; denn wenn die Abstimmenden weniger als sechstausend waren, dann war das Verfahren ungültig; dann ordneten sie die Scherben nach den Namen und verbann-
10 ten den Mann, den die meisten aufgeschrieben hatten, auf zehn Jahre, doch so, dass er im Genusse seines Vermögens blieb.

Plutarch, Aristeides 7, 5f. Zit. nach www.gnomon.ku-eichstaett.de/LAG/qvl99_00/text.pdf. Übers. v. Gregor Weber 2000 (Stand: 3. 12. 2014). Sprachl. bearb. v. Verf.

Aristokratie
Nach den griechischen Wörtern aristoi (= die Besten) und kratein (= herrschen) Bezeichnung dafür, dass die Herrschaft in einem Staat von einer adligen Oberschicht ausgeübt wird.

Demokratie
Nach den griechischen Wörtern demos (= Volk) und kratein (= herrschen) Bezeichnung für eine Staatsform, in der das Volk über die Politik eines Staates entscheidet. In den meisten modernen demokratischen Staaten wählen alle erwachsenen Frauen und Männer ein Parlament, das ihre Interessen vertritt.

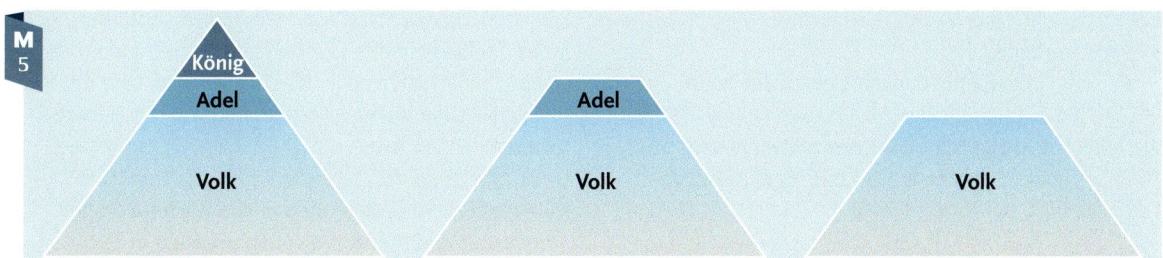

Die Herrschaftsformen in der Polis Athen

1 Gruppenarbeit:
a) Stellt mithilfe des Darstellungstextes und M3 die Maßnahmen Solons in einer Liste zusammen.
b) Entwerft ein Streitgespräch zwischen Solon, einem Adligen und einem Bauern nach der Reform.
2 Charakterisiere die Reformen des Kleisthenes (Darstellungstext, M2, M4).

3 Wähle eine Aufgabe aus:
a) Am Scherbengericht wurde kritisiert, dass nicht nur besonders einflussreiche, sondern auch sehr fähige Politiker verbannt wurden. Erkläre dies.
b) Wäge Vor- und Nachteile des Scherbengerichts ab.
4 Erkläre die Entwicklung Athens zur Demokratie mithilfe von M5. Was könnte man ergänzen?

Wie funktionierte die Demokratie in Athen?

Hier lernst du einen athenischen Bürger kennen, den es wirklich gegeben hat: Sein Name ist Smikythos. Im Jahr 427 v. Chr. war er Mitglied im Rat der 500 und leitete eine Volksversammlung.

* *Am Beispiel von Smikythos kannst du herausfinden, wie die athenische Demokratie funktionierte.*

Smikythos wird Mitglied im Rat der 500:

Smikythos wurde im Sommer des Jahres 427 v. Chr. Mitglied im Rat der 500. Dafür konnte sich jeder Bürger Athens, der mindestens 30 Jahre alt war, bewerben. Smikythos hatte aus dem großen Topf
5 mit weißen und schwarzen Bohnen eine weiße gezogen. Damit war er ausgelost.
Jeder Athener durfte nur zweimal in seinem Leben Mitglied im Rat der 500 werden. Zwischen den einjährigen Amtszeiten mussten mindestens zehn Jah-
10 re liegen. Nach der Wahl wurde jeder Kandidat befragt, ob auch seine Vorfahren bereits das Bürgerrecht in Athen besessen hatten und ob er selbst seine Bürgerpflichten regelmäßig erfüllte.
Im Juli traten die Ratsmitglieder erstmals zusam-
15 men. Sie tagten im Rathaus an der Agora. Die Sitzordnung wurde ausgelost.
Was mussten die Ratsmitglieder alles erledigen? Sie überwachten die Einnahmen und Ausgaben der Staatskasse. Zudem kontrollierten sie die Tätigkeit
20 der Beamten, die für die öffentliche Ordnung, die

Tempel und die städtischen Gebäude zuständig waren. Die wichtigste Aufgabe des Rates war es, die Volksversammlung vorzubereiten. Der Rat arbeitete dazu Vorschläge für neue Gesetze aus, die der Volks-
25 versammlung vorgelegt wurden. Dabei berücksichtigte er auch schriftliche Anträge von Bürgern.
Die Ratsmitglieder trafen sich täglich. Wer vom Land kam, musste sich eine Wohnung in Athen mieten oder bei Verwandten unterkommen. Damit auch
30 ärmere Bürger diese zeitaufwändige Tätigkeit ausüben konnten, erhielt jedes Ratsmitglied pro Sitzungstag fünf Obolen – das entsprach dem Tageslohn eines Arbeiters. Reich werden konnte man davon nicht.
35 Alle neun bis zehn Tage berief der Rat eine Volksversammlung ein. Unter den Ratsmitgliedern wurde ausgelost, wer die nächste Volksversammlung leiten sollte. Das Los fiel auf Smikythos.

Nach Elke Stein-Hölkeskamp, Demokratie – die „herrschende Hand des Volkes", in: Dies./Karl-Joachim Hölkeskamp (Hg.), Die griechische Welt. Erinnerungsorte der Antike, München (Beck) 2010, S. 487–509. Bearb. v. Verf.

---

1 Partnerarbeit:

a) Jede/r bearbeitet zunächst einen der Texte „Rat der 500" (M1) und „Volksversammlung" (M3): Notiert euch alle Informationen zu Mitgliedern bzw. Teilnehmern, zum Tagungsort und zu den Aufgaben.

b) Stellt euch eure Ergebnisse gegenseitig vor, fragt bei Unklarheiten nach. Klärt gemeinsam, wie der Rat der 500 und die Volksversammlung zusammenarbeiteten.

c) Übertragt das folgende Schema in euer Heft, ergänzt die Informationen in den Kästen und beschriftet den Pfeil mit einem passenden Verb.

Rat der 500		Volksversammlung
Mitglieder: _____		Teilnehmer: _____
Tagungsort: _____	Vorsitzender _____ ⟶	Tagungsort: _____
Aufgaben: _____		Aufgaben: _____

ohne politische Rechte:

Frauen und Kinder der Athener Bürger	Fremde (Metöken)	Sklavinnen und Sklaven

Volksversammlung auf der Pnyx, Zeichnung, 2014

M 3 **Smikythos leitet die Volksversammlung:**

Smikythos hatte schon an vielen Volksversammlungen teilgenommen, heute würde er sie zum ersten Mal leiten. Er wollte keinen Fehler machen, sonst würde ihn die Menge verspotten. Im schlimmsten
5 Fall musste er sich sogar vor Gericht verantworten. Noch vor Tagesanbruch machte er sich auf den Weg zur Pnyx, einem felsigen Platz, auf dem die Volksversammlung vierzigmal im Jahr stattfand. Die Pnyx bot Platz für höchstens 6000 Bürger, das war nur ein
10 kleiner Teil der Bürgerschaft. Bei wichtigen Fragen, etwa bei drohendem Krieg, marschierten viele Bürger bis zu 60 Kilometer nach Athen und es wurde eng auf der Pnyx.
Die Volksversammlung begann mit Gebeten und
15 einem Tieropfer. Dann nahm Smikythos in der Nähe der Rednertribüne Platz. Zunächst fragte er die Bürger, ob sie mit den Beamten zufrieden waren. Beamte, denen man misstraute, wurden sofort abgesetzt. Danach konnten die Bürger über politische Fragen
20 diskutieren und Beschlüsse fassen. Smikythos trug den ersten Vorschlag des Rates der 500 vor. Jeder Bürger durfte sich zu Wort melden und seine Meinung frei äußern. Allerdings sollte er nur einmal zu jedem Punkt sprechen, nicht abschweifen und nie-
25 manden beleidigen. Smikythos rief die Redner nacheinander auf. Ungeübte Redner wirkten nervös vor der tausendköpfigen Menge. Meist sprachen bekannte Bürger, die nach politischem Einfluss strebten. Wenn sich keiner mehr zu Wort meldete, wurde
30 mit Handzeichen abgestimmt. Dann schätzten Smikythos und seine Helfer erst die Jastimmen, dann die Neinstimmen. Gezählt wurde nicht – das gab es nur beim Scherbengericht. Ein Schreiber notierte den Beschluss, der später auf einer Tafel an der
35 Agora veröffentlicht wurde. Als Smikythos abends die Pnyx verließ, war er zufrieden: Die Sitzung war vorschriftsgemäß abgelaufen. Nun musste der Rat der 500 dafür sorgen, dass die Beschlüsse ausgeführt wurden.
Nach Elke Stein-Hölkeskamp, Demokratie, siehe M1.

2 Als athenischer Bürger willst du erreichen, dass Tagegelder für die Teilnehmer der Volksversammlung eingeführt werden. Wie gehst du vor?

Zusatzaufgabe: siehe S. 181

3 Vergleiche die athenische Demokratie mit der heutigen Form der Demokratie. Verwendet dabei folgende Stichpunkte: Losverfahren, Wahl, Politiker, Bürger, Frauen.
Tipp: Beginne so: „Das Losverfahren spielte in Athen eine große Rolle …. Heute hingegen … "

Eine schriftliche Quelle untersuchen

Um 450 v. Chr. stieg Perikles zum einflussreichsten Politiker in Athen auf. Über seine Person wissen wir heute deshalb so gut Bescheid, weil bereits in der Antike viel über ihn geschrieben wurde. Den Text auf dieser Seite hat der Historiker Plutarch geschrieben. Was erfahren wir aus dieser Quelle? Was musst du beachten, damit du sie verstehst und richtig einschätzen kannst? Die Arbeitsschritte leiten dich an.

 M1

Der Geschichtsschreiber Plutarch (45–125 n. Chr.) über Perikles

Plutarch lebte in Griechenland und verfasste zwischen 105 und 115 n. Chr. Lebensbeschreibungen berühmter griechischer und römischer Männer:

In jungen Jahren hielt sich Perikles dem Volke vorsichtig fern. Seine äußere Erscheinung erinnerte nämlich an den Tyrannen[1] Peisistratos, und alte Leute bemerkten mit Entsetzen eine weitere Ähnlich-
5 keit: die wohllautende Stimme und die Fähigkeit, rasch und gewandt zu sprechen. Da er überdies reich war, einer vornehmen Familie entstammte und einflussreiche Freunde besaß, fürchtete er die Verbannung durch das Scherbengericht. So mied er
10 die Politik, im Felde hingegen bewährte er sich als tapferer, wagemutiger Soldat. Als aber Aristeides gestorben, Themistokles verbannt und Kimon[2] fast immer durch auswärtige Kriege von Griechenland ferngehalten war, tat er endlich den Schritt ins öf-
15 fentliche Leben. Er verschrieb sich aber nicht der Sache der reichen Aristokraten*, sondern schlug sich auf die Seite des armen Volkes, allerdings entgegen seiner eigenen Natur, die ihn keineswegs zum Volksmann geschaffen hatte. Allein er hegte offenbar
20 die Befürchtung, man werde ihn des Strebens nach der Tyrannis verdächtigen, und da er zudem bemerk-

te, wie beliebt sich Kimon als guter Aristokrat bei den Vornehmen gemacht hatte, suchte er Rückendeckung bei der Masse. Er gewann dadurch per-
25 sönliche Sicherheit und eine starke Position gegenüber Kimon.
Sogleich gab er seinem Leben eine andere Ordnung. In der Stadt sah man ihn nur noch einen Weg gehen, auf die Agora und zum Rathaus. Er schlug alle Ein-
30 ladungen aus, verzichtete ganz auf fröhliche Geselligkeit. Während all der langen Jahre, da er an der Spitze des Staates stand, war er bei keinem seiner Freunde zu Gaste ... Er hütete sich vor dem beständigen Kontakt mit dem Volk ... Er vermied es, bei
35 jeder Gelegenheit das Wort zu ergreifen oder vor der Menge aufzutreten, sondern gab sich ... nur für die wichtigsten Geschäfte her, die anderen ließ er durch seine Freunde und ihm ergebene Redner erledigen. ... In der Redekunst übertraf er alle. Daher soll er
40 auch den Beinamen „der Olympier" erhalten haben.

Plutarch, Perikles, 7–8, in: Ders.: Große Griechen und Römer, hg. und übers. v. Konrat Ziegler, Bd. 2, Zürich und Stuttgart (Artemis) 1955, S. 114 f., Bearb. d. Verf.

[1] *Tyrann = Alleinherrscher. Tyrannis siehe S. 103*
[2] *Aristeides, Themistokles und Kimon waren athenische Politiker.*

Perikles

Perikles lebte um 490 bis 429 v. Chr. in Athen. Zwischen 443 und 429 v. Chr. wählte ihn die Volksversammlung jedes Jahr zum Strategen, also zu einem der zehn Beamten, die das Heer und die Flotte* Athens führten. Er regte an, dass die durch die Perser zerstörte Akropolis wieder neu aufgebaut wurde. Zudem setzte er sich dafür ein, dass Bürger Tagegelder erhielten, wenn sie politische Ämter übernahmen. Er starb in Athen an der Pest.

1 Untersuche M1 mithilfe der Arbeitsschritte. Ergänze die Lösungshinweise mit deinen eigenen Ergebnissen, besonders an Stellen, wo du Auslassungszeichen siehst (...).

2 **Gruppenarbeit:** Verfasst für ein Schülerlexikon einen Artikel über Perikles. Nutzt die Informationen zu seiner Person und ergänzt sie durch wichtige Informationen aus der Quelle M1. Achtet darauf, dass der Artikel sachlich geschrieben ist.

Tipp: Ein Beispiel für einen Lexikonartikel findet ihr auf S. 101.

Arbeitsschritte „Eine schriftliche Quelle untersuchen"

Textquelle gründlich lesen	Lösungshinweise zu M1
1. Lies den Text gründlich.	**Tipp:** Falls dir eine Kopie vorliegt, kannst du die wichtigsten Informationen unterstreichen und unklare Stellen mit einem Fragezeichen markieren.
Informationen zum Autor und der Entstehungszeit beachten	
2. Wer war der Autor/die Autorin der Quelle?	• *der Geschichtsschreiber Plutarch*
3. Wann und wo wurde die Quelle geschrieben?	• *zwischen 105 und 115 n. Chr. in Griechenland*
4. Um welche Art von Text handelt es sich? (z. B. Tagebuch, Brief, Rede, Zeitungsartikel)	• *Ausschnitt aus einem historischen Werk: Lebensbeschreibung*
5. An wen war der Text gerichtet?	• *Vermutung: Plutarch möchte der Nachwelt Kenntnisse über Perikles überliefern.*
Inhalt der Textquelle erfassen und verstehen	
6. Welche Begriffe muss ich klären?	• *hier z. B. Volksmann Z. 19, Tyrannis Z. 21, Agora Z. 29, ...*
7. Wie ist die Quelle aufgebaut? Finde Überschriften für die wichtigsten Abschnitte.	*1) Perikles' Aufstieg zum Politker (Z. 1–15)* *2) ...*
8. Welche Stellen sind erklärungsbedürftig? Stelle passende Warum-Fragen und versuche sie zu beantworten.	• *Warum schlug sich Perikles auf die Seite der Armen? Er versprach sich hiervon die Möglichkeit zu politischem Einfluss.* • *Warum ging Perikles immer den gleichen Weg? Dies zeigt, dass er sich ganz auf seine politische Tätigkeit konzentriert hat.* • *Perikles will sich nicht vorwerfen lassen, Geschenke anzunehmen und als bestechlich zu gelten. Daher meidet er ...*
9. Was ist die Hauptaussage des Textes? Fasse sie in 1–2 Sätzen zusammen.	• *Perikles wollte politischen Einfluss in Athen erringen, hatte aber Angst, verbannt zu werden. Durch sein kluges Verhalten und ...*
Absicht des Autors erkennen und die Textquelle beurteilen	
10. Welche Absicht verfolgte der Autor?	• *Plutarch wollte eine genaue Lebensbeschreibung entwerfen. Er stellte Perikles als machtbewussten Politiker dar, der seine Karriere genau geplant hat.*
11. Wie zuverlässig erscheinen die Aussagen der Quelle? Berücksichtige dabei auch die Informationen zum Autor und der Entstehungszeit.	• *Plutarch berichtet viele Einzelheiten über Perikles; offensichtlich konnte er auf hilfreiche Quellen zurückgreifen. Allerdings ... Insgesamt erscheinen die Aussagen ...*
12. Welche Meinung vertrittst du zum Thema der Quelle?	• *Ich finde, dass Perikles ... Denn ...*

Frauen, Fremde und Sklaven: Einwohner ohne Rechte?

In der Polis Athen gab es rund 40 000 Bürger, aber die Einwohnerzahl war etwa siebenmal so hoch. Neben den Frauen und Kindern lebten in Athen viele Familien, die von außerhalb zugezogen waren, um hier zu arbeiten. Das waren die „Metöken" (griech. = Mitbewohner). Die weitaus größte Bevölkerungsgruppe Athens aber waren die Sklaven. Frauen, Fremde und Sklaven durften weder wählen noch gewählt werden, aber sie bestimmten den Alltag in Athen.
Bearbeitet mit einem Gruppenpuzzle die folgenden Fragen:
- *Welche Rechte hatten diese Einwohner Athens?*
- *Welchen Tätigkeiten gingen sie nach?*

Der Historiker Peter Funke über Metöken, 2013:
Eine besondere Gruppe bildeten fremde Staatsbürger, die häufig – gemeinsam mit ihren Familien – in einer Polis ihren festen Wohnsitz genommen hatten. Diese wurden Metöken, Mit-
5 bewohner, genannt. In Athen gab es kaum einen Wirtschaftszweig, in dem nicht Metöken tätig waren. Man findet sie in allen Bereichen des Handwerks und Handels und als Stadtärzte, Bauleiter etc. Große Handelshäuser und Waffenfabriken
10 waren ebenso in ihrer Hand wie Schifffahrtsunternehmen; und selbst das athenische Bankwesen wurde zu großen Teilen von Metöken kontrolliert. Auch viele Künstler, Literaten und Wissenschaftler lebten als Metöken in Athen und prägten
15 nachhaltig das kulturelle Leben der Stadt.
In ihrer beruflichen Tätigkeit waren die Metöken rechtlich nicht eingeschränkt. Sie durften jedes Geschäft selbst tätigen und sich vor Gericht selbst vertreten. Wie Bürger waren sie zu Kriegs-
20 dienst verpflichtet und mussten sich in Notfällen an besonderen Zahlungen für die Polis beteiligen. Allerdings wurde ihre Stellung als Fremde dadurch deutlich, dass sie jährlich eine besondere Steuer zahlen mussten und keinen Grundbe-
25 sitz erwerben durften. Zudem musste sich jeder Metöke einen Bürger wählen, der ihn vor der Bürgerschaft vertrat.
Quellenangabe siehe M6.

Schuhmacherwerkstatt, Vasenmalerei, um 500 v. Chr. Handwerkerfamilien gehörten meistens zu den Metöken. Einzelne Metöken konnten Bürger werden, falls die Volksversammlung zustimmte. Metöken, die ihre Steuern nicht zahlten, wurden manchmal versklavt.

1 Gruppenpuzzle:
Phase 1: Bearbeitet in Gruppen die Rechte und Tätigkeiten der Metöken (M1, M2), der Sklaven (M3, M4) oder der Frauen (M5, M6). Ihr seid nun Experte für euer Thema.
Phase 2: Findet euch in Dreiergruppen zusammen, in denen immer ein Experte für jedes Thema die Ergebnisse vorstellt.
Phase 3: Übertragt folgende Tabelle in euer Heft und füllt sie gemeinsam aus:

	Rechtliche Stellung	Tätigkeiten (Beispiele)
Frauen (Bürgerinnen)	unterstehen Vormund, …	
Metöken		
Sklaven		

Zusatzaufgabe: siehe S. 181

Freier – Sklave
Als Freie galten in Griechenland Bürger mit ihren Familien und Metöken. Sklaven waren unfrei, d. h. sie verfügten über keinerlei Rechte.

Bergwerkssklave, Vasenmalerei, um 480 v. Chr. Viele Sklaven kamen als Kriegsgefangene nach Athen oder wurden dort als Kinder von Sklaven geboren. Freilassungen aus dem Sklavenstand waren selten.

Eine reiche Athenerin bei der Körperpflege, Vasenmalerei, um 500 v. Chr. Reiche Bürgerinnen wie sie stellten Stoffe her und beaufsichtigten den Haushalt. Tätigkeiten wie Einkaufen oder Wasserholen erledigten Sklavinnen.

M4 Der Historiker Peter Funke über die Stellung der Sklaven (2013):

Von Rechts wegen galten die Sklaven nicht als Menschen. Sie wurden als „Menschenfüßler" bezeichnet und damit auf eine Stufe mit den Tieren, den „Vierfüßlern", gestellt. Sklaven waren
5 Eigentum ihres Herrn, der allein über sie verfügen durfte. Er konnte sie vermieten, verpfänden und verkaufen sowie vererben.
Vor beliebiger Grausamkeit seines Herrn war ein Sklave geschützt, weil der Kauf eines Sklaven im-
10 mer eine teure Anschaffung war. Daher musste der Herr ein Interesse daran haben, die Arbeitskraft des Sklaven möglichst lange zu erhalten. Sklaven wurden in der Landwirtschaft und im Haus eingesetzt. Dort hatten sie die alltäglichen
15 Dinge – vom Einkaufen, Kochen, Putzen bis hin zur Kindererziehung – zu erledigen. Die meisten Sklaven waren in der Wirtschaft tätig und in allen Teilbereichen – vom Hafenarbeiter bis zum Bankangestellten – anzutreffen. Sie arbeiteten als einfa-
20 che Hilfsarbeiter ebenso wie als hochspezialisierte Fachleute. Die Anzahl der in einzelnen Betrieben tätigen Sklaven war überschaubar. Nur in Bergwerken arbeiteten bis zu 20 000 Sklaven unter erbärmlichsten Bedingungen.
Wie angesehen ein Sklave war, hing von der Art seiner Tätigkeit ab.
Quellenangabe siehe M6.

M6 Der Historiker Peter Funke über die Bürgerinnen Athens (2013):

Die Athenerin war ihr Leben lang abhängig von einem Vormund[1]. Dies war zunächst ihr Vater und nach dessen Tod der älteste Bruder oder ein anderes männliches Familienmitglied. Bei der
5 Heirat gingen die Vormundschaftsrechte auf den Ehemann über, fielen aber im Falle einer Scheidung wieder an die Familie der Frau zurück. Eine Frau hatte in der Regel nicht das Recht, etwas zu erben. Größere Geschäfte durfte sie nur über
10 ihren Vormund tätigen, der sie auch vor Gericht zu vertreten hatte.
Es wäre aber falsch, aus dieser Rechtsstellung auf eine entsprechend untergeordnete Stellung der Frauen in der Öffentlichkeit und im Alltagsleben
15 zu schließen. Abgesehen von der Bürgerin, [die das Haus möglichst nicht verlassen sollte], konnten sich die meisten Frauen in der Öffentlichkeit frei bewegen.

Peter Funke, Die griechische Staatenwelt in klassischer Zeit (500–336 v. Chr.), in: Hans-Joachim Gehrke/Helmuth Schneider (Hg.), Geschichte der Antike, 4. Aufl., Stuttgart, Weimar (J. B. Metzler) 2013. M1: S. 186, M4: S. 186 f., M6: S. 184 f. Bearb. v. Verf.

....

[1] *rechtlicher Fürsprecher*

Wie lebten Kinder und Jugendliche in Athen?

Auf vielen griechischen Vasen finden wir Szenen, die vom Leben der Kinder und Jugendlichen berichten. Die meisten von ihnen zeigen den Alltag in den Familien der Athener Bürger. Über das Leben der Kinder von Sklaven ist dagegen fast nichts überliefert.

- *Auf dieser Doppelseite entscheidest du selbst, mit welchen Materialien du arbeiten willst: A Kindheit und Kinderspiele, B Ausbildung der Mädchen, C Ausbildung der Jungen.*

Aufgabe für alle:
Tragt eure Ergebnisse zusammen. Vergleicht euer Leben mit dem athenischer Kinder und Jugendlicher.

Kindheit und Jugend

In Griechenland war es wie in allen anderen antiken Kulturen außer Ägypten üblich, dass der Vater entschied, ob ein Neugeborenes angenommen oder ausgesetzt wurde. Trug er das Baby um den Herd des Oikos*, galt es als
5 Familienmitglied und erhielt einen Namen. Ausgesetzt wurden schwache oder behinderte Kinder. Dennoch belegen viele Quellen, dass Eltern zu Kindern auch damals ein herzliches Verhältnis entwickelten.

Im Alter von sieben bis achtzehn Jahren gingen die
10 Söhne der Athener Bürger in die Schule, sofern der Vater dies bezahlen konnte. Eine wichtige Rolle spielte der Unterricht in der Redekunst (griech. Rhetorik). Mädchen aus reichem Haus erhielten daheim Unterricht in Lesen und Schreiben. Zudem wurden die Mädchen auf
15 die Aufgaben im eigenen Haushalt vorbereitet. Sie heirateten oft schon mit 12–14 Jahren. Ihre Ehemänner waren manchmal doppelt so alt wie sie.

 A

 M 2   **Aus einem Lexikonartikel (1979):**
Es gab Spiele mit Abzählversen, mit Puppen. Man spielte außer „Mutter und Kind" oft „Priesterin und Göttin", Reifen, Kreisel, Ball, es gab Huckepack, Verstecken und Hüpfen auf einem Bein,
5 als Spielzeug dienten Steckenpferd und Peitsche, Wägelchen, Tiere, Schaukel, Drehscheiben („Jojo"), Wippe, kleines Geschirr usw.
Der Kleine Pauly. Lexikon der Antike, hg. v. Konrat Ziegler/Walther Sontheimer/Hans Gärtner, Bd. 5, München (dtv © Alfred Druckenmüller Verlag) 1979, S. 310. Bearb. v. Verf.

1 Erarbeite aus M1, was die Abbildung über die Kindheit in Griechenland verrät.
2 Verfasse einen Lexikonartikel zum Thema Kindheit in Griechenland. Nutze hierfür den Darstellungstext, M1 und M2.

 M 1   *Eine Dienerin bringt einen Säugling zur Mutter, Vasenmalerei aus Athen, um 450 v. Chr.*

B

M3

Der Grieche Isomachos zum Philosophen Sokrates über seine Frau (5. Jh. v. Chr.):

Sie war doch noch nicht fünfzehn Jahre alt, als ich sie heiratete. Die Zeit vorher hatte man fürsorglich auf sie aufgepasst, dass sie möglichst wenig sah, hörte und fragte. Ich war schon damit
5 zufrieden, dass sie bei ihrem Kommen bereits verstand, mit Wolle umzugehen und ein Gewand anzufertigen, und dass sie auch schon bei der Spinnarbeit der Dienerinnen zugesehen hatte. Außerdem war sie in der Magenfrage ganz vor-
10 züglich erzogen, mein lieber Sokrates, was mir bei Mann und Frau die wichtigste Erziehungsfrage zu sein scheint.

Xenophon, Die Hauswirtschaftslehre 7,5, in: Die Sokratischen Schriften, hg. und übers. v. Ernst Bux, Stuttgart (Kröner) 1956, S. 259.

M4

Ein tanzendes Mädchen und eine Flötenspielerin, Vasenmalerei aus Athen, um 425 v. Chr.

1 Notiere aus M3 die Fähigkeiten der 14-Jährigen.
2 Finde mithilfe von M4 und des Darstellungstextes heraus, welche weiteren Fähigkeiten ein Mädchen aus reichem Haus in die Ehe mitbrachte. Erkläre, warum Isomachos (M3) darauf nicht eingegangen ist.

3 Die Ehefrau des Isomachos mischt sich in das Gespräch ein und erzählt über sich als 14-Jährige. Schreibe diesen Text in der Ich-Form. Nutze dabei deine Erkenntnisse aus Aufgabe 2.

C

M5

Ein Athener Pädagoge zu dem Vater eines Schülers:

Ich möchte meinen, dass du in den ersten zwanzig Jahren nicht die Freiheit hattest, dich ohne deinen Pädagogen auch nur einen Finger breit vom Hause zu entfernen. Kamst du nicht schon vor Sonnenauf-
5 gang in die Palästra[1], verhängte der Vorsteher des Gymnasions[2] eine nicht geringe Strafe über dich ... Sie übten sich dort im Laufen, im Ringen, im Speerwurf, im Diskusschleudern und Faustkampf, mit dem Ball, im Sprung .... Dort verbrachten sie ihre Ju-
10 gendzeit und nicht in Schlupfwinkeln. Wenn du dann von der Reitbahn oder dem Sportplatz nach Hause

kamst, dann setztest du dich, ordentlich gegürtet, auf einen Stuhl zum Erzieher, und machtest du beim Lesen im Buch auch nur bei einer Silbe einen Fehler,
15 wurde dir die Haut [durch Schläge] so fleckig wie das Kleid der Amme* .. Aber heutzutage, bevor einer sieben Jahre ist, wenn man ihn als Pädagoge nur mit der Hand berührt, dann wirft der Junge einem gleich die Schreibtafel an den Kopf.

Plautus, Bacchides III/3, übers. v. Susanne Tschirner, in: Praxis Geschichte, H. 6., 1989, S. 17.

....
[1] *Trainingsplatz für Kampfsportler*   [2] *Sportplatz*

Pädagoge

Der Pädagoge (griech. pais = Kind und ágo = führen) war ursprünglich ein Hausklave, der das Kind auf dem Schulweg begleitete. Da der Pädagoge die Aufgabe hatte, das Kind zu beaufsichtigen und ihm gutes Benehmen beizubringen, erhielt der Begriff schon im alten Griechenland die Bedeutung „Erzieher". In diesem Sinne verwenden wir das Wort noch heute.

1 Arbeite aus M5 heraus, in welchen Fächern Jungen Unterricht erhielten. Nutze dazu auch den Darstellungstext.
2 Erkläre, worüber sich der Pädagoge beschwert.
3 Stelle aus der Sicht des Pädagogen Verhaltensregeln für junge Griechen zusammen. Beginne wie folgt: „1. Gehe nie ohne deinen Pädagogen aus dem Haus!"

Warum wurde Athen zum Zentrum des Handels?

Alle Waren, die im antiken Griechenland pro Jahr quer durch das Mittelmeer und das Schwarze Meer transportiert wurden, würden heute auf ein einziges modernes Containerschiff passen. Dennoch staunen wir angesichts der Größe der damaligen Schiffe über die Fülle der transportierten Güter. Hier findest du heraus, warum gerade Athen so wichtig für den Handel wurde.

M 1

Eine Unterwasserarchäologin findet Überreste von Amphoren, in denen in der Antike Handelsgüter transportiert wurden. Sie gehörten zur Fracht eines griechischen Handelsschiffes, das vor der Insel Paros gesunken ist. Foto, 2010

Zentrum Athen und Attika

Wir befinden uns im Jahr 430 v. Chr. Im Hafen von Piräus treffen täglich Handelsschiffe ein, die mit Waren angefüllt sind. Diese Segelschiffe können bis zu 100 Tonnen Ladung transportieren. Noch im Hafen schätzen Zöllner
5 den Wert der Ware und legen die Geldsumme fest, die die Händler für den Verkauf der Ware in Athen an die Stadtkasse zahlen müssen.

Bald nach dem Entladen werden die Schiffsbäuche wieder mit Waren gefüllt, denn die Handwerker Athens pro-
10 duzieren viele Produkte für die Ausfuhr (Export): Besonders bekannt sind die Athener Töpferwaren. Hochbeladen verlassen die Schiffe Athen. Von Piräus nach Rhodos zum Beispiel brauchen sie dreieinhalb Tage, zur Küste Nordafrikas mehr als sieben Tage.

15 **Warum ist die Wareneinfuhr für Athen so wichtig?**
In Attika leben zu dieser Zeit etwa 300 000 Menschen. Sie müssen vor allem mit Getreide versorgt werden, denn der eigene Ernteertrag reicht bei Weitem nicht für die ganze Bevölkerung aus. Aber auch andere Waren sind in
20 Athen begehrt. Die Athener benötigen Geld, um die Einfuhr (Import) dieser Waren zu bezahlen. Deshalb ist der Export ihrer Güter für sie lebensnotwendig.

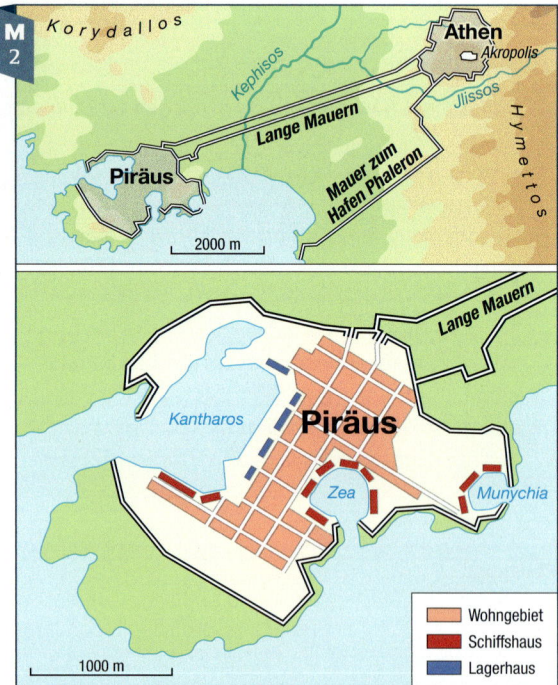

M 2

Athen und sein Hafen Piräus im 5. Jh. v. Chr. Insgesamt konnten im Hafen etwa 400 Schiffe liegen. Er war ummauert und der Weg in die Stadt Athen durch die „langen Mauern" geschützt.

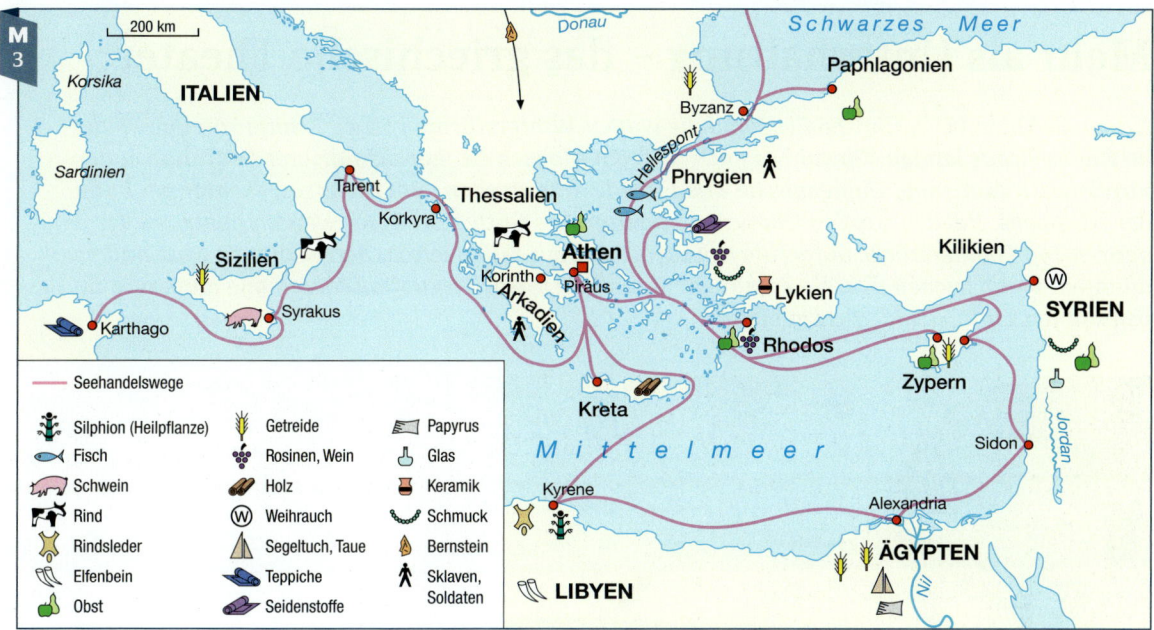

Der Importhandel Athens im 5. Jahrhundert v. Chr.

Ein Gelehrter schrieb um 430 v. Chr. über die Handelsmacht Athen:

Nur die Athener können über die Erzeugnisse aller Griechen und Barbaren verfügen. Wie will eine andere Stadt ihre Überschüsse an Schiffsholz, Eisen, Kupfer und Flachs ausführen, ohne
5 dass das seebeherrschende Athen zustimmt oder die Waren abnimmt? Würde sie gegen den Willen Athens Waren verfrachten, würde ihr die herrschende Seemacht die Handelswege abschneiden. Außerdem trifft eine Missernte die See-
10 macht weniger als die Landmacht. Denn da Missernten nicht überall gleichzeitig auftreten, kann die herrschende Seemacht immer noch Ernteerzeugnisse aus Überschussländern einführen.

Pseudo-Xenophon 1, 11–14, hg. u. übers. v. Ernst Kalinka. Zit. nach http://www.demokratia.org/files/Oligarch.pdf (Stand 9. 12. 2014).

Händler beim Abwiegen von Ware, Vasenmalerei, um 550 v. Chr.

1 **Partnerarbeit:**
   a) Beschreibt die Lage und die Sicherung von Athen und Piräus (M2).
   b) Begründet, warum Athen auf die Einfuhr von Gütern angewiesen war. Denkt auch an die Landschaft Attikas.
   c) Zeichnet eine Tabelle mit den Spalten „Ware" und „Herkunftsland" und füllt sie mithilfe von M3 aus.
   d) Erläutert die Verwendung der Güter.

2 **a) Methode:** Untersuche M4 mithilfe der Arbeitsschritte S. 107.
   b) Erkläre, wie Handel und militärische Macht zusammenhängen.
3 Notiere, welche Informationen über den Handel du M1 und M5 entnehmen kannst.
4 **Recherche:** Erkundet, welche Produkte aus Griechenland bei uns im Handel sind. Fragt zu Hause nach und achtet beim Einkauf darauf.

Mehr als Unterhaltung – das griechische Theater

Athen im März 458 v. Chr. Endlich sind die wilden Winterstürme vorbei, Schiffe können wieder im Hafen Piräus landen. Obwohl es noch früh am Morgen ist, herrscht dichtes Gedränge in den Straßen. Alt und Jung, Einheimische und Fremde, alle streben zum Dionysos-Theater am Fuße der Akropolis. Bei den Großen Dionysien zu Ehren des Gottes Dionysos werden heute wieder den ganzen Tag Theaterstücke aufgeführt. Ausgerüstet mit Süßigkeiten, getrocknetem Obst und verdünntem Wein, suchen sich die Zuschauer einen Platz. Noch unterhalten sich alle lautstark, da beginnt das erste Stück: „Agamemnon" …

M1 Maske, die einen Sklaven darstellt, 4. Jh. v. Chr.

Die **Schauspieler** (nur Männer) wurden aus der Staatskasse bezahlt und wechselten die Rollen durch andere Kleidung und Masken. Sie spielten auch weibliche Rollen. Die Mundöffnung der Masken ver-
5 stärkte wie durch einen Trichter die Stimme der Spieler.

Bühnenbildgebäude mit bemalter Kulisse. Eine Plattform für besondere Effekte konnte aus einer Tür des Gebäudes herausgefahren werden. Feuer, Rauch und Donnergetöse erzeugten spezielle Effekte. Der Kran er-
10 laubte das Herabschweben der Götter am Schluss.

Im Stück „Agamemnon" zog die Hauptperson zu Beginn des Stückes mit Pferd und Wagen als Sieger des Trojanischen Krieges auf die Bühne. Seine Ermordung wurde nicht dargestellt, wohl aber seine Leiche auf der Plattform
15 wirkungsvoll an den Bühnenrand nach vorne gerollt.

Transkulturalität

Der Chor im Halbrund des Theaters (Orchestra) sang, sprach und tanzte, begleitet von Flötenmusik. Der Chor kommentierte die Handlung. In der Tragödie* „Agamemnon" fasste er z. B. die Vorgeschichte und den Verlauf
20 des Trojanischen Krieges zusammen.

In Athen konnte sich jeder männliche Bürger für den Chor bewerben. Die Ausgewählten erhielten Verpflegung und Geld für den Verdienstausfall von dem Bürger, der das Theaterstück finanzierte.

Das Dionysos-Theater Athen, 15 000 Plätze, ausgezeichnete Akustik. Der Theaterbesuch war für die Bürger eine politische und religiöse Pflicht. Umstritten ist, ob Frauen zusehen durften. Seit Perikles bekamen bedürftige Bürger einen Zuschuss zum Eintrittsgeld. Zehn aus dem Publikum ausgeloste Preisrichter entschieden am Ende, welcher Dichter das beste Stück geschrieben hatte. Dieser erhielt ein ansehnliches Preisgeld. Geehrt wurde auch der Bürger, der die Aufführung gesponsert hatte. Das Sponsoring verbesserte seine Chancen, bei den Wahlen in der Volksversammlung ein wichtiges Amt zu erhalten.

 Ablauf der großen Dionysien in Athen:
1. Festtag: Feierliche Prozession durch die Stadt, die vor dem Dionysostempel endete, Darbringung von Opfern und Gang ins benachbarte Theater, wo politische Ehrungen vorgenommen
5 wurden. Aufführungen von Männer- und Knabenchören am Nachmittag.
2. Festtag: Wettbewerb von fünf Komödien*, die jeweils etwa zwei Stunden dauerten.
3.–5. Festtag: Wettbewerb der Tragödien. Jeder
10 der drei Tragödiendichter hatte einen ganzen Tag zur Verfügung, an dem drei bis vier Stücke von ihm zur Aufführung kamen, die insgesamt bis zu sieben Stunden dauern konnten.

Ute Preuße-Hüther, Das griechische Theater, in: Geschichte lernen. Sammelband Antike, Seelze (Friedrich Verlag) 1996, S. 37. Bearb. v. Verf.

Theater
Theater leitet sich vom griechischen Wort für „schauen" ab. Es bezeichnet den Raum oder auch das in ihm aufgeführte Spiel. Das Dionysos-Theater entstand im 6. Jh. v. Chr. und ist das ältestes Theater Griechenlands. Athen gilt damit als Geburtsstätte des Theaters.

Aischylos (525–456 v. Chr.)
Der griechische Theaterdichter erhielt für seine Tragödien bei den großen Dionysien dreizehnmal den ersten Preis, unter anderem im Jahr 458 v. Chr. für die „Orestie". Diese besteht aus drei Tragödien: In der ersten – „Agamemnon" – wird das Schicksal des Königs Agamemnon dargestellt, der aus dem trojanischen Krieg zurückkehrt und von seiner Frau Klytämnestra und deren Geliebten ermordet wird; die beiden folgenden Teile handeln von seinem Sohn Orest, der seinen Vater rächt, indem er seine Mutter ermordet, dann aber deshalb von den Rachegöttinnen verfolgt wird. Von Aischylos' 70 Stücken sind nur sieben erhalten.

1 **a)** Erforsche mithilfe der Materialien die Welt des antiken Theaters.
b) Wähle eine Figur aus der Zeichnung und schreibe die Erzählung aus dem Moderationstext in der Ich-Form weiter.

Sparta: Ganz anders als Athen?

Sparta war im 6. Jahrhundert v. Chr. die führende Polis Griechenlands. Mit dem Aufstieg Athens wurden beide Stadtstaaten zu Konkurrenten, die sich später mehrfach erbittert bekriegten.

- *Verschaffe dir einen Überblick über das Leben in Sparta und vergleiche es mit dem in Athen.*

Soldaten in Sparta, Vasenmalerei, um 640 v. Chr. Im 7. Jh. v. Chr. entwickelten die Spartaner eine neue Kampftaktik, die Phalanx („Walze"), die von allen Griechen übernommen wurde und mit Veränderungen bis in die Römerzeit in Gebrauch blieb. Die Soldaten standen in mehreren dicht gestaffelten Schlachtreihen. Der linke Teil des Schildes schützte die rechte Seite des Nebenmannes, so wurde die Reihe wie eine undurchdringliche Mauer. Fiel ein Hoplit aus der ersten Reihe, sprang ein Soldat aus der Reihe dahinter an seinen Platz. Wichtigste Waffe war der lange Stoßspeer. Die Rüstung bestand aus Bronze. Flötenspieler begleiteten die Soldaten.

Spartiaten, Perioöken und Heloten

Anders als die meisten griechischen Poleis blieb Sparta ein Königtum mit gleichzeitig zwei Königen an der Spitze. Die Spartaner eroberten im 7. Jahrhundert v. Chr. die umliegenden Landschaften Lakonien und Messenien auf der
5 Halbinsel Peloponnes. Etwa 9000 Spartaner besaßen das Bürgerrecht (Spartiaten*). Sie teilten das Land unter sich auf, arbeiteten aber nicht selbst in der Landwirtschaft. Den Boden bewirtschafteten 140 000 bis 200 000 Heloten*. Heloten waren Kriegsgefangene, die die Spartaner
10 zu Sklaven gemacht hatten. Sie waren Eigentum der gesamten Polis. Die Heloten durften aber nicht, wie es an anderen Orten in Griechenland mit Sklaven üblich war, verliehen oder verkauft werden, denn Spartiaten war es verboten, Handel zu treiben. Auch Geld war in Sparta
15 unbekannt.
Die Männer in Sparta sollten sich ganz und gar dem Kriegsdienst widmen. In Zeltlagern wurden sie entsprechend erzogen: Sie lebten dort in Gruppen, die ihre Zeit mit sportlichem und militärischem Training verbrachten.
20 Erst ab dem 30. Lebensjahr durften die Spartiaten wieder in Häusern wohnen. Die Gruppen, die in Friedenszeiten zusammen trainierten und aßen, bildeten im Krieg gemeinsam eine Phalanx (siehe M1).
Außer den Spartiaten und den Heloten siedelten in
25 Sparta 40 000 bis 60 000 Perioöken („Umwohner"). Sie waren freie Bauern und Handwerker. Die Perioöken mussten später in der spartanischen Armee kämpfen, durften aber nicht an den Volksversammlungen teilnehmen.
30 Im 7. Jahrhundert gründete eine kleine Gruppe von Spartanern in Tarent (Unteritalien) die einzige Kolonie Spartas. Die Auswanderer hatten sich bei der Verteilung des eroberten Landes auf der Peloponnes ungerecht behandelt gefühlt.

Frauen in Sparta

35 Anders als im übrigen Griechenland war der Alltag der spartanischen Frauen nicht ausschließlich von der Familie bestimmt. Die Ehefrau eines Spartiaten überließ den größten Teil ihrer Hausarbeit den Heloten. Für die Erzie-
40 hung der kleinen Kinder gab es staatliche Ammen, die die Säuglinge bald nach der Geburt an sich nahmen. Die Frauen hatten Zeit für andere Aufgaben: Sie verwalteten die Ländereien ihrer Familie und traten in öffentlichen Chören auf. Die spartanischen Frauen wurden zwar nicht
45 für den Kriegsdienst ausgebildet, sie waren aber wie die Männer von Kindheit an damit beschäftigt, ihren Körper zu trainieren. Politische Rechte hatten sie ebenso wenig wie die Athenerinnen.

Der Historiker Robin L. Fox über Erziehung in Sparta (2013):

In der Kindererziehung begann für die Söhne von Spartiaten im Alter von sieben Jahren ein furchterregendes obligatorisches[1] Training. Es gab viele Merkwürdigkeiten, die jeden Außenseiter verblüfften. So
5 konnten sich mehrere spartanische Brüder eine einzige Ehefrau teilen, wohl weil sie eine reiche Erbin war. Auch Mädchen ließ man im Laufen, Ringen und in anderen … Sportarten üben, wohl um sie zu Müttern von kräftigen, gesunden Kindern zu erziehen.
10 Alle männlichen Spartaner aßen in Mahlgemeinschaften, Gruppen von etwa 15 Männern. Gegessen wurden einfache Speisen, unter anderem die berüchtigte schwarze Blutsuppe. Die Achtung vor Höherrangigen war Kernbestandteil der gemeinsamen
15 sozialen Werte …

Mit sieben Jahren wurden die Jungen der Obhut[2] ihrer Familien entzogen und gezwungen, barfuß zu trainieren, im Freien zu schlafen und als „Pflichtabenteuer" Diebstahl zu begehen. Sie durchliefen
20 klar definierte Altersgruppen, auf jeder Stufe gab es Auslese und Wettbewerb. Unter den Zwanzigjährigen wurde eine kleine Gruppe ausgewählt, als „Ritter" in der Leibwache der Könige zu dienen. Sie wurden später zu den weltberühmten „300", die 480
25 v. Chr. bei den Thermopylen gegen das gesamte persische Heer antraten.

Robin Lane Fox, Die klassische Welt, Stuttgart (Klett-Cotta) 2013, S. 85f.

....

[1] *verpflichtend*
[2] *Fürsorge*

M 3 *Spartanisches Mädchen, Bronzestatue, um 550 v. Chr. Das kurze Gewand erlaubt einen Blick auf die Muskulatur, die ein regelmäßiges Training erkennen lässt. Als Erwachsene trugen die Spartanerinnen wie alle anderen Griechinnen lange Gewänder.*

....

1 Beschreibe die Lage Spartas auf der Karte S. 88.

2 Erkläre mithilfe des Darstellungstextes die Begriffe Spartiaten, Heloten, Periöken.

3 Erläutere Unterschiede zwischen Einzelkampf und Phalanx (M1).

4 **Wähle eine Aufgabe aus:**

a) Notiere mithilfe von M2, wie Kinder und Jugendliche in Sparta erzogen wurden. Stelle deine Ergebnisse in einen Kurzvortrag vor (Kurzvortrag siehe S. 189).

b) Lies M2 und vergleiche das Leben der Mädchen und Jugendlichen in Sparta mit denen in Athen. Nimm dafür S. 110/111 zu Hilfe.

5 Wenn heute jemand „spartanisch" eingerichtet ist, dann verfügt er nur über die nötigsten Einrichtungsgegenstände und verzichtet auf jeden Luxus. Besprecht in der Klasse, wo der Ursprung dieser Bezeichnung lag.

Zusatzaufgabe: siehe S. 181

Alexander von Makedonien – der Große?

Nur 1,60 m groß und dennoch ein Großer? Der makedonische König Alexander war so groß wie die meisten Männer seiner Zeit, hatte aber eine unglaubliche Wirkung auf seine Zeitgenossen. Schon bald nach seinem Tod erhielt er den Ehrentitel „der Große".

- *Urteile selbst, ob Alexander den Titel „der Große" verdient.*

Alexandermosaik, Pompeji, um 150 v. Chr. Das Mosaik ist die römische Kopie eines verlorenen griechischen Originals. Es zeigt den entscheidenden Moment der Schlacht bei Issos oder Gaugamela: Alexander (links) auf seinem Pferd Bukephalos stürmt ins Zentrum des Perserheeres, Dareios III. (rechts) auf einem Streitwagen beginnt zu fliehen. In beiden Schlachten konnte Dareios entkommen, wurde 330 v. Chr. aber von einem eigenen Gefolgsmann umgebracht. Alexander sorgte für ein ehrenvolles Begräbnis seines Feindes und ließ dessen Mörder hinrichten.

Alexander: König, Pharao …

Die Makedonen waren ein kleiner Volksstamm im Norden Griechenlands. Ihr König Philipp von Makedonien (359–336 v. Chr.) unterwarf nach mehreren Kriegszügen alle griechischen Stadtstaaten außer Sparta. Damit en-
5 deten deren Freiheit und die Demokratie in Athen. König Philipp bewunderte die griechische Kultur. Deshalb ließ er seinen Sohn Alexander von dem Philosophen Aristoteles erziehen. Dieser machte den Jungen mit den griechischen Tragödien und den Werken Homers ver-
10 traut. Nach dem gewaltsamen Tod seines Vaters im Jahr 336 v. Chr. bestieg Alexander mit 20 Jahren den Königsthron. Zwei Jahre später begann er einen Feldzug gegen das Großreich der Perser. In den Schlachten am Fluss Granikos (334 v. Chr.) und bei Issos (333 v. Chr.) besiegte
15 er durch eine neue Kriegstaktik das dreimal so große persische Heer unter König Dareios III. Danach besetzte er Ägypten, das in persischer Hand war. Dort ließ er sich als Befreier feiern und zum Pharao krönen.

… und persischer Großkönig

20 Alexander besiegte Dareios III. endgültig 331 v. Chr. in der Schlacht bei Gaugamela. Nun war er auch persischer Großkönig, nannte sich aber „Herrscher Asiens". Noch immer war Alexander nicht zufrieden. Er hatte vor, die Grenzen seines Reiches weiter auszudehnen. Er drang
25 mit seinem Heer in völlig unbekannte Welten vor. In Indien gelang es ihm, König Poros mit dessen mächtigen Kriegselefanten zu schlagen. Doch im strömenden Tropenregen verweigerten seine Soldaten das weitere Vordringen. Seit acht Jahren waren sie fern der Heimat und
30 Alexander musste umkehren. Ein Teil der Truppen fuhr mit Schiffen den Indus hinab bis zum Indischen Ozean. Alexander selbst marschierte mit 40 000 Mann durch die Wüsten Irans (Gedrosien), wo der größte Teil seiner Truppen verdurstete. Die Regierungszeit des Königs en-
35 dete unerwartet: Alexander erkrankte vermutlich an Malaria und starb 323 v. Chr. in Babylon. Sein Reich zerfiel.

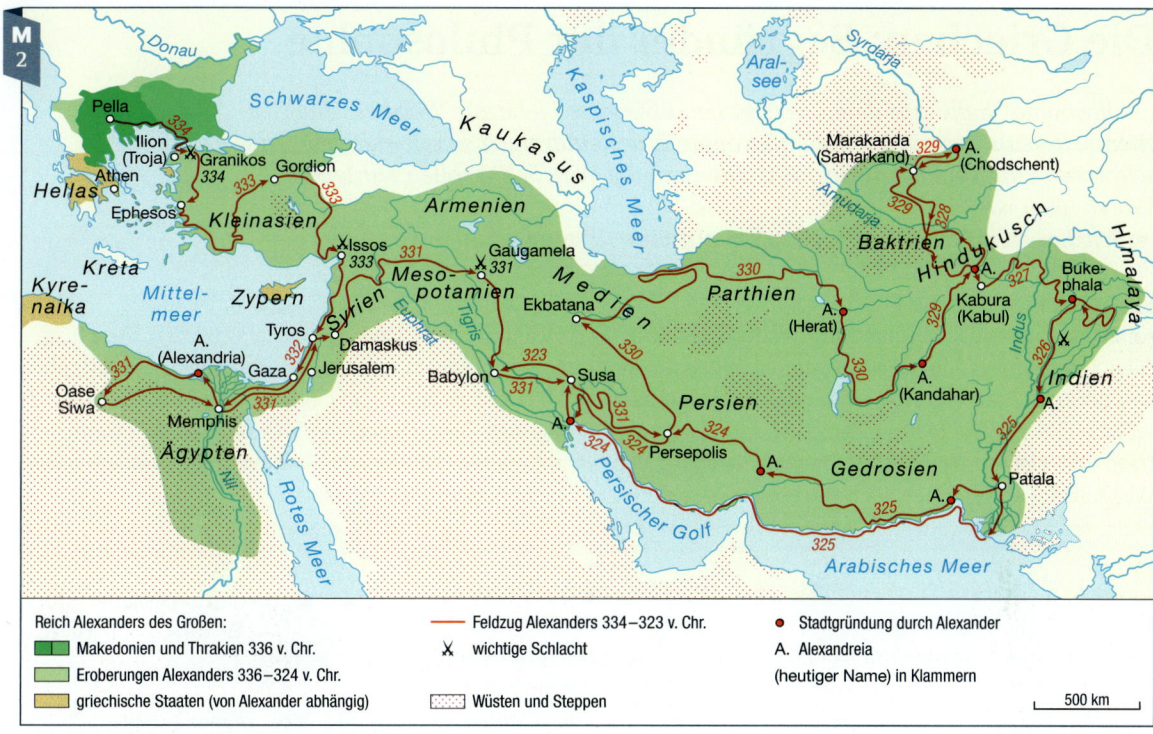

M2

Reich Alexanders des Großen:

Makedonien und Thrakien 336 v. Chr.

Eroberungen Alexanders 336–324 v. Chr.

griechische Staaten (von Alexander abhängig)

—— Feldzug Alexanders 334–323 v. Chr.

X wichtige Schlacht

Wüsten und Steppen

● Stadtgründung durch Alexander

A. Alexandreia

(heutiger Name) in Klammern

500 km

Der Zug Alexanders des Großen und die Ausdehnung seines Reichs

M3 **Zwei Urteile über Alexander**

A *Der griechische Geschichtsschreiber Diodor urteilte im 1. Jh. n. Chr.:*

In kurzer Zeit hat dieser König große Taten vollbracht. Dank seiner Klugheit und Tapferkeit übertraf er an Größe der Leistungen alle Könige, von denen die Erinnerung weiß. In nur zwölf Jahren hatte er
5 nämlich nicht wenig von Europa und fast ganz Asien unterworfen und damit zu Recht weitreichenden Ruhm erworben, der ihn den alten Heroen und Halbgöttern gleichstellte.

B *Der römische Philosoph Seneca schrieb im 1. Jh. n. Chr.:*

Den unglücklichen Alexander trieb seine Zerstörungswut sogar ins Unerhörte ... Nicht zufrieden mit der Katastrophe so vieler Staaten, die sein Vater Philipp besiegt oder gekauft hatte, wirft er die einen
5 hier, die anderen dort nieder und trägt seine Waffen durch die ganze Welt. Und nirgends macht seine Grausamkeit erschöpft Halt, nach Art wilder Tiere, die mehr reißen, als ihr Hunger verlangt.

Zit. nach Hans-Joachim Gehrke, Alexander der Große, München (C. H. Beck) 1996, S. 9 und S. 100f.

1 Wähle eine Aufgabe aus:

a) Partnerarbeit: Jeder notiert drei Fragen, auf die der Darstellungstext eine Antwort gibt. Stellt die Fragen eurem Partner, der die Antwort finden muss.

b) Vergleiche die abgebildete Karte mit einer modernen politischen Karte (siehe Atlas) und stelle fest, wie viele heutige Staaten Alexander beherrscht hätte. Nimm Stellung zur Frage, ob man von einem Weltreich sprechen kann.

2 a) Methode: Beschreibe M1 mithilfe der Arbeitsschritte „Bildquelle" (siehe S. 55).

b) Auf M1 haben beide Herrscher Blickkontakt. Was könnten sie in dem entscheidenden Moment der Schlacht gedacht haben? Schreibe ihre „Gedankenblasentexte" in dein Heft.

3 Die beiden Schriftsteller in M3 beurteilen Alexander unterschiedlich.

a) Stelle dar, wie sie ihr Urteil jeweils begründen.

b) Lies ergänzend den Darstellungstext und formuliere ein eigenes Urteil.

Webcode: FG2450006-119
Kartenanimation: Alexanderzug

Zusatzaufgabe: siehe S. 182

Die Griechen: Begründer der Philosophie

„Philosophie" heißt aus dem Griechischen übersetzt Liebe zur Weisheit. Die Griechen gelten als Begründer der Philosophie. Vor keiner noch so schwierigen Frage schrecken Philosophen zurück: Wie entstand die Welt? Wie sollen wir leben? Wie denken wir?
- *Wie haben griechische Philosophen auf diese Fragen geantwortet?*

Eine neue Sicht auf die Welt

Anfangs prägten die Mythen* das Weltbild der Griechen: Erscheinungen in der Natur wurden mit dem Wirken der Götter erklärt. Aber schon im 6. Jahrhundert v. Chr. stellten einige Philosophen diese Auffassung in-
5 frage und suchten die Ursache für die Entstehung der Welt und der Menschen in der Natur selbst. Sie beriefen

sich dabei auf ihre Beobachtungen und auf logisches Denken (griech. logos = Sprache, Vernunft). Viele Bürger in Griechenland lehnten die Tätigkeit der Philosophen
10 zunächst als nutzlos, gefährlich und gottlos ab. Langfristig aber überzeugten die Erkenntnisse die Menschen, sodass die Philosophen ab dem 4. Jahrhundert immer mehr Schüler um sich versammelten.

Wie sich diese griechischen Philosophen vielleicht vorgestellt hätten:

Sokrates (470–399 v. Chr.):
„Ich weiß, dass ich nichts weiß." Das ist mein Motto. Ich beschäftige
5 mich vor allem mit der Frage, was „richtiges" und was „falsches" Handeln ist. Meinen Mitmenschen stelle ich unbequeme Fragen. Da-
10 durch erkennen sie selbst Widersprüche in ihrem Denken und kommen zu neuen Erkenntnissen. Mit meinen Reden errege ich in der Öffentlichkeit viel Aufmerksamkeit.
15 Man wirft mir vor, die Jugend verführt und zum Aufruhr überredet zu haben. Deshalb bin ich von den Athenern zum Tode verurteilt worden. Obwohl ich fliehen könnte,
20 werde ich den Becher mit dem Gift der Schierlingspflanze trinken.
Verfassertext.

Platon (427–347 v. Chr.):
Ich bin einer der Schüler von Sokrates und habe die Gespräche meines Lehrers aufgezeichnet.
Meiner Meinung nach führt nur Nachdenken zur wahren Erkenntnis. Alles, was ich mit den menschlichen Sinnen wahrnehmen kann,
10 ist dagegen trügerisch und lenkt nur ab. Damit ich mit meinen Schülern ungestört diskutieren kann, habe ich vor den Stadttoren Athens als erster Philosoph eine
15 eigene Schule gegründet. Hier befasse ich mich auch mit der Frage, welcher Staat für die Menschen am besten ist. Ich bin überzeugt, dass es irgendwann einmal die
20 ideale Polis geben wird.
Verfassertext.

Aristoteles (384–322 v. Chr.):
Ich bin Platons Schüler. Nach seinem Tod habe ich in Athen eine
5 eigene Schule gegründet und eine Bibliothek aufgebaut. Im Gegensatz zu Platon glaube ich an die Macht der Wirk-
10 lichkeit. Wir müssen alle Dinge und Lebewesen genau beobachten und ihre Eigenschaften beschreiben, dann kommen wir zu neuen Erkenntnissen. Ich habe als erster
15 Mensch versucht, alles, was es in der Natur gibt, zu erfassen und zu ordnen. Ich gelte deshalb als Vater der Tier- und Pflanzenkunde. Außerdem beschäftige ich mich mit
20 den Gesetzen, nach denen unser Denken funktioniert, mit der Frage nach der besten Verfassung sowie mit der Dicht- und Redekunst.
Verfassertext.

1 Gib die „Kerngedanken" der Philosophen mit eigenen Worten wieder.
2 Diskutiert über folgende Frage: „2500 Jahre nach Sokrates, Platon und Aristoteles – wirken die Erkenntnisse dieser Philosophen bis heute weiter?"
   Tipp: Berücksichtigt dabei eure Unterrichtsfächer.

 Transkulturalität

900 v. Chr.	800 v. Chr.	700 v. Chr.	600 v. Chr.	500 v. Chr.	400 v. Chr.

um 900–700
Bildung von griechischen Stadtstaaten (Poleis)

um 750–550
Gründung von griechischen Kolonien rund um das Mittelmeer und am Schwarzen Meer

500
Athen führende See- und Handelsmacht im Mittelmeer

334–323
Alexander von Makedonien schafft ein Weltreich

5. und 4. Jahrhundert
Athenische Demokratie; Blütezeit der Kunst, Philosophie und des Theaters in Athen

Die Welt der Griechen

Zusammenleben im Stadtstaat

Auch im antiken Griechenland beeinflusste die Landschaft die Lebensbedingungen der Menschen und die Form ihres Zusammenlebens. Die Gebirgslandschaft und die starke Zergliederung der Küsten förderten die Ent-
5 stehung kleiner selbstständiger Herrschaftsgebiete (Stadtstaaten = Poleis, Einzahl: Polis).
Obwohl sich die Griechen aus verschiedenen Volksgruppen zusammensetzten, fühlten sie sich zusammengehörig. Eine gemeinsame Sprache und Schrift trugen
10 dazu bei. Verbindend wirkten auch Homers Versdichtungen, die Ilias und Odyssee: Sie prägten die Vorstellung der Griechen von ihren Göttern. Zur Verehrung der Götter trafen die Griechen an gesamtgriechischen Heiligtümern zusammen: In Olympia z. B. führten sie alle vier
15 Jahre Wettkämpfe zu Ehren des Zeus durch, die Olympischen Spiele.
Vom 8. bis zum 6. Jahrhundert v. Chr. gründeten viele Stadtstaaten an den Küsten des Mittelmeeres und Schwarzen Meeres Kolonien. Diese entwickelten sich
20 nach dem Vorbild ihrer Mutterstädte, waren aber unabhängige Poleis. Die griechische Sprache und Kultur verbreiteten sich durch die Kolonisation in Europa.

Athenische Demokratie und Gesellschaft

Zu den bekanntesten Stadtstaaten gehörte Athen. Ur-
25 sprünglich herrschten dort wie in vielen anderen Poleis Könige (Monarchie), dann Adlige (Aristokratie). Ausgelöst durch Krisen, führten mehrere Reformen zu einer völlig neuen Herrschaftsform: der Demokratie (Volksherrschaft). Wichtige Anstöße gingen von den Adligen
30 Solon, Kleisthenes und schließlich Perikles aus. Um 450 v. Chr. war diese Entwicklung weitgehend abgeschlossen.
In der athenischen Demokratie verfügten alle männlichen Bürger über die gleichen politischen Mitsprache-
35 rechte. Sie trafen in der Volksversammlung politische Entscheidungen und jeder Bürger hatte Zugang zu politischen Ämtern. Die meisten Ämter wurden im Losverfahren vergeben. Tagegelder (Diäten) sorgten dafür, dass sich auch ärmere Bürger an der Politik beteiligen konn-
40 ten. Mit dem Scherbengericht konnten Bürger verbannt werden.
Frauen, Fremde (Metöken) und Sklaven hatten keine politischen Rechte. Sie bildeten die Mehrheit der Bevölkerung. Frauen lebten meist unter der Vormundschaft
45 ihres Ehemannes zurückgezogen im Haus. Metöken bestimmten als Händler oder Handwerker das wirtschaftliche Leben. Sie trugen dazu bei, dass Athen zur führenden Handelsmacht in Griechenland aufstieg. Sklaven waren rechtlich auf eine Stufe mit Tieren gestellt. Oft
50 waren sie im Haushalt oder in Wirtschaftsbetrieben tätig, schlimmstenfalls mussten sie in Bergwerken arbeiten. Die Gesellschaft in Athen war damit von Ungleichheit gekennzeichnet.

Griechische Kultur

55 Der wirtschaftliche Aufschwung Athens begünstigte eine kulturelle Blütezeit. Im 5. Jahrhundert entwickelte sich Athen zum Zentrum für Künste und für die Philosophie. Im ersten Theater Griechenlands, das unterhalb der Akropolis lag, wetteiferten Dichter um den Preis für
60 das beste Theaterstück. Die erhaltenen Tempel, Statuen, Reliefs oder Vasenbilder aus Athen belegen die große Kunstfertigkeit der Griechen.

In diesem Kapitel konntest du folgende Kompetenzen erwerben:

- den Zusammenhang zwischen der Landschaft und der Entstehung von Stadtstaaten erklären
- die Olympischen Spiele und die Götterwelt hinsichtlich ihrer Bedeutung für die Griechen analysieren
- die Gesellschaft in Athen beschreiben und analysieren
- die Entstehung und Funktion der Demokratie in Athen erläutern
- die Möglichkeiten der politischen Beteiligung in der

  athenischen Demokratie bewerten
- den Einfluss der griechischen Kultur auf die heutige Welt beurteilen
- **Methode:** Eine Geschichtskarte auswerten
- **Methode:** Ein Kunstwerk entschlüsseln
- **Methode:** Eine schriftliche Quelle untersuchen

M 1

Die Akropolis in Athen heute, Foto, o. J. Auf der Akropolis ist der größte Tempel, der Parthenontempel (1), gut zu erkennen. Er war der Göttin Athene geweiht. Den Eingang der Akropolis bilden die Propyläen, eine Torhalle (2). Unten ein Theater aus römischer Zeit (3).

M 2

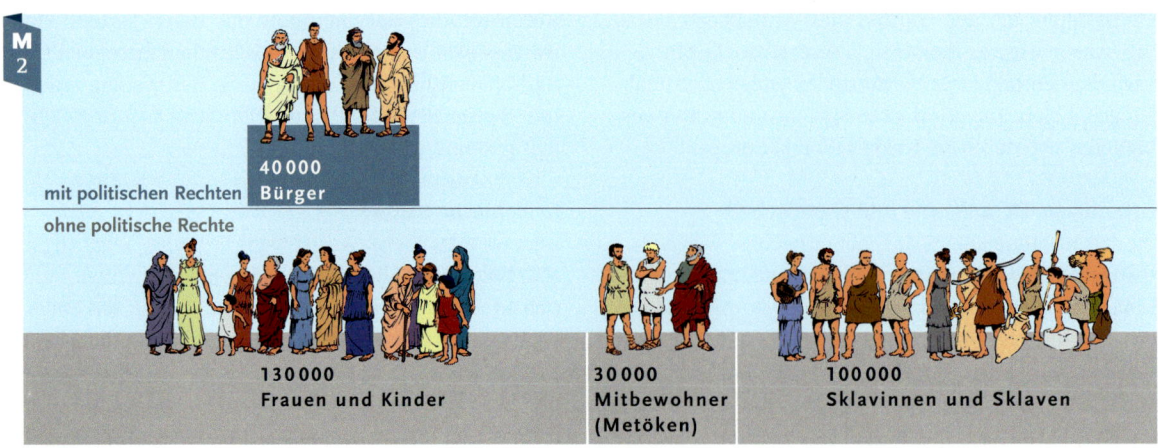

mit politischen Rechten **40 000 Bürger**

ohne politische Rechte

130 000 Frauen und Kinder   **30 000 Mitbewohner (Metöken)**   **100 000 Sklavinnen und Sklaven**

Die Gesellschaft der Polis Athen um 430 v. Chr.

M4 **Herakleides, ein Tourist aus dem 3. Jh. v. Chr., beschreibt seine Eindrücke von Athen:**

Der Weg [dorthin] ist angenehm, führt ganz durch angebautes Land und bietet herzerfreuenden Ausblick. Die Stadt ist ganz trocken, gar nicht gut mit Wasser versehen, von winkligen Straßen unschön
5 durchschnitten, da in alter Zeit erbaut. Die meisten Häuser sind geringwertig, nur wenige höheren Anforderungen entsprechend; kaum dürfte ein Fremder beim ersten Anblick glauben, dass dies die „Stadt der Athener" sei; nach kurzer Zeit aber wird er es
10 wohl glauben. So ist dort das Schönste auf Erden: ein Theater, der Beachtung wert, groß und bewunderungswürdig; ein prachtvolles Heiligtum der Athena, der Welt entrückt, sehenswert, der Parthenon, über dem Theater gelegen. Großen Eindruck macht er auf
15 die Beschauer.

Die Reisebilder des Herakleides, I,1, hg. und übers. v. Friedrich Pfister, Wien (Rudolf M. Rohrer) 1951, S. 73.

M5 **Ordne richtig zu:**

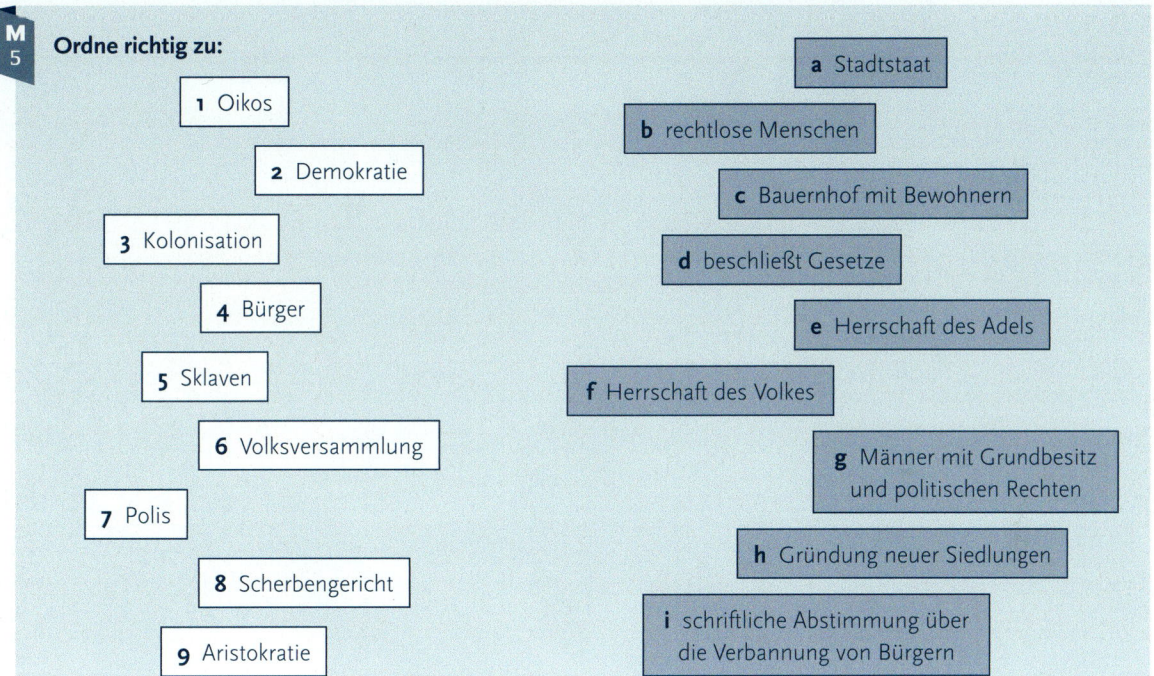

1 Oikos
2 Demokratie
3 Kolonisation
4 Bürger
5 Sklaven
6 Volksversammlung
7 Polis
8 Scherbengericht
9 Aristokratie

a Stadtstaat
b rechtlose Menschen
c Bauernhof mit Bewohnern
d beschließt Gesetze
e Herrschaft des Adels
f Herrschaft des Volkes
g Männer mit Grundbesitz und politischen Rechten
h Gründung neuer Siedlungen
i schriftliche Abstimmung über die Verbannung von Bürgern

Sachkompetenz

1 Erkläre ausgehend von M1 die Bedeutung der Akropolis für die Polis Athen und zähle weitere äußere Merkmale einer Polis auf.
2 **a)** Ordne die Begriffe aus M5 den richtigen Erklärungen zu.
  b) Wähle drei Begriffe aus und erkläre diese genauer.
3 Beschreibe den Aufbau der Gesellschaft der Polis Athen mithilfe von M2.

Methodenkompetenz

4 **Methode:** Untersuche M4 mithilfe der Arbeitsschritte S. 101.

Urteilskompetenz

5 Verfasse eine eigene Reisebeschreibung für das antike Athen.
  Tipp: Du kannst M4 einfach fortsetzen.
6 **Wähle eine Aufgabe aus:**
  Notiere deine Meinung über die Herrschaftsform der athenischen Demokratie
  a) im Vergleich mit anderen Herrschaftsformen damals (Ägypten, Griechenland),
  b) im Vergleich mit der heutigen Herrschaftsform in Deutschland (Wahlen, Volksversammlung).
7 Stelle in einer Mindmap alle Bereiche zusammen, in denen wir heute von der griechischen Antike beeinflusst sind.

Griechische Antike
Theater

Webcode: FG2450006-123
Selbsteinschätzungsbogen

5
Das Römische Reich

Ganz Rom ist auf den Beinen, um seinen siegreichen Feldherrn zu feiern. Im Triumphzug geht es über das Forum, den Mittelpunkt der Stadt. Hier befinden sich die prunkvollsten Bauwerke und Tempel. Oben auf dem Kapitol wird der Sieger im Jupitertempel den Göttern opfern. Die Soldaten haben Hunderte Gefangene gemacht. Sie werden als Sklaven verkauft. Gleich kommen die großen Karren mit der Kriegsbeute, dazu die wilden Tiere aus den eroberten Gebieten. Diesmal soll ein riesiges Tier mit langem Hals aus Africa dabei sein.

Was möchtest du genauer über dieses Ereignis wissen? Notiere deine Fragen.

Triumphzug über das antike Forum Romanum, Computergrafik, 2011

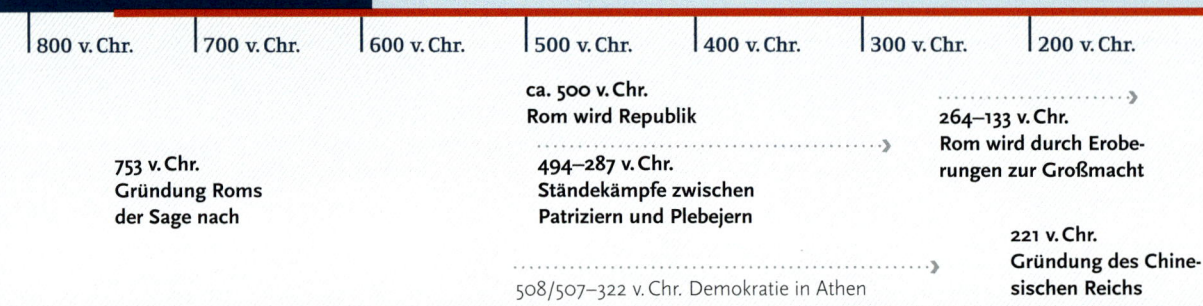

| 800 v. Chr. | 700 v. Chr. | 600 v. Chr. | 500 v. Chr. | 400 v. Chr. | 300 v. Chr. | 200 v. Chr. |

ca. 500 v. Chr.
Rom wird Republik

264–133 v. Chr.
Rom wird durch Erobe-
rungen zur Großmacht

753 v. Chr.
Gründung Roms
der Sage nach

494–287 v. Chr.
Ständekämpfe zwischen
Patriziern und Plebejern

221 v. Chr.
Gründung des Chine-
sischen Reichs

508/507–322 v. Chr. Demokratie in Athen

Das Römische Reich

Rom war lange Zeit eine kleine Stadt, vergleichbar mit
einer griechischen Polis. Doch anders als in Griechenland
wurde aus der kleinen Bauernsiedlung das Zentrum eines riesigen Weltreichs, das sich über drei Kontinente
5 erstreckte. Nur in Ostasien entstand zur gleichen Zeit
mit dem Chinesischen Reich ein ähnlich mächtiger Staat.
Das Römische Reich hat bis heute Spuren hinterlassen,
denn römische Lebensart und Kultur begegnen uns
noch immer: Einige von euch lernen die Sprache der
10 Römer im Unterrichtsfach Latein. Wir schreiben mit
lateinischen und nicht mit griechischen Buchstaben. Unsere Monatsnamen und unser Kalender sind römischen
Ursprungs. Wusstet ihr, dass viele unserer heutigen
Obstsorten von den Römern zu uns gebracht wurden?
15 Unser Gerichtswesen und unsere politische Sprache enthalten viele Begriffe aus römischer Zeit.
In diesem Kapitel kannst du folgende Fragen untersuchen:

- Wie organisierten die Römer ihr Zusammenleben?
20 - Welche Konflikte mussten sie lösen?
- Wie sah der Alltag im Römischen Reich aus?

Italien um 480 v. Chr.

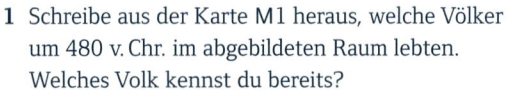

1 Schreibe aus der Karte M1 heraus, welche Völker
   um 480 v. Chr. im abgebildeten Raum lebten.
   Welches Volk kennst du bereits?
2 **Partnerarbeit:** In M2–M4 sind „Spuren" des Römischen Reichs abgebildet:
   a) Besprecht, welche Spuren euch bereits begegnet
   sind (z. B. bei einem Museumsbesuch, Film, Büchern,
   Spielen).
   b) Notiert in Stichworten: Was wissen wir schon
   darüber? Was möchten wir noch wissen?

| 100 v. Chr. | Christi Geburt | 100 n. Chr. | 200 n. Chr. | 300 n. Chr. | 400 n. Chr. | 500 n. Chr. |

44 v. Chr.
Ermordung Caesars

117 n. Chr.
Größte Ausdehnung
des Römischen Reichs

391 n. Chr.
Christentum wird
Staatsreligion im
Römischen Reich

476 n. Chr.
Ende des Weströmischen
Reichs

27 v. Chr.–14 n. Chr.
Kaiser Augustus – Rom
wird zum Kaiserreich

Der Hafen von Puteoli (heute Pozzuoli) in der Bucht von Neapel, römisches Fresko, 1. Jh. n. Chr.

Amphitheater der römischen Stadt Thysdrus (heute El Djem, Tunesien), 1. Jh. n. Chr. Es war mit 35 000 Plätzen das drittgrößte des Römischen Reichs.

Kinder haben sich im Limesmuseum in Aalen mit Kleidung und Helm römischer Legionäre verkleidet, Foto, undatiert

Wie ist Rom entstanden?

„Sieben-fünf-drei – Rom kroch aus dem Ei" heißt es in einem bekannten Vers.
- *Was haben heutige Wissenschaftler über die Entstehung Roms herausgefunden?*
- *Welche Geschichten erzählten sich die alten Römer über die Gründung ihrer Stadt?*

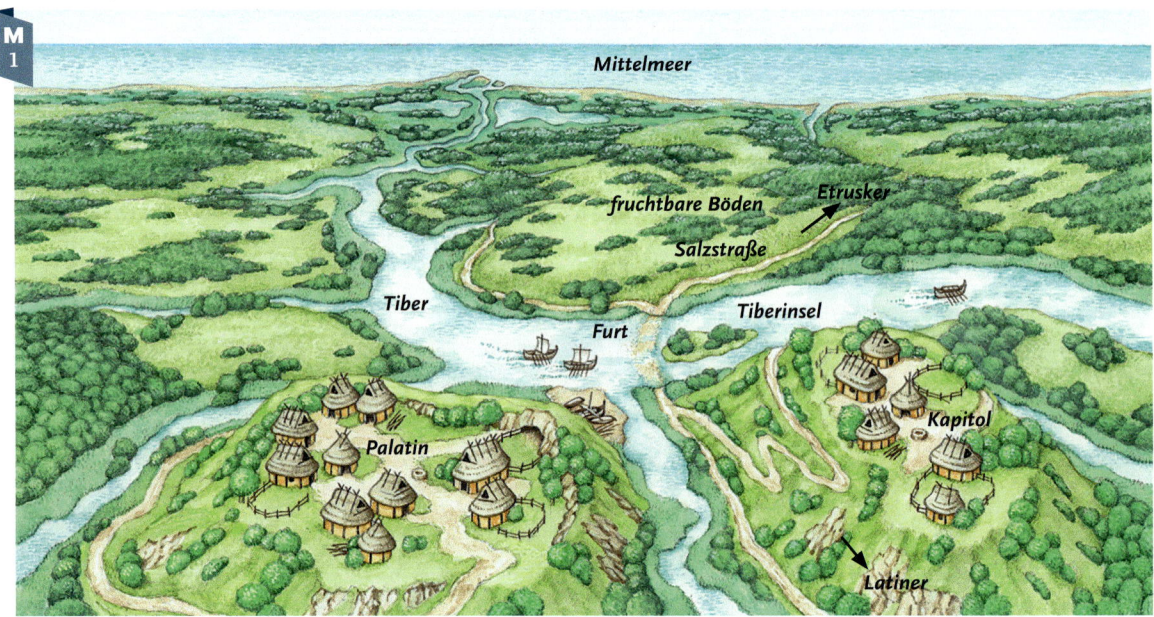

So sah die Gegend aus, in der Rom entstand. Nach heutigen Funden siedelten auf den beiden Hügeln die ersten Bewohner, Rekonstruktionszeichnung, 2014

Roms Entstehung aus Sicht der Sage

In Rom erzählte man sich gerne die Sage über die Gründung der Stadt im Jahr 753 v. Chr., wie du sie rechts nachlesen kannst. Um besondere Bedeutung in der Stadt zu erlangen, führten adlige Familien ihren Ursprung auf
5 berühmte Helden der Vergangenheit oder auf Göttinnen und Götter zurück. Das erscheint uns heute merkwürdig, aber im Altertum hielten es die Menschen für möglich, göttliche Vorfahren zu haben. Die Erzählung von einem gemeinsamen Ursprung und der Zusammengehörigkeit
10 einer bestimmten Gruppe nennen wir einen Gründungsmythos*.

Wohnhaus aus Lehm und Stroh der ersten Bewohner Roms, Rekonstruktionszeichnung

Roms Entstehung aus Sicht der Archäologen

Um 1000 v. Chr. siedelten an der Stelle der späteren Stadt Rom die Völker der Sabiner und Latiner. Sie waren
15 Hirten und Bauern. Der Boden war fruchtbar und der Tiber ließ sich leicht durchqueren. Auf dem Handelsweg am Flussufer wurde das kostbare Salz vom Mittelmeer ins Hinterland transportiert. Allmählich wurde die Siedlung zu einem beliebten Handelsplatz, der durch einen
20 Graben und einen einfachen Wall geschützt wurde.
Um 700 wanderte das Volk der Etrusker ein. Die Etrusker brachten eine andere Lebensweise mit und sprachen eine ganz andere Sprache. Sie bauten Häuser aus Stein und Ziegeln und waren Fachleute für Wassertechnik. Die
25 Etrusker importierten Kunstgegenstände aus Ägypten wie aus Griechenland und beherrschten neue Verfahren der Metallverarbeitung. Um 600 v. Chr. legten die Etrusker die tiefer gelegenen Gebiete am Tiber trocken und bauten ein Forum, einen prächtigen Marktplatz, als
30 Stadtmittelpunkt. Sie schützten die Stadt durch eine neue Mauer.

Römische Wölfin, etruskische Bronzeplastik, um 500 v. Chr., Höhe 75 cm, Museo Palazzo dei Conservatorii, Rom. Die Plastik stand auf dem wichtigsten Hügel der Stadt, dem Kapitol. Die Zwillinge Romulus und Remus wurden erst um 1500 n. Chr. hinzugefügt. Nach neueren Metallanalysen könnte die gesamte Plastik erst viel später herge- stellt worden sein.

Die Gründungssage der Stadt Rom

So hätten ein Römer oder eine Römerin die Sage über die Gründung ihrer Stadt erzählt:

Unser Stammvater ist Äneas, einer der berühmten Helden Trojas. Sein Vater war Anchises, seine Mutter die Göttin Aphrodite. Hier in Italien nennen wir sie Venus. Als Troja dem Untergang nahe war, floh
5 Äneas mit seinem Vater aus der Stadt. Nach langen Wochen auf See gelangten sie nach Karthago. Die karthagische Königin Dido verliebte sich in Äneas und tat alles, um ihn in ihrer Stadt zu halten. Aber Äneas wollte weiter segeln. Aus lauter Verzweiflung
10 beging Dido Selbstmord. Das haben uns die Kartha- ger sehr übel genommen.
Schließlich landeten Äneas und Anchises in Italien – ziemlich genau da, wo sich heute der Hafen unse- rer Stadt Rom befindet. Dort lebte damals das Volk
15 der Latiner. Ihr Gebiet nannten sie Latium. Äneas heiratete eine Tochter des Königs, und ihre Nach- kommen herrschten viele Generationen über Latium. Eines Tages gerieten zwei Königssöhne in Streit, wer der neue König werden sollte. Der Sohn ohne An-
20 spruch auf den Thron vertrieb seinen Bruder und

dessen Tochter Rea Silvia. Er bestimmte, dass Rea Silvia Priesterin werden solle und damit unverheira- tet und kinderlos bliebe. Da schritt Mars ein, der Gott der Landwirtschaft und des Krieges. Er zeugte
25 mit Rea die Zwillinge Romulus und Remus. Als der unrechtmäßige König davon erfuhr, ließ er die Zwil- linge in einem Korb auf dem Tiber aussetzen. Der Korb wurde jedoch am Fuß des Palatin ange- schwemmt. Vom jämmerlichen Geschrei angelockt,
30 trug eine Wölfin die Kleinen weg und säugte sie, bis ein Hirte die Jungen fand und aufzog.
Als Romulus und Remus Jahre später von ihrer Her- kunft erfuhren, töteten sie den unrechtmäßigen Kö- nig und gründeten auf dem Palatin eine Stadt. Bald
35 stritten auch Romulus und Remus um die Oberherr- schaft. Romulus ließ eine Mauer um das Stadtgebiet errichten, die Remus lachend übersprang, um seinen Bruder zu ärgern. Voller Wut tötete Romulus seinen Bruder und schrie: „So soll es jedem ergehen, der
40 über die Mauern dieser Stadt steigt." Also wurde Ro- mulus zum Gründer und Namensgeber unserer Hauptstadt.
Verfassertext

---

1 Betrachte M1 und M2. Nenne Gründe für einen Sied- lungsplatz an dieser Stelle.

2 Lies die Gründungssage Roms (M4) und teile sie in Sinnabschnitte.

3 **Wähle eine Aufgabe aus:**
   a) Erzähle die Gründungssage Roms (M4) mit eigenen Worten nach.
   b) Notiere deine Vermutungen: Welche Wirkung sollte der Gründungsmythos auf Gegner Roms haben?

4 Vergleiche die Aussagen der Archäologie (Darstel- lungstext Z. 12–31) mit der Gründungssage der Stadt Rom (M4).

5 Betrachtet gemeinsam M3 und besprecht, welche Dinge seltsam erscheinen (z. B. die Größenverhältnis- se oder Haltung und Aussehen von Romulus und Re- mus).

6 Beantworte die in der Überschrift dieser Doppelseite gestellte Frage aus heutiger Sicht.

Ist eine „familia" eine „Familie"?

Heute stellen wir uns unter einer Familie meistens Mutter, Vater und Kinder vor, auch wenn sich diese Auffassung in letzter Zeit stark verändert hat. In der alt-römischen Gesellschaft lebten Eltern und Kinder in einer „familia" ebenso unter einem Dach.

• Was unterschied eine römische „familia" von heutigen Formen der Familie?

Szenen aus dem Leben eines römischen Kindes, Relief, um 150 n. Chr.

Die Bedeutung des pater familias

Der wichtigste Bereich im Zusammenleben war bei den Römern die Hausgemeinschaft der „familia". Darin besaß der Familienvater (pater familias) eine herausragende Stellung. Als Hausvater herrschte er über alle Dinge und
5 Personen seiner „familia", einschließlich seiner Ehefrau. Auch für die religiöse Erziehung und die Opfer für die Götter war er verantwortlich. Kein Gesetz schränkte seine Gewalt ein. Wer gegen die Entscheidungen des pater familias aufbegehrte, der verstieß gegen die Sitten der
10 Vorväter, die man stets zu achten hatte. Nach dem Tod des Familienvaters wurde der älteste Sohn zum neuen Familienoberhaupt.

Wer gehörte zur römischen „familia"?

Zur römischen „familia" zählten nicht nur Vater, Mutter
15 und Kinder, sondern auch Sklaven und Klienten*. Die meisten Sklaven waren Kriegsgefangene aus den Eroberungszügen Roms. In selteneren Fällen konnten auch Menschen, die ihre Schulden nicht mehr bezahlen konnten, zu Sklaven werden. Sklaven arbeiteten in Haushalten, als Handwerker und in der Landwirtschaft. Ein pater
20 familias konnte seine Sklaven freilassen. Deren Kinder durften dann römische Soldaten werden. Klienten waren von der Familie abhängige Menschen wie Handwerker und andere Arbeiter. Sie lebten außerhalb des Hauses.
25 Der Hausherr sicherte den Lebensunterhalt der Klienten

und lieh ihnen in Notlagen Geld oder Lebensmittel. Bei Streitigkeiten vertrat der Hausherr seine Klienten vor Gericht. Er war ihr Beschützer (= Patron). Als Gegenleis-
30 tung stimmten die Klienten bei Abstimmungen in der Stadt für ihren „pater familias". Je mehr Klienten ein Hausherr im alten Rom besaß, desto höher war sein gesellschaftliches Ansehen.

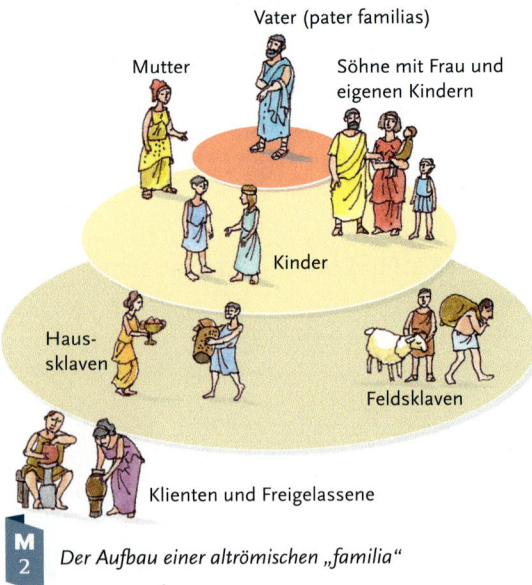

Der Aufbau einer altrömischen „familia"

Das Leben der Kinder in der römischen „familia"

Kam ein Kind zur Welt, legte die Hebamme das Neugebo-
35 rene auf den Boden. Hob der pater familias das Kind auf
den Arm, zeigte er damit, dass er es anerkannte. Ein miss-
gebildetes Kind konnte ausgesetzt oder getötet werden.
Die Kinder unterstanden lebenslänglich der Hausgewalt
des Vaters. Solange er lebte, hatten die Söhne keinen
40 Anspruch auf eigenen Besitz. Er bestimmte über die Erziehung, die Berufswahl und die Eheschließung seiner
Kinder. Zudem musste er für den militärischen Schutz der
Mitglieder seiner Familia sorgen. Im Extremfall durfte der
pater familias Angehörige mit dem Tode bestrafen. Das
45 musste er allerdings gegenüber den anderen Verwandten
in einem Hausgericht rechtfertigen. Söhne und Töchter
konnten nur vom Vater aus der Hausgemeinschaft entlassen werden. Dieser Akt hieß „emancipatio" (= aus der
väterlichen Hand entlassen).

Formen der Eheschließung im alten Rom

50 Bei der Eheschließung gab es zwei Formen. Bei der älteren Form übernahm der Ehemann das Erbe der Frau. Nur
wenn die Frau keine Kinder bekommen konnte oder
Ehebruch beging, konnte die Ehe gelöst werden. In spä-
55 teren Formen der Eheschließung blieb die Ehefrau rechtlich unter der Gewalt ihres Vaters. Eine Scheidung war
ebenfalls möglich, wenn einer der Ehepartner diese er-
klärte. In solch einem Fall erhielt die Frau das in die Ehe
mitgeführte Vermögen zurück.

Quintus, ein (erfundener) römischer Junge, stellt sich vor:

Ich bin Quintus. Ich bin schon zwölf Jahre alt!
Meine Geschwister sind schon aus dem Haus.
Mein Bruder Lucius ist 17. Er war ein Jahr bei
meinem Großvater Gaius Aemilius, das ist der
5 Vater meiner Mutter. Großvater hat Lucius in die
Politik Roms eingeführt. Bald wird Lucius seinen
Wehrdienst beginnen. Wenn Großvater etwas von
den Taten unserer Vorfahren erzählt, höre ich gerne zu. Auch mit meinem Hauslehrer würde ich
10 gerne solche Erzählungen lesen. Doch der hat
mir Texte über Viehzucht vorgelegt, ausgesucht
vom Vater. So etwas Langweiliges! Aber gegen Vaters Hausgewalt kommt halt keiner an. Wenn ich
doch bloß erst so alt wäre wie Lucius. Vor zwei
15 Jahren durfte er am Altar, der unseren Familien-
gottheiten geweiht ist, seine Kindertoga ablegen.
Meine Schwestern Romilia und Claudia sind
schon verheiratet. Meine dritte Schwester Caecilia
ist Priesterin im Vestatempel und darf daher nicht
20 heiraten. Aber alle sind stolz auf sie, auch unsere
Sklaven und Klienten.

Verfassertext

Cornelia, eine (erfundene) Römerin, stellt sich vor:

Ich bin die Frau von Marcus Romilius. Seit zwanzig Jahren sind wir verheiratet. Mein Vater, Gaius
Aemilius, hatte mit seinem Vater die neue Form
der Eheschließung vereinbart. Deshalb unter-
5 stehe ich nicht der Verfügung meines Mannes,
sondern der meines Vaters. So kann ich meine
schöne Mitgift – das Vermögen, das ich von meinen Eltern für die Ehe erhalten habe – zurückver-
langen, wenn Marcus und ich uns trennen soll-
10 ten. Im Haus gibt es für mich viel zu tun, obwohl
nur noch Quintus, der Jüngste, bei uns lebt. Ich
bin für den Speisezettel verantwortlich und beauf-
sichtige die Köchin beim Brotbacken. Von meiner
Mutter habe ich gelernt, wie man webt und
15 spinnt. Hätte ich doch nur nicht so viel Arbeit
damit, die Vorräte der Gutswirtschaft zu verwalten: Mehl, Eier und Unmengen von Trockenobst!
Jupiter sei gedankt, dass Marcus mir nicht viel
hineinredet. Nur sparsam muss ich sein. Aus
20 dem Haus gehe ich nicht so oft wie mein Mann.

Verfassertext

1 Beschreibe anhand des Darstellungstextes die Stellung des pater familias in der römischen „familia".

2 Zeichne das Schaubild M2 in dein Heft ab. Trage
Pfeile und Stichworte ein, die die Rechte und Pflichten der einzelnen Mitglieder der „familia" zeigen.

3 **Wähle eine Aufgabe aus:**
Gib Vor- und Nachteile des Klientelwesens wieder:
a) aus Sicht des Patrons   **b)** aus Sicht des Klienten

4 **a)** Beschreibe mittels M1 und M3 das Leben
der Kinder in der römischen „familia".
b) Gruppenarbeit: Betrachtet M1 und stellt die
Szene in einem Standbild nach (siehe S. 190).

5 Erläutere mithilfe von M2 und M4 die Stellung
der Ehefrau Cornelia in der römischen „familia".
Vergleicht sie mit der des pater familias.

6 Besprecht: Ist eine „familia" eine „Familie"?

Was hielt die römische Gesellschaft zusammen?

„Res publica" – aus dem Lateinischen übersetzt heißt das „öffentliche Angelegen-heit". So nannten die Römer ihren Staat. Aber war dieser Staat wirklich eine Sache des ganzen Volkes?

- *Auf dieser Doppelseite findest du heraus, was den Römern wichtig war und zu welchen Konflikten es in ihrer Republik kam.*

Das Gemeinschaftsgefühl der Römer

Alle Römer waren überzeugt, dass die Tüchtigkeit ihrer Vorfahren Rom groß und bedeutend gemacht hatte. In der Frühzeit Roms waren alle Einwohner Bauern. Sie mussten hart arbeiten und sparsam wirtschaften. Der
5 vornehme wie der einfache Römer sollte von der Land-wirtschaft leben. Handel und Geldgeschäfte galten als unehrenhaft. Selbst als in späteren Jahrhunderten Rom unermesslich reich wurde, Männer und Frauen in kost-barer chinesischer Seide gekleidet und mit Schmuck be-
10 hängt waren, betonten Politiker in ihren Ansprachen immer noch das Ideal der einfachen und sparsamen Lebensweise aus der Frühzeit. Die Römer versuchten mehrfach durch neue Gesetze den Hang zum Luxus ein-zudämmen. Dies erwies sich jedoch als wirkungslos.

15 Die Bedeutung der Religion

Die Römer verehrten – wie die Griechen – viele Götter. Oft waren es dieselben, nur mit lateinischen Namen. Römische Familien besaßen einen Hausaltar in Form eines Wandbildes oder eines Steinsockels. Hier wurden
20 das Hausfeuer umsorgt und die Hausgötter verehrt. Auch die Büsten der Vorfahren standen dort neben einer Statue des Stammvaters Äneas.
Die Religion berührte viele Lebensbereiche der Römer. So befragten sie beispielsweise vor einem Kriegszug die
25 Götter. Die dafür zuständigen Auguren waren römische Beamte, die bestimmte Zeichen wie den Vogelflug deu-teten, um den Willen der Götter zu erfassen. Anhand des Fluges und des Geschreis eines Vogels überprüften sie, ob die Götter mit einem geplanten Unternehmen einver-
30 standen waren. Mit Trank- oder Tieropfern und Gaben von Feldfrüchten sollten die Götter außerdem gnädig gestimmt werden. Öffentliche Kulte dienten dem Erfolg im Leben, der Abwehr von Unheil oder der Wiedergut-machung von Schuld.

35 Kämpfe zwischen Patriziern und Plebejern

Etruskische Könige herrschten ab 600 v. Chr. für rund 100 Jahre über Rom. Dann vertrieben adlige Römer, die Pferde und Waffen besaßen, den etruskischen Herr-scher. Diese adligen Römer, auch Patrizier* genannt,
40 teilten Macht und Besitz unter sich auf und besetzten die hohen Ämter in Staat, Religion und Militär. Ihre Herrschaftsform bezeichneten sie als Republik*.
Um 500 v. Chr. hatte die „res publica" 35 000 männliche Bewohner und beherrschte ein Gebiet von rund 60 Kilo-
45 metern nach Süden. Im Krieg mussten die nichtadligen Bewohner, die Plebejer*, als Soldaten zu Fuß aufbre-chen, ihre Waffen selbst herstellen oder kaufen und ihre Höfe und Werkstätten im Stich lassen. Da die Plebejer nur einfache Bauern, Handwerker oder Händler waren,
50 verschuldeten sie sich für den Kriegsdienst bei den rei-chen Patriziern. Als im 5. Jahrhundert v. Chr. die römi-schen Gesetze im „Zwölftafelgesetz" niedergeschrieben wurden, verbesserte sich ihre rechtliche Situation und sie bekamen Anspruch auf ein Stück Land aus den
55 Eroberungen. Dennoch kam es zwischen 494 und 287 v. Chr. zu ständigen Auseinandersetzungen zwi-schen Patriziern und Plebejern. Schritt für Schritt er-reichten dabei die Plebejer eine Beteiligung an der Macht.

Hausaltar einer römischen Familie aus Pompeji mit Stein- und Gipsbüsten der Vorfahren, Foto, 2004

 Gesellschaft und Recht

Münze mit der Göttin Concordia (= Eintracht), 42 v. Chr.

 Menenius Agrippa in einer Rede (494 v. Chr.):
Die Plebejer verweigerten den Wehrdienst und forderten einen Erlass der Schulden. Menenius Agrippa war von den Patriziern als Vermittler zu den Plebejern geschickt worden.

Früher war im Menschen noch nicht alles so perfekt wie heute. Jeder Körperteil hatte seinen eigenen Willen und seine eigene Sprache. Viele Körperteile ärgerten sich, dass sie nur für den faulen
5 Magen sorgen sollten, für ihn arbeiten und alles heranschleppen mussten. Der Magen tue doch nichts anderes, als sich an den mitgebrachten Dingen satt zu essen. Da fassten die anderen Körperteile folgenden Beschluss: Die Hände sollten
10 keine Nahrung mehr zum Munde führen, der Mund nichts annehmen und die Zähne nichts kauen. Da sie den Magen durch Hunger schwächen wollten, merkten sie bald, dass auch sie selber schwach und elend wurden. Da sahen sie ein,
15 dass der Magen nicht nur faul war. Wurde er ernährt, dann stärkte er durch sein Blut auch die anderen Körperteile.

Titus Livius, Ab urbe condita libri, Buch 2, 32. Zit. nach http://www.thelatinlibrary.com/Livy/liv.2.shtml (19.5.2014). Übers. d. Verf.

 Aus dem Zwölftafelgesetz (um 450 v. Chr.):
Lange Zeit wurden die Gesetze Roms nur mündlich überliefert. Das Zwölftafelgesetz war eine schriftliche Gesetzessammlung, die auf zwölf Tafeln auf dem Forum Romanum ausgestellt wurde, damit jeder die Gesetzestexte sehen konnte.

- Wer vor das Gericht gerufen wird, der muss hingehen ... Wenn er nicht geht, Ausflüchte macht oder fliehen will, soll er verhaftet werden.
5 • Wenn jemand ein Körperteil verstümmelt, soll der Täter das Gleiche erleiden oder sich mit dem Verletzten einigen.
- Hat jemand nachts einen Diebstahl begangen und wurde der Dieb dabei getötet, dann war
10 das rechtens.
- Hat das Gericht eine Geldschuld festgesetzt, hat der Schuldner 30 Tage Zeit zur Tilgung seiner Schuld.
- Zahlt der Schuldner seine Schuld nicht, kann
15 der Gläubiger ihn mit einem Strick fesseln und Fußfesseln mit 15 Pfund Gewicht anhängen.

Das Zwölftafelgesetz, Tafel 1 und 3. Zit. nach Rudolf Düll (Hg.), Das Zwölftafelgesetz, 3. Aufl., München (Heimeran) 1959. Übers. v. Rudolf Düll, bearb. v. Verf.

1 Untersuche anhand des Darstellungstextes und M1 die Bedeutung der Vorfahren für die Römer.
2 Gib die Rede M3 in eigenen Worten wieder.
3 Besprecht in der Klasse:
  a) Was hätte ein Patrizier zu dem Streik (M3) vermutlich gesagt?
  b) War der Streik der Plebejer deiner Meinung nach berechtigt?
4 Erkläre, warum auf der Münze M2 die Göttin Concordia abgebildet ist. Schreibe auf, was der Handschlag bedeuten könnte.

5 Wähle eine Aufgabe aus:
  a) Ein Athener besucht im 5. Jahrhundert v. Chr. Rom – was könnte er den Athenern nach seiner Rückkehr über Rom berichten?
  b) Ein Römer besucht im 5. Jahrhundert v. Chr. Athen – was könnte er den Römern nach seiner Rückkehr über das Scherbengericht erzählen?
  c) Informiere dich mithilfe des Darstellungstextes sowie M4 über das Zwölftafelgesetz. Erkläre, welche Folgen es für einen einfachen Plebejer hatte.

Webcode: FG2450006-133
Ständekämpfe

Ein Schaubild auswerten

In fast allen Staaten regelt heute eine Verfassung als „Grundgesetz" das Zusammenleben der Menschen. Auch im Römischen Reich gab es eine solche Ordnung. Um die Verfassung eines Staates darzustellen, verwenden Historiker häufig Schaubilder. Wie du ein solches Schaubild richtig entschlüsselst, erfährst du hier. Am Ende kannst du folgende Fragen beantworten:
- *Wie wurde die römische Republik regiert und verwaltet?*
- *Wie war die Macht verteilt?*

Der Senat

Der Senat war das Zentrum der politischen Ordnung, denn hier wurde über die Grundzüge der Politik sowie über Krieg und Frieden entschieden. Tagungsort des Senates war die „Curia" am Rande des Forum Romanum*.
5 Im Senat saßen 300 (später 600) Männer der einflussreichen Patrizierfamilien. Ab 300 v. Chr. durften auch wohlhabende Plebejer Senatoren* werden.

Die Magistrate

Die römischen Beamten hießen Magistrate. Damit sie
10 ihre Macht nicht missbrauchen konnten, blieben sie immer nur für ein Jahr im Amt (Prinzip der Annuität). Jedes Amt wurde mit zwei Männern besetzt (Prinzip der Kollegialität). Zwei Konsuln standen an der Spitze des Staates. Hinzu kamen weitere Beamte: Sie waren für das
15 Gerichtswesen (Prätoren), die öffentliche Ordnung (Ädile) und die Finanzen (Quästoren) zuständig. Zensoren überwachten die Sitten und die Steuereinnahmen. Schied ein Beamter aus seinem Amt aus, wurde er Senator. Nur reiche Römer konnten sich die Tätigkeit als Be-
20 amte leisten, denn es waren Ehrenämter ohne Bezahlung. Um in ein hohes Amt gewählt zu werden, mussten römische Männer tief in die Tasche greifen: Bestechung war an der Tagesordnung. Wer nicht gut reden konnte, der musste einen Redner bestellen und bezahlen.

25 ### Welche Aufgabe hatten die Volkstribune?

Die zehn Volkstribune wurden von der Versammlung der Plebejer gewählt. Sie schützten die Rechte der Plebejer. Die Volkstribune konnten alle Entscheidungen des Senats und der Magistrate blockieren. Dazu genügte es,
30 das Wort „Veto" (= ich verbiete) auszusprechen.

Die Volksversammlung

In der Volksversammlung kamen alle wehrfähigen Männer Roms zusammen, Patrizier wie Plebejer. Ausgeschlossen waren Frauen, Sklavinnen und Sklaven. Vor-
35 aussetzung für den Zugang zur Volksversammlung war das römische Bürgerrecht*. In der Volksversammlung wurde aber nicht wie in Athen nach Personen abgestimmt, sondern nach Vermögen. Daher hatten reiche Bürger viel mehr Einfluss als arme. Auch bei der
40 Abstimmung nach Wohnbezirken waren die reichen Bürger im Vorteil. Jeder der 35 Wohnbezirke hatte eine Stimme. Der größte Teil der einfachen Bevölkerung lebte in der Stadt, aber es gab nur vier städtische Wohnbezirke. Die anderen 31 Bezirke lagen auf dem Land, und
45 ärmere Römer dort konnten sich die Anreise in die Stadt nicht leisten. Daher gaben nur die vermögenden Bürger vom Land ihre Stimme ab.

In einer Sache waren sich Patrizier und Plebejer aber einig: Sie lehnten jede Form von Alleinherrschaft ab. Nur
50 in Zeiten großer Gefahr für den Staat, etwa durch Bedrohung von außen, konnte ein Diktator für die Dauer von höchstens sechs Monaten bestimmt werden.

 M1 **Anzahl stimmberechtigter Römer mit römischem Bürgerrecht (Italien vom Fluss Po bis zur Südspitze):**

Um 300 v. Chr.:	35 000 (Schätzung)
130 v. Chr.:	300 000 (Schätzung)
69 v. Chr.:	910 000 (Volkszählung)

Zahlen nach Robin Lane Fox, Die klassische Welt, Stuttgart (Klett) Sonderausgabe 2013, S. 137, 139 und 383.

....

1 **Partnerarbeit:** Notiert in einer Tabelle die wichtigsten Institutionen der römischen Republik.

Versammlung/Amt	Aufgaben
Volksversammlung	

2 Werte M2 mithilfe der Arbeitsschritte in der Tabelle aus. Ergänze die Lösungshinweise, die du in der rechten Spalte vorfindest.

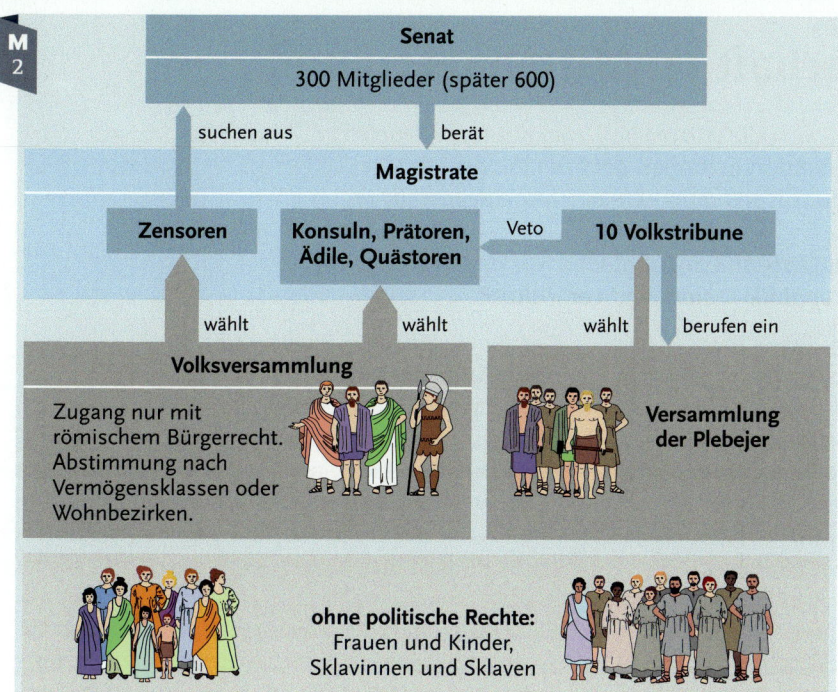

Die Verfassung der Römischen Republik

Arbeitsschritte „Ein Schaubild auswerten"

Einzelne Elemente des Schaubildes erfassen	Lösungshinweise zu M2
1. Welche Fachbegriffe werden verwendet und müssen geklärt werden?	• *z. B. Magistrat, Senat, Zensor ...*
Aufbau des Schaubildes untersuchen	
2. Wie ist das Schaubild zu lesen?	• *Das Schaubild lässt sich am besten von unten nach oben lesen, weil ...*
3. Welche Versammlungen und Ämter gab es?	• *Es gab die Volksversammlung und ...* • *Zu den Ämtern der römischen Republik gehörten ...*
Inhalt vertiefen und bewerten	
4. Was waren die Aufgaben der einzelnen Ämter und Versammlungen?	• *Die ... waren zuständig für ...* • *Die Volksversammlung wählte ...*
5. Wie war die Macht im Staat verteilt?	• *Der Senat steht im Schaubild ganz oben, weil ...* • *Ohne politische Rechte waren ...* • *Zur Volksversammlung zählten ...* • *Die Plebejer wählten 10 Volkstribune. Diese durften ...*
6. Sammle offene Fragen.	• *Unverständlich bleibt für mich ...*

3 Überprüfe anhand des Schaubildes M2 und des Darstellungstextes folgende Aussagen. Schreibe sie richtig auf und erläutere sie:
a) Der Senat ist den Magistraten unterstellt.

b) Ein Diktator wird von den Magistraten ernannt und übt sein Amt höchstens ein Jahr lang aus.
c) In der Volksversammlung haben alle das gleiche Stimmrecht.

Römische Herrschaft im Mittelmeerraum

Viele Jahrhunderte befanden sich die Römer im Krieg mit ihren Nachbarn. Zu den längsten Auseinandersetzungen gehören die drei Kriege mit der nordafrikanischen Stadt Karthago, eine mächtige Seemacht im Mittelmeerraum.

• *Aus welchen Gründen führte Rom Krieg und was war das Ergebnis?*

Webcode: FG2450006-136
*Kartenanimation:
Das Römische Reich*

Der erste Krieg gegen Karthago (264–241 v. Chr.)

Als die griechische Stadt Messana in Sizilien von ihrer Nachbarstadt Syrakus angegriffen wurde, riefen die Messaner sowohl Römer wie Karthager zu Hilfe. Kurz darauf führten Rom und Karthago einen Krieg um die
5 Insel Sizilien, der über zwanzig Jahre dauern sollte.

Die Römer verfügten als Landmacht nur über ein Landheer und mussten erstmals Kriegsschiffe bauen. Als diese von der karthagischen Flotte zerstört wurden, finanzierten reiche römische Patrizier neue Schiffe.
10 Die Römer errangen den entscheidenden Sieg zur See. Die Karthager mussten Sizilien räumen und verloren auch die erzreichen Inseln Sardinien und Korsika an Rom. Im Friedensvertrag erhielten die Römer zudem die damals gewaltige Menge von 80 Tonnen Silber als
15 Kriegsbeute. Sizilien wurde zur ersten römischen Provinz*: Ein römischer Beamter verwaltete das Gebiet und zog von den Bewohnern Steuern (Tribute) ein.

Kriegselefant mit Kampfturm, Abbildung auf einem etruskischen Teller, 3. Jh. v. Chr.

M 1

....

Provinz

Provinzen waren römische Besitzungen, die außerhalb Italiens lagen. Sie wurden von einem römischen Statthalter mit einem kleinen Aufgebot von Soldaten verwaltet. Die ersten Provinzen waren Sizilien und Sardinien; am Ende der Republik unter Caesar waren es 18 Provinzen. Deren Bewohner mussten Abgaben zahlen.

Der zweite Krieg (218–201 v. Chr.): Hannibal besiegt die Römer in Italien

20 Nach dem Verlust von Sizilien 241 v. Chr. eroberten die Karthager weite Teile Spaniens und erschlossen dort reiche Silberminen. Die Römer verpflichteten die Karthager in einem Vertrag, keinesfalls den Fluss Ebro im Norden Spaniens in Richtung Rom zu überschreiten. Der kartha-
25 gische Feldherr Hannibal verletzte diesen Vertrag und zog mit einem gewaltigen Heer von 50 000 Soldaten, 9000 Reitern und 37 afrikanischen Elefanten über die Alpen nach Italien. In der Schlacht von Cannae besiegte er die Römer; 50 000 von 80 000 römischen Soldaten
30 starben. Drei Jahre zog Hannibal unbesiegt durch das Land, griff aber die Stadt Rom nicht direkt an. Der Krieg kostete 100 000 Menschenleben und ließ 400 zerstörte Städte in Italien zurück. Erst als der römische Feldherr Scipio nach Afrika übersetzte und dort die Karthager
35 entscheidend schlug, war der Krieg entschieden.

Die Römer richteten neue Provinzen in Spanien ein, erhielten 260 Tonnen Silber als Kriegsbeute und zwangen die Karthager zur Ablieferung fast aller Schiffe. Kriege durfte Karthago nur noch mit Zustimmung Roms führen.

Der dritte Krieg (150–146 v. Chr.): Karthago wird zerstört

40 Einen ungenehmigten Feldzug der Karthager nahmen die Römer 150 v. Chr. zum Anlass, erneut gegen Karthago zu Felde zu ziehen. Nach dreijähriger Belagerung er-
45 oberten sie die Stadt, zerstörten sie völlig und brachten die Bevölkerung als Sklaven nach Rom. Das Land der Karthager wurde zur römischen Provinz Africa.

Wer hatte Interesse an den Kriegen?

Römische Feldherren stammten fast ausschließlich aus
50 reichen Patrizierfamilien. Militärischer Erfolg war eine wichtige Voraussetzung, um als Politiker Karriere zu machen und ein hohes staatliches Amt zu erlangen. Ein öffentlicher Triumphzug in Rom mit der Präsentation der Beute und der Gefangenen war der Höhepunkt im Leben
55 eines Befehlshabers. Daher waren ständig Armeen der römischen Republik in fremden Gebieten unterwegs.

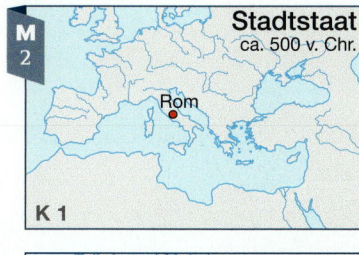

M 2

Stadtstaat
ca. 500 v. Chr.

Rom

K 1

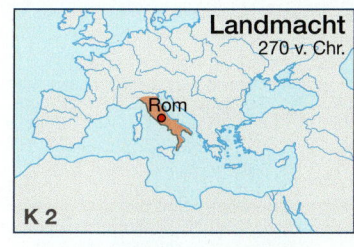

Landmacht
270 v. Chr.

Rom

K 2

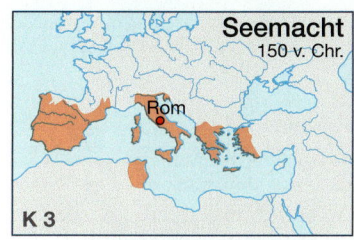

Seemacht
150 v. Chr.

Rom

K 3

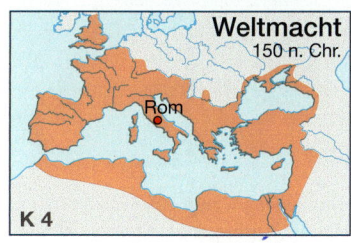

Weltmacht
150 n. Chr.

Rom

K 4

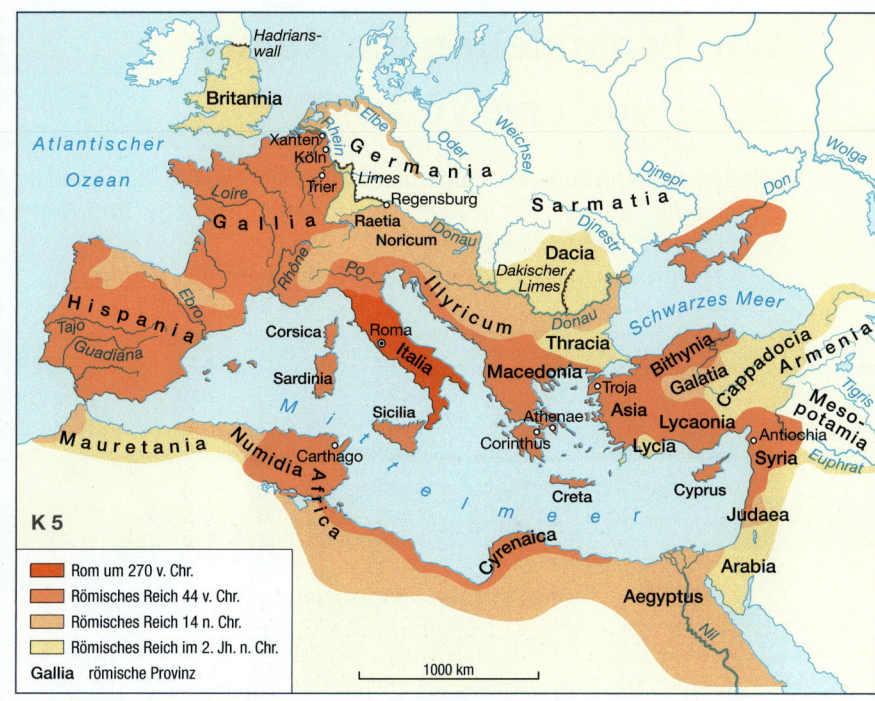

K 5

Rom um 270 v. Chr.
Römisches Reich 44 v. Chr.
Römisches Reich 14 n. Chr.
Römisches Reich im 2. Jh. n. Chr.
Gallia römische Provinz

1000 km

Die Expansion (= Ausdehnung) des Römischen Reichs.
Die Karten 1–4 zeigen die Größe des Reichs zu einem bestimmten Zeitpunkt. Karte 5 gibt die Entwicklung über einen längeren Zeitraum wieder und setzt sich aus den vier Karten links zusammen.

mare nostrum
aus dem Lateinischen übersetzt: „Unser Meer". So bezeichneten die Römer etwa seit dem 3. Jahrhundert v. Chr. das Mittelmeer.

Imperium Romanum
(von lat. imperare = befehlen). Unter Imperium verstanden die Römer ursprünglich die militärische und zivile Befehlsgewalt der römischen Konsuln und später auch der Verwalter einer Provinz. Allmählich wurde es zur Bezeichnung des römischen Herrschaftsgebiets:
- Bis 272 v. Chr. unterwarfen die Römer ihre Nachbarvölker. Italien stand damit bis zum Fluss Po unter römischer Herrschaft.

- Zwischen 264 und 146 v. Chr. ging es in drei Kriegen gegen die See- und Handelsmacht Karthago im heutigen Tunesien um die Vorherrschaft in Sizilien und Nordafrika.
- Ab dem 3. Jahrhundert v. Chr. eroberten die Römer die reichen Nachfolgestaaten Alexanders des Großen im östlichen Mittelmeerraum.

1 Partnerarbeit: Wertet den Darstellungstext aus und haltet eure Ergebnisse in einer Tabelle fest:

Rom gegen Karthago	1. Krieg	2. Krieg	3. Krieg
Anlass des Krieges			
Verlauf			
Ergebnisse			

2 Benenne die drei Phasen der Entstehung des Imperium Romanum und ordne ihnen jeweils eine der kleinen Karten zu (Begriffskasten).

Zusatzaufgabe: siehe S. 182

3 Partnerarbeit:
a) Findet mithilfe von M2 heraus, wann sich das Römische Reich besonders schnell vergrößerte.
b) Diskutiert mögliche Gründe für die schnelle Ausdehnung Roms. Der Darstellungstext nennt einige, aber nicht alle.
c) Nennt mögliche Gründe, warum die römischen Herrscher nicht noch mehr Gebiete gewaltsam eroberten.
4 Erläutere den Begriff „mare nostrum" (Begriffskasten und M2).

Wie behandelten die Römer unterworfene Völker?

Mit der Ausdehnung des Römischen Reichs seit dem 3. Jahrhundert v. Chr. standen die Regierenden in Rom vor der neuen Aufgabe, ihre Herrschaft in den eroberten Gebieten zu sichern.
- *Untersuche, wie die Römer mit den Unterworfenen umgingen.*

Triumphbogen des Septimius Severus auf dem Forum Romanum in Rom zum Sieg der Römer gegen die Parther, 203 n. Chr.

Ein Ausschnitt aus dem Triumphbogen zeigt einen römischen Soldaten und einen gefangenen Parther, 203 n. Chr.

Die Gallier – erst besiegt, dann integriert

Gallien (in etwa das heutige Frankreich) wurde 58 bis 51 v. Chr. von Julius Caesar für Rom erobert. Gallien war reich an Bodenschätzen und Holz – einem an den Küsten Südeuropas knapper werdenden Rohstoff. Die Eroberung
5 wurde mit großer Härte geführt und über eine Million Menschen fanden den Tod. Der Anführer der Gallier, Vercingetorix, kam als Gefangener nach Rom und wurde nach einem Triumphzug Caesars 46 v. Chr. hingerichtet. Mit der Eingliederung Galliens als römische Provinz er-
10 hielten Mitglieder der gallischen Oberschicht das römische Bürgerrecht. Ihr Leben unterschied sich nach drei Generationen kaum noch von dem reicher Römer.

Römischer Bürger werden – ein Gewinn?

Die Verleihung des römischen Bürgerrechts war für Un-
15 terworfene aus allen neuen Gebieten des Reichs ein begehrtes Ziel. Das Bürgerrecht schützte vor Willkür durch römische Beamte und ermöglichte eine gültige Einheirat in andere römische Familien. Wer das Bürgerrecht besaß,

durfte ein Testament verfassen und Geschäftsverträge
20 abschließen. Zudem waren Bürger von bestimmten Gemeindesteuern befreit und erlangten das Wahlrecht in der Volksversammlung. Römische Bürger durften nicht gefoltert oder zur Todesstrafe verurteilt werden. Das Bürgerrecht konnte an einzelne Personen, Städte
25 oder ganze Provinzen verliehen werden. In der Zeit der Republik erhielten als Erste die Verbündeten in Italien das Bürgerrecht, da sie für Rom kämpften. Die Verleihung war uneinheitlich geregelt und oft mit Einschränkungen für die neuen Bürger versehen. Erst 212 n. Chr.
30 erhielten alle frei geborenen Einwohner des Reichs das Bürgerrecht.

Die Parther – unbesiegter Gegner im Osten

Das Reich der Parther war der große Rivale Roms im Vorderen Orient. Gegen sie führten die Römer immer
35 wieder Kriege. Ein Mitkonsul Caesars, Licinus Crassus, kam 53 v. Chr. bei einem Krieg gegen die Parther ums Leben. Die Mehrzahl seiner Soldaten wurde ebenfalls

getötet, und die Römer verloren die wichtigsten militärischen Abzeichen, die Legionsadler. Dies wurde in Rom
40 als schlimme Demütigung empfunden.

Im 3. Jahrhundert wurde der römische Kaiser bei einem Feldzug gegen die Nachfolger der Parther, die persischen Sassaniden, geschlagen. Er geriet in Gefangenschaft und starb dort.

Triumphrelief Schapurs I., König der Sassaniden, in Naksch-e Rostam (Iran), ca. 260 n. Chr. Schapur hält den neben ihm stehenden Valerian zum Zeichen der Gefangennahme am Arm fest.

Aus einer Rede von Kaiser Claudius (48 n. Chr.):
Was wurde denn den Spartanern und Athenern trotz ihrer militärischen Übermacht zum Verhängnis? Sie grenzten die Besiegten aus. Da besaß doch der Gründer unseres Staates, Romulus,
5 mehr Weisheit. Die meisten der besiegten Völker wurden an ein und demselben Tag zuerst als Feinde und dann als Bürger behandelt ...
Wenn man in der Rückschau auf unsere Kriege blickt, dann wurde keiner schneller beendet als
10 der gegen die Gallier. Seitdem herrscht ohne Unterbrechung ein sicherer Frieden. Da die gallischen Oberen mit uns durch gleiche Sitten, Bildung und Heirat verbunden sind, sollen sie doch ihr Gold und ihre Schätze lieber zu uns bringen,
15 als sie für sich zu behalten. Alles, Senatoren, was man heute für uralt hält, ist einmal neu gewesen: Plebejische Beamte folgten patrizischen Beamten, latinische auf die plebejischen, Beamte aus anderen Völkern Italiens auf die latinischen. Auch
20 diese neue Regel wird sich einbürgern.
Tacitus, Annales 11,24. Zit. nach www.thelatinlibrary.com (20. 5. 2014). Übers. d. Verf.

Der Historiker Uwe Walter schrieb 2012:
Zu den gängigen, aber falschen Auffassungen über das Römische Reich gehört, dieses habe allein oder im Wesentlichen auf den Schwertern und pila (Speeren) seiner Legionen geruht. Wäre
5 dem so gewesen, hätte es keine zwei Generationen lang existiert. Das Geheimnis des römischen Erfolgs bestand vielmehr in der Bereitschaft und Kraft zur Integration[1]. Spannend ist nun, dass die Römer diese Tatsache bereits in ihren Grün-
10 dungsmythos eingeschrieben hatten. Aeneas war ein Flüchtling aus Troja. Und als Romulus daranging, die Stadt Rom zu gründen, mangelte es an Bewohnern. Romulus richtete daher am Rande des Kapitols ein Asyl[2] ein, wo sich Männer ein-
15 finden konnten, die nicht nach ihrer Herkunft gefragt werden wollten: Flüchtlinge, Verbannte, Enteignete, vagabundierende Krieger. Zum Selbstverständnis der Römer gehörte es, „Zugereiste" zu sein und nicht schon immer einen
20 Platz besiedelt zu haben. Rom ist ein Ergebnis von Immigration[3] und Integration.
Uwe Walter, Wachstum durch Integration: das Imperium Romanum. Eine Anregung für den Unterricht, in: geschichte für heute 1/2012, S. 44. Bearb. v. Verf.

....

[1] *Eingliederung*
[2] *Zufluchtsort, Notunterkunft*
[3] *Einwanderung*

....

1 Betrachte M1–M3. Nenne mögliche Erklärungen, warum die Herrscher diese Bauwerke in Auftrag gaben.

2 Nenne die Argumente, die Kaiser Claudius in M4 für eine Eingliederung der gallischen Oberen angibt.

3 **Wähle eine Aufgabe aus:**
   a) Untersuche M5 mithilfe der Arbeitsschritte „Einen Sachtext lesen und verstehen" auf S. 33.

Tipp: Überlege, welches Ziel die Römer mit der Vergabe des römischen Bürgerrechts an unterworfene Völker verfolgten.

b) Gib M5 in eigenen Worten wieder. Erläutere anschließend, worin der Verfasser das „Geheimnis des römischen Erfolgs" (Z. 6) sah.

Warum geriet die römische Republik in die Krise?

In den Krieg zu ziehen war für die römischen Bauern ein selbstverständlicher Teil ihres Lebens. Ein Krieg begann in der Regel im Frühsommer, und nach wenigen Wochen waren die Soldaten wieder zurück bei ihren Familien und auf ihren Feldern – mit dem ausgezahlten Sold und einem Anteil an der Beute. Als Rom begann, Kriege außerhalb Italiens zu führen, blieben die Soldaten jedoch oft Jahre weg oder starben in der Fremde.

- *Welche Auswirkungen hatte die römische Expansion auf die römische Gesellschaft?*
- *Wer profitierte davon und wer gehörte zu den Verlierern?*

Die Reichen werden noch reicher

Durch die Kriege gegen Karthago und die griechischen Staaten kamen Hunderttausende Kriegsgefangene als Beute nach Italien – Männer, Frauen und Kinder. Auf Sklavenmärkten wurden sie als billige Arbeitskräfte ver-
5 kauft. Wohlhabende Römer nutzten ihr Vermögen und pachteten weite Flächen des Staatslandes, kauften Hunderte oder gar Tausende Sklaven und ließen sie auf ihren Landgütern in großem Stil Getreide, Wein, Oliven und Früchte anbauen. Auch die Viehzucht warf hohe
10 Gewinne ab.

Von der Ausdehnung des Reichs profitierte auch der neue Stand der Ritter. Diese waren nichtadlige Bürger, die durch Handwerk oder durch den Handel von Waren reich wurden. Viele Ritter machten auch als Transport-
15 oder Bauunternehmer Karriere. Mithilfe von Gewinnen aus Kriegen oder durch Steuereinnahmen aus den Provinzen konnten der Staat und reiche Patrizier Aufträge zum Bau von Brücken, Straßen, Wasserleitungen, Villen und Tempeln vergeben.

20 ### Aus Bauern werden „Proletarier"

Die Last der Kriege trugen vor allem die einfachen Bauern. Wenn sie zu lange von ihren Höfen fernblieben, konnten Frauen und Kinder den Besitz nicht halten. Sie mussten in vielen Fällen ihr Land an Großgrundbesitzer
25 verkaufen und als Tagelöhner arbeiten. Sklaven waren aber noch billiger als Tagelöhner, und so blieb vielen landlosen Familien nur der Umzug in die Städte. Dort versuchten sie mit Gelegenheitsarbeiten ein Auskommen zu finden. Diese Menschen nannte man „Proleta-
30 rier" (von proles = Nachkommen), da sie außer vielen Kindern nichts besaßen. Ein anderer Begriff für diese neue Unterschicht lautete „plebs".

Die Reformversuche der Gracchen

Im 2. Jahrhundert v. Chr. erzielte das Römische Reich in
35 der Ferne zwar große Gewinne, diese konnten die Armut zu Hause jedoch nicht ausgleichen. Armut, Entvölkerung und der Mangel an Soldaten führten zu einer Staatskrise. Daher suchten führende Patrizier und Plebejer nach einem Ausweg. Der Volkstribun Tiberius Gracchus bean-
40 tragte 134 v. Chr., dass die Großgrundbesitzer nur noch eine bestimmte Höchstmenge an Land besitzen und pachten dürften. Landlose Bauern sollten aus den frei werdenden Feldern sieben Hektar (das entspricht ungefähr einer Fläche von zehn Fußballfeldern) zur eigenen
45 Bewirtschaftung und etwas Startkapital erhalten. Bedürftige sollten verbilligt an Getreide kommen. Diese „Ackergesetze" stießen jedoch auf erbitterten Widerstand vieler Senatoren und Ritter. Bei einer Versammlung wurde Tiberius Gracchus von aufgebrachten Sena-
50 toren erschlagen. Seinem Bruder Gaius Gracchus gelang es später noch, einige der Reformen durchzusetzen, diese wurden aber nach und nach wieder aufgehoben.

Kleinbauer auf dem Weg in die Stadt, Relief, 1. Jh. n. Chr.

Eine Heeresreform als Mittel gegen die Krise

Der Einfall germanischer Völker nach Italien zeigte die
55 Verwundbarkeit des Römischen Reichs. Es standen nicht
mehr genug Soldaten für die Verteidigung zur Verfügung.
Daher führte Konsul Gaius Marius (158 bis 86 v. Chr.)
eine grundlegende Reform der Armee durch. Diese Reform besagte, dass sich jeder Römer als Legionär für eine
60 Dauer von 20 Jahren gegen Zahlung eines festen Soldes
zum Heer verpflichten konnte. Wer das Ende seiner
Dienstzeit erlebte, der erhielt einen Hof mit Ackerland.
Durch diese Reform entspannte sich die soziale Lage in
den Städten, da viele landlos gewordene Bauern Berufs-
65 soldaten wurden. Diese neuen Legionäre unterstanden
nur noch dem Kommando ihres Feldherrn, dem sie bald
mehr vertrauten als den Entscheidungen der führenden
Politiker im fernen Rom.

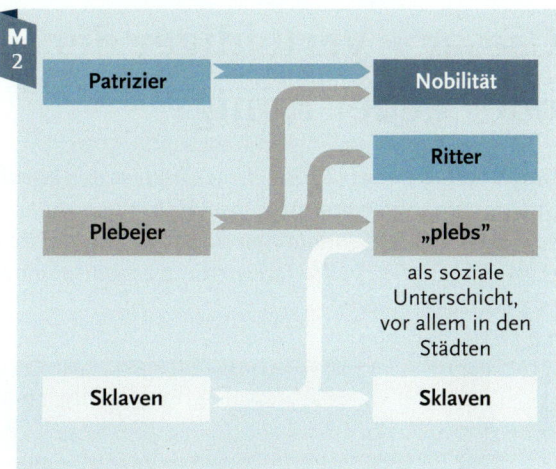

Wandel der römischen Gesellschaft in der Zeit der Republik.
Nobilität = führende patrizische und plebejische Familien, die
unter ihren Vorfahren mindestens einen Konsul hatten.

M3 Tiberius Gracchus berichtete 134 v. Chr. über
die Lage der römischen Soldaten:

Die wilden Tiere, die in Italien hausen, haben ihre
Höhle. Jedes weiß, wo es sich hinlegen und ver-
kriechen kann. Die Männer aber, die für Rom
kämpfen und sterben, sie haben nichts außer Luft
5 und Licht. Heimatlos und gehetzt irren sie mit
Frau und Kind durch das Land. Die Feldherren lü-
gen, wenn sie vor der Schlacht die Soldaten aufru-
fen, für ihre Gräber und Heiligtümer gegen den
Feind zu kämpfen. Denn keiner von diesen römi-
10 schen Soldaten besitzt einen Altar, den er vom
Vater geerbt hat, und keiner ein Grab, in dem seine Vorfahren ruhen. Vielmehr kämpfen und sterben sie für das Luxusleben und den Reichtum von
anderen. Herren der Welt werden sie genannt,
15 aber sie besitzen noch nicht einmal ein eigenes
Stück Land.

*Plutarch, Tiberius Gracchus 9. Zit. nach Konrat Ziegler
(Hg.), Große Griechen und Römer, Bd. 3, Zürich/München
(Artemis) 1955. Übers. v. Konrat Ziegler, bearb. v. Verf.*

Das Mosaik zeigt eine öffentliche Getreideverteilung an arme
Stadtbewohner; schon Gaius Gracchus hatte sich um deren Versorgung gekümmert, römisches Mosaik, 2. Jh. n. Chr.

1 Beschreibe M1. Erkläre, warum dieses Bild nicht
mehr die Wirklichkeit abbildete, als es hergestellt
wurde.
2 Fasse zusammen, wie Tiberius Gracchus in M3 die
Lage der Soldaten beschreibt.
3 Versetze dich in die Lage eines Kleinbauern und
berichte mithilfe des Darstellungstextes von deinen
Hoffnungen auf die Reformen der Gracchen. Nimm
M4 zu Hilfe.

4 Erstelle mithilfe des Darstellungstextes und M2 einen
Infokasten über den Stand der Ritter. Wer zählte zu
diesem Stand und wodurch zeichnete er sich aus?
5 Durch die Heeresreform von Gaius Marius hat sich
die Lage der armen Leute verbessert. Begründe diese
Aussage mithilfe des Darstellungstextes.
6 **Partnerarbeit:** Beurteilt, welche Gesellschafts- und
Berufsgruppen von der Ausdehnung des Reichs pro-
fitierten und wer Nachteile davon hatte.

Caesar – Verteidiger der Republik oder neuer König?

Gaius Julius Caesar (100–44 v. Chr.) ist der berühmteste Römer, sogar einer unserer Kalendermonate ist nach ihm benannt. Heute bilden sein Leben und sein politisches Handeln den Stoff für zahlreiche Filme und Comics.

- *Welche Rolle spielte Caesar in der römischen Politik und was waren seine politischen Ziele?*

Gaius Julius Caesar grüßt das Volk, Ausschnitt aus dem Spielfilm „Asterix bei den Olympischen Spielen", 2008

Machtkämpfe und Bürgerkrieg

Nach den Reformversuchen der Gracchen im 2. Jahrhundert v. Chr. spaltete sich die politische Führung Roms in zwei Lager: die Popularen* und die Optimaten*. Die Popularen wollten mithilfe der Volksversammlung und der
5 Volkstribunen durch Reformen die soziale Lage der Plebs verbessern. Die Optimaten sperrten sich dagegen. Sie vertraten die Interessen der Großgrundbesitzer und verteidigten die Vorherrschaft des Senats. Nach außen wurde zwar noch die Einheit der Republik vorgetäuscht, in
10 Wirklichkeit wurden aber Beamtenstellen, Senats- und Volksversammlungen immer öfter von Politikern missbraucht, die für sich selbst Macht erlangen wollten und die ihre persönlichen Interessen als die des Staates ausgaben. Die Republik geriet immer mehr ins Wanken, als
15 beide politische Lager sich in Bürgerkriegen bekämpften. Unter dem gemeinsamen Konsulat von Gnaeus Pompeius und Licinius Crassus im Jahre 70 v. Chr. konnten sich die Popularen durchsetzen. Zehn Jahre später gingen die beiden Konsuln ein Bündnis mit Gaius Julius Caesar ein.
20 Im sogenannten Triumvirat* bildeten sie eine Dreierherrschaft, in der sie die Macht im Staat unter sich aufteilten. Sie ließen ihre Abmachungen als Gesetze verkünden und schalteten den Senat weitgehend aus.

Aufstieg und Fall Caesars

25 Zwischen 58 und 51 v. Chr. eroberte Caesar fast ganz Gallien und gewann damit zunehmend politischen Einfluss. Der Krieg kostete über eine Million Menschen das Leben und spülte viel Geld in Caesars Kassen. Mit dem Geld bezahlte er seine immer größer werdende Anhän-
30 gerschar in Rom. Nachdem Licinius Crassus im Krieg gegen die Parther gestorben war, wurde Caesars ehemaliger Verbündeter, Gnaeus Pompeius, zu dessen größten Rivalen. Pompeius, der für die Rechte des Senats eintrat, wurde von Caesar besiegt. Caesar herrschte nun allein.
35 Da er im Bürgerkrieg milde mit seinen Feinden umging, war er im Volk sehr beliebt. 46 v. Chr. ließ er sich zum Diktator für zehn Jahre und wenig später zum Diktator auf Lebenszeit ernennen. Außerdem besetzte er alle wichtigen Posten mit eigenen Leuten. In der Öffentlich-
40 keit zeigte er sich wie nach einem Triumphzug mit einem goldenen Lorbeerkranz, bei Staatsbanketten trug er das Purpurgewand des Triumphators. Aufgrund seines Auftretens unterstellten ihm seine Gegner im Senat, dass er die verbotene Monarchie wieder einführen wolle. Am
45 15. März 44 v. Chr. schlossen sich 60 Senatoren gegen Caesar zusammen und ermordeten ihn mit 23 Dolchstichen.

Caesar, römische Silbermünze (Denar), 44 v. Chr. (vor Caesars Tod). Die Umschrift lautet: Caesar Dict(ator) Quart(um) = zum vierten Mal Diktator. Der Kranz aus Gold ist der Schmuck Jupiters (= oberste Gottheit der römischen Religion), Auszeichnung des Triumphators und Herrschaftszeichen des etruskischen Königs. Porträts lebender Personen auf Münzen hat es davor in Rom nicht gegeben.

M 3

Gaius Julius Caesar (100 v. Chr.–44 v. Chr.) römischer Staatsmann, Feldherr und Autor, Marmorbüste, 1. Jh. v. Chr.

M 4

Will Caesar König werden?

Das folgende Gespräch zwischen Secundus (S) und Tertius (T) spielt in einer Druckerwerkstatt, in der neue Denare mit dem Bildnis von Caesar hergestellt werden (siehe M2). Der Dialog ist erfunden, gibt aber einen Einblick in die Stimmung, die in Rom zu Beginn des Jahres 44 v. Chr. herrschte:

S: Schau dir diesen Caesar an, jetzt ist er größenwahnsinnig geworden: Diktator auf Lebenszeit! Er muss doch wissen, dass der Senat das nicht mitmacht.

5 **T:** Warum denn? In den Senat hat er doch erst neulich seine Gefolgsleute gesetzt.

S: Aber die alten Senatoren wissen doch, dass Konsuln wie andere Beamte nur für ein Jahr gewählt werden dürfen – und nun das: lebenslänglich!

10 **T:** Vielleicht will er damit zeigen, dass er das Prinzip der Annuität nicht mehr für zeitgemäß hält. Denn wie soll auch ein Konsul einen Feldzug gegen unsere Feinde weit im Norden und Osten vorbereiten und durchführen, wenn er nach wenigen Monaten zu-

15 rückkehren muss, weil die Amtszeit zu Ende geht?

S: Hm ...

T: Überlege, was Caesar in acht Jahren in Gallien erreicht hat. Da gibt's jetzt Straßen und blühende Städte!

20 **S:** Gibt es eigentlich noch einen Unterschied zwischen seiner Stellung und der eines Königs?

T: Glaube ich nicht. Vielleicht will er ja tatsächlich ein König werden? Schau dir nur den Goldkranz an. Vielleicht meint er, erst noch einen Sieg erringen zu

25 müssen, damit seine Herrschaft auch voll akzeptiert wird.

S: Man munkelt, er wolle im Osten einen Feldzug gegen die Parther durchführen ...

T: Und wenn er wiederkommt, ordnet er alles neu ...

30 **S:** Meinst du, er würde dann alle Senatoren umbringen und die Alleinherrschaft anstreben?

T: Glaube ich nicht. Es ist doch egal, ob es 300, 600 oder 900 Senatoren gibt – er und seine Berater machen einfach die bessere Politik. Und wenn er einen

35 Feldzug siegreich beendet und mit reicher Beute nach Hause kommt – wer fragt da schon nach?

S: Und wenn man ihn gar nicht erst zu diesem Krieg aufbrechen lässt?

T: Wie willst du ihn daran hindern?

Verfassertext

---

1 Stelle mithilfe des Darstellungstextes gegenüber, welche politischen Ziele die Optimaten und die Popularen hatten. Welche Gruppen fühlten sich durch sie vertreten?

2 Beschreibe mithilfe von M4 die politische Stimmung in Rom kurz vor der Ermordung Caesars.

3 Wähle eine Aufgabe aus:
a) Nenne mithilfe des Darstellungstextes Gründe, warum die Senatoren Caesar ermordeten.

b) Beschreibe die Münze M2 und erkläre einem Nichtrömer, warum sie von einigen Senatoren als Angriff auf die Republik gesehen wurde.

4 Beantworte die Frage der Überschrift dieser Doppelseite. Begründe deine Antwort.

5 Findest du die Darstellung Caesars in M1 passend? Begründe deine Meinung.

Zusatzaufgabe: siehe S. 183

Augustus errichtet eine neue Ordnung

Augustus ist der bekannteste römische Kaiser der Antike. Er lebte von 63 v. Chr. bis 14 n. Chr. Christen kennen ihn aus der Weihnachtsgeschichte, da er das Reich zur Zeit von Jesu Geburt regierte. Mit Augustus endete die römische Republik, denn er errichtete eine neue Form der Herrschaft, die als Prinzipat bezeichnet wird.

- *Wie veränderte sich die Herrschaft unter Augustus und was waren die Kennzeichen seiner neuen Herrschaftsform?*

Aus Octavian wird Augustus

Nach Caesars Tod 44 v. Chr. kam es erneut zu Macht-kämpfen. Aus ihnen ging Octavian, der Adoptivsohn Caesars, als Sieger hervor. Er hatte die Befehlsgewalt über Caesars Soldaten übernommen und verfolgte nun
5 die Mörder Caesars. Anfangs tötete Octavian seine Gegner, dann wurde er vorsichtiger. Sein Ziel war es, seine Macht durch die Unterstützung möglichst vieler Anhänger zu festigen. Er wollte seine Gegner davon überzeugen, dass er keine Monarchie anstrebte. Deshalb gab
10 Octavian 27 v. Chr. seine außerordentlichen Vollmachten an den Senat und das Volk zurück. Damit hatte er die Republik äußerlich wiederhergestellt. Der Senat verlieh Octavian daraufhin den Ehrennamen Augustus. Dies bedeutete „der Erhabene". Am Ende seiner Herrschaft war
15 aus ihm „Caesar Augustus" geworden. Der Titel „Caesar" ist in viele Sprachen übergegangen, z. B. als „Kaiser" ins Deutsche oder „Zar" ins Russische. Das von Augustus und seinen Nachfolgern regierte Reich wird auch als Kaiserreich bezeichnet. Den Titel „Caesar Augustus" trugen
20 von nun an alle römischen Kaiser.

Der Kaiserkult

Im gesamten Römischen Reich entstand ein Kult um den Kaiser. Augustus ließ sich häufig in Bildern und Skulpturen, Dichtung und Literatur sowie in der Architektur
25 darstellen. Er ließ Tempel und andere Bauwerke errichten und sein Abbild in allen Teilen des Reichs verbreiten. Heute würde man ihn einen „Medienherrscher" nennen. Augustus sah sich als einen Kaiser, der durch den Willen der Götter dazu bestimmt war, die Republik und das
30 Reich zu retten und zu neuer Größe zu führen.

....

Prinzipat

Augustus bezeichnete sich selbst als „princeps" – den „Ersten im Staat", daher der Name „Prinzipat" für seine Herrschaftsform. In Wirklichkeit herrschte Augustus wie ein König. Er hatte den Oberbefehl über das Heer und die wichtigsten Provinzen, besaß lebenslang die Rechte eines Volkstribuns, leitete alle Senats- und Volksversammlungen und war oberster Priester. Auch konnte er selbst seine Nachfolger benennen.

 Marmorstandbild des Augustus mit einer Höhe von 2,03 m, 1. Jh. v. Chr. Die Figuren auf dem Brustpanzer zeigen Parther, die den Römern Truppenabzeichen zurückgeben, die sie in einem früheren Krieg erbeutet haben. Darüber schweben Himmelsgötter. Die kleine Figur am Fuße könnte der Gott Armor sein. Die Statue ist barfüßig, um die gottähnliche Stellung des Kaisers zu zeigen. Statuen dieser Art waren im gesamten Römischen Reich zu finden.

Augustus als Friedensfürst, Schmuck-
anhänger, um 10 n. Chr.:
1 Augustus thront neben der Göttin
Roma; dargestellt als Personen sind
2 das Meer, 3 die Erde und 4 die
Städte des Reiches. 5 Eine Figur
hält Augustus die römische Bür-
gerkrone über das Haupt. 6 Das
Füllhorn rechts ist ein Zeichen
der Fruchtbarkeit. 7 Der erfolgreiche Feldherr Tiberius, der
ein Stiefsohn des Augustus
war. 8 Römische Soldaten
errichten ein Siegeszeichen.
9 Besiegte Gegner liegen am
Boden.

M3

**Der römische Geschichtsschreiber Sallust
(86–35 v. Chr.) über das Römische Reich zur Zeit
der Ermordung Caesars:**

Das Land hatte zu dieser Zeit fast ein Jahrhundert
lang Krisen und Bürgerkriege durchlebt:
Übrigens war das Unwesen der Parteien im Volk und
Adel mit all ihren üblen Gewohnheiten ... eine Folge
5 des müßigen[1] Lebens und des Überflusses an allen
Gütern ... Denn der Adel begann seine Machtstel-
lung, das Volk seine Freiheit in Willkür[2] ausarten zu
lassen, jeder suchte für sich zu nehmen, zu raffen
und zu rauben. So wurde alles in zwei Parteien aus-
10 einandergerissen, der Staat aber, der einst beider
Gemeingut[3] war, wurde ... zerfleischt, ... das Volk
wurde von Kriegsdienst und Armut bedrückt, die
Kriegsbeute rissen die Feldherren mit einigen Freunden an sich, ... es entstand allmählich eine Spaltung
15 aller Bürger.

*Sallust, Jugurthinischer Krieg 41. Zit. nach Wilhelm Schöne
(Hg.), Werke und Schriften, Stuttgart (Heimeran) 1969,
S. 203, Übers. v. Wilhelm Schöne.*

···

[1] *faul, untätig*
[2] *sich nicht an geltende Gesetze haltend*
[3] *etwas, das der Gemeinschaft gehört*

···

1 **Wähle eine Aufgabe aus:**
  a) Stelle mithilfe des Darstellungstextes fest, wie Augustus seine Macht errang und sicherte.
  b) Erkläre anhand des Darstellungstextes den Begriff
  „Medienherrscher".
2 Erkläre den Begriff „Prinzipat" und begründe, warum
  es sich dabei um eine neue Form der Herrschaft handelte (Begriffskasten).
3 **Methode:** Beschreibe die Statue M1 mithilfe der
  Arbeitsschritte „Kunstwerke entschlüsseln" (siehe
  S. 101). Welche Gesamtaussage lässt sich formulieren?

4 Lies die Quelle M3 und arbeite heraus, wie der Historiker Sallust die römische Gesellschaft zur Zeit von
  Caesars Ermordung beschrieb.
  Tipp: Finde die Schlüsselbegriffe im Text.
5 Beschreibe das Schmuckstück M2. Finde heraus, welche Eigenschaften Augustus hier zugeschrieben werden.

Zusatzaufgabe: siehe S. 183

Schriftliche Quellen vergleichen

Wer kennt das nicht – zwei Menschen erleben und sehen dasselbe und berichten vollkommen unterschiedlich von dem Ereignis. Wem können wir in einem solchen Fall glauben? Noch schwieriger ist es, wenn das Ereignis, über das berichtet wird, mehrere Hundert oder gar Tausend Jahre zurückliegt. Hier findest du zwei schriftliche Quellen darüber, wie Augustus seine Macht in Rom durchsetzte. Mithilfe der Arbeitsschritte kannst du beide Quellen vergleichen und dir eine eigene Meinung bilden.

 Aus dem Tatenbericht des Augustus

Im Jahr 13 n. Chr. verfasste der 76-jährige Augustus einen Tatenbericht („Res gestae"). Darin stellte er sein politisches Lebenswerk dar. Den Bericht ließ er in Stein meißeln und öffentlich aufstellen:

Mit 19 Jahren [44 v. Chr.] habe ich aus privater Initiative und aus eigenen Mitteln ein Heer aufgestellt, mit dem ich dem Staatswesen, das durch die Gewaltherrschaft einer politischen Macht-
5 gruppe unterdrückt wurde, die Freiheit wiedergab. Um dessentwillen hat mich der Senat ... in seine Körperschaft aufgenommen [43 v. Chr.] ... und mir die militärische Befehlsgewalt übertragen. ... Diejenigen, die meinen Vater ermordet haben, trieb
10 ich in die Verbannung und rächte durch gesetzmäßige Gerichtsurteile ihr Verbrechen ... Die Diktatur, die mir ... vom Volk wie auch vom Senat ... angetragen wurde, habe ich zurückgewiesen. Als ... der Senat und das römische Volk einmütig be-
15 antragten, dass ich als Einzelner mit höchster Machtbefugnis zum Wahrer von Gesetz und Sitte ernannt werden soll, habe ich dies ebenso wenig angenommen wie irgendein anderes mir angetragenes Amt, das gegen den Brauch der Vorfahren
20 verstieß.

Res gestae 1ff. Zit. nach Marion Giebel (Hg.), Augustus, Res gestae, Tatenbericht, Stuttgart (Reclam) 2007. Übers. v. Marion Giebel, bearb. v. Verf.

 Der Historiker Tacitus über Augustus

Tacitus (um 55–120 n. Chr.) schrieb in seinem Geschichtswerk (Annales = lat. „Jahrbücher") über die Zeit ab Augustus. Darin gibt er die Meinungen von Zeitgenossen über Augustus wieder:

Dagegen sagten nun die anderen: die Anhänglichkeit gegen seinen Vater und die allgemeine Lage habe er bloß zum Vorwande genommen. Im Grunde sei es Herrschsucht gewesen, wenn
5 er als junger Mensch ohne Amt die Veteranen[1] durch freigebige Spenden an sich zog, ein Heer aufstellte, die Legionen des Konsuls bestach ... Er habe vom Senat das Konsulat erzwungen und das Heer ... gegen den Staat geführt ... Dann ist
10 allerdings Friede geworden, aber ein blutiger: Lollius und Varus sind geschlagen worden, in Rom sind Varro, Egnatius und Jullus hingerichtet worden ... Für die Götterverehrung hat er keinen Raum mehr gelassen: Er wollte selber Tempel
15 haben und von ... Priestern als Gott angebetet werden. Er hat auch Tiberius nicht aus Liebe ... zu seinem Nachfolger bestimmt; nein, er hat dessen anmaßende und grausame Natur wohl erkannt und darauf gerechnet, dass der Vergleich
20 mit einem solchen Scheusal seinem Ruhm zugute kommen werde.

Tacitus, Annalen 1, 9f. Zit. nach August Horneffer (Hg.), Tacitus, Annalen, Stuttgart (Kröner) 1957. Übers. v. August Horneffer, bearb. v. Verf.

....

[1] *ehemalige Kriegsteilnehmer*

Tipp: Wörter, die du nicht verstehst, kannst du im Lexikon dieses Buches nachlesen. Solltest du das Wort dort nicht finden, schlägst du in einem Wörterbuch nach.

Römisches Schreibwerkzeug, 1. Jh. n. Chr.

Arbeitsschritte „Schriftliche Quellen vergleichen"

Ersten Eindruck festhalten	Lösungshinweise zu M1 und M2
1. Wie ist dein Eindruck nach dem ersten Lesen?	• *Quelle ... stellt Augustus eher positiv/negativ dar ...*
Informationen zum Verfasser und zum Text sammeln	
2. Wann sind die Texte geschrieben worden?	*Finde Informationen zur Quelle und zum Verfasser:*
3. Wie groß ist der zeitliche Abstand zwischen Ereignis und Bericht?	• *Augustus schreibt rückblickend über sich selbst. Er hat möglicherweise folgende Absicht ...*
4. Waren die Autoren Augenzeugen? Wenn nicht: Wen geben sie als Informanten an?	• *Tacitus' Text ist fast 100 Jahre später entstanden. Seine Informationen hat er von ...*
Inhalt vergleichen	
5. Gib die Hauptaussagen und Schlüsselbegriffe der Texte wieder und vergleiche beide im nächsten Schritt.	*Folgende Inhaltspunkte könntest du bei diesen Texten vergleichen:*
6. Welche Informationen stimmen überein?	• *Augustus stellt sein eigenes Heer auf, weil ...*
7. Gibt es Einzelheiten, die nicht in den Texten erscheinen bzw. unterschiedlich genau oder ausführlich wiedergegeben werden?	• *Gegenüber seinen Feinden verhält er sich ...* • *Nach seinem Sieg war die Macht des Kaisers ...* • *Der Religion gegenüber ...*
8. Was wird berichtet, ist es logisch oder enthält es Unstimmigkeiten?	
9. Ist ein Urteil oder eine Meinung des Verfassers zu erkennen?	
Weitere Informationen sammeln	
10. Ziehe weitere Informationen hinzu, z. B. aus Sachbüchern, dem Schulbuch oder dem Internet.	• *Auf den Seiten 144/145 findest du weitere Informationen darüber, wie Augustus regierte.*
Ergebnisse formulieren	
11. Vergleiche die Notizen aus den einzelnen Arbeitsschritten miteinander. Formuliere eine eigene Meinung.	• *Die Quellen unterscheiden sich (nicht) in folgenden Punkten ...* • *Die Quelle ist in meinen Augen (nicht) glaubwürdig, weil ...*

1 Lege eine Tabelle an, mit deren Hilfe du die beiden Texte vergleichen kannst. Gliedere die Tabelle nach den Arbeitsschritten, die du oben siehst.

2 Untersuche die Quellen M1 und M2 mithilfe der Arbeitsschritte. Ergänze die Lösungshinweise und trage deine Ergebnisse in die Tabelle ein.
   Tipp: Du kannst die Tabelle auch um eigene Fragen erweitern.

Arbeitsschritte	M1	M2

3 Vergleiche deine Ergebnisse mit den Ergebnissen deiner Sitznachbarin oder deines Sitznachbarn.

4 **Partnerarbeit:**
   a) Begründet, warum die Quellen sich so stark unterscheiden, und entscheidet, welcher Quelle ihr glauben würdet.
   b) Formuliert eine Regel für den Umgang mit Textquellen. Was ist wichtig und worauf müsst ihr achten?

Rom – ein Reich des Friedens?

*Mit Augustus begann für das Römische Reich nach Bürgerkriegen und den Kriegen
in den Provinzen eine Zeit des Friedens. Diesen ließ der Kaiser in Bildern und Texten
verkünden.*
- *Mit welchen Mitteln sicherte der Kaiser den Frieden nach innen und nach außen?*
- *War Rom wirklich ein friedliches Reich?*

Das Römische Reich zur Zeit des Augustus

Das Heer – Grundlage von Herrschaft und Frieden
Nach der unerbittlichen Verfolgung und Ermordung von
Tausenden seiner Gegner war die Macht von Augustus
gefestigt. Diese Macht beruhte auf einem von Caesar ge-
erbten erheblichen Privatvermögen und auf der dem
5 Kaiser treu ergebenen Armee. Mit Augustus endeten die
Eroberungen. In der Politik beteiligte Augustus die Senatoren und einflussreiche Römer an seiner Macht. Es gab
Provinzen, die dem Kaiser gehörten, und Provinzen, deren Einnahmen dem Senat zustanden. Angehörige der
10 Führungsschicht durften als Statthalter* die Provinzen
verwalten und die Steuern eintreiben lassen.
An den Rändern des Reichs sicherten viele Legionen bedrohte Grenzen. Jede Legion umfasste 6000 Mann. Das
Heer wuchs bis zum 2. Jahrhundert n. Chr. auf 250 000

15 Soldaten an. Die Legionäre waren römische Bürger, die
freiwillig in der Armee dienten. Sie erhielten einen festen
Sold und am Ende der 20-jährigen Dienstzeit ein Stück
Land oder eine hohe Belohnung. Unterstützt wurde das
römische Heer durch Hilfstruppen aus nichtrömischen
20 Bewohnern der eroberten Provinzen. Zusammen sicherten sie die „Pax Romana", wie man die Friedenszeit unter
Augustus bezeichnet.

Brot und Spiele
Die Unterstützung der kleinen Leute errangen Augustus
25 und seine Nachfolger mit kostenloser Getreideausgabe
für Bedürftige sowie mit dem Ausbau einer regelrechten
„Unterhaltungsindustrie". In früheren Zeiten waren Feste und Spiele Veranstaltungen zur Verehrung der Götter

gewesen. Unter Augustus und seinen Nachfolgern dien-
30 ten Feste und Spiele aber in erster Linie dazu, die Gunst
der Massen zu erhalten. Daher wurde erwartet, dass die
Kaiser bei bedeutenden Veranstaltungen persönlich an-
wesend waren. Der Eintritt war für die Besucher frei.
Sehr beliebt war das Theater. Dort kamen vor allem grie-
35 chische Stücke zur Aufführung. Bei Ausdruckstanz,
Dichtkunst und Pantomimen kämpften Männer und
Frauen um verlockende Prämien.
Besonders begehrt war ein Platz bei den Gladiatoren-
kämpfen in den großen Amphitheatern, darunter das im
40 Jahre 80 n. Chr. fertiggestellte Colosseum für 55 000 Zuschauer. Die meisten Gladiatoren waren Kriegsgefangene oder verurteilte Verbrecher, die in den Arenen* um

Leben und Tod kämpften. Sie konnten – ähnlich wie
heutige Spitzensportler – berühmt werden und hatten
45 regelrechte Fanclubs. Bei den Tierhatzen wurden Tiere
wie Bären und Stiere, Tiger und Löwen aufeinander los-
gelassen, die sich zur Begeisterung des Publikums gegenseitig zerfleischten. Auch viele zum Tode Verurteilte
wurden zu wilden Tieren in die Arena geschickt.
50 Im „Circus Maximus" verfolgten bis zu 250 000 Zuschauer die spektakulären Wagenrennen, und auf einem
künstlichen See wurden Seeschlachten nachgestellt. Bei
den Sportveranstaltungen missfiel aber zahlreichen Römern, dass die Athleten nach griechischem Vorbild wei-
55 ter nackt boxten, rannten und rangen – Augustus verbot
deshalb Frauen das Zuschauen.

**Augustus schilderte in seinem Tatenbericht
die Eroberung des Reichs (13 n. Chr.):**

Das Gebiet aller Provinzen des römischen Volkes, die Volksstämme zu Nachbarn haben, die
nicht unserem Befehl gehorchten, habe ich vergrößert. Die Provinzen Galliens und Spaniens,
5 ebenso Germanien habe ich befriedet, ein Gebiet,
das der Ozean von Gades (= Straße von Gibral-
tar) bis zur Mündung der Elbe umschließt. Die
Alpen ließ ich von der Gegend, die der Adria zunächst liegt, bis zum Tyrrhenischen Meer befrie-
10 den, wobei mit keinem Volk widerrechtlich Krieg
geführt wurde. Meine Flotte fuhr von der Mündung des Rheins über den Ozean in östliche
Richtung bis zum Land der Kimbern. Dorthin
war zu Wasser und zu Lande bis zu diesem Zeit-
15 punkt noch kein Römer gekommen.

*Res gestae 26. Zit. nach Marion Giebel (Hg.), Augustus,
Res gestae, Tatenbericht, Stuttgart (Reclam) 2007.
Übers. v. Marion Giebel, bearb. v. Verf.*

**Der griechische Geschichtsschreiber und
römische Konsul Cassius Dio (um 163 bis
um 235 n. Chr.) schrieb in seiner „Römischen
Geschichte":**

Zur gleichen Zeit wurden auch viele Kriege ausge-
fochten: Seeräuber überfielen zahlreiche Gebiete,
sodass Sardinien einige Jahre lang nicht einmal
einen Senator als Statthalter hatte, sondern Sol-
5 daten und Befehlshabern aus dem Ritterstand[1]
anvertraut werden musste. Außerdem empörten
sich nicht wenige Städte, was zur Folge hatte,
dass zwei Jahre lang die gleichen Beamten ihre
Stelle in den Provinzen bekleideten.

*Cassius Dio 55, 28, 1.–2. Zit. nach Otto Veh (Hg.), Cassius
Dio, Römische Geschichte, Bd. 4, Bücher 51–60, Zürich/
München (Artemis) 1986, S. 235f. Übers. v. Otto Veh,
bearb. v. Verf.*

[1] *nichtadlige Bürger, die durch Handel und Handwerk
reich wurden (siehe S. 126)*

1 Nimm die Weltkarte im vorderen Umschlag zu Hilfe
und nenne die Staaten, die heute in den Gebieten
des ehemaligen Römischen Reichs liegen (M1).
2 Beschreibe mithilfe des Darstellungstextes, wie
Augustus den Frieden nach außen und nach innen
sicherte.
3 In M2 wird zweimal das Wort „befrieden" verwendet. Erkläre, was Augustus damit meinte und welche
Maßnahmen er ergriffen hat, um zu „befrieden".
4 Liste die Probleme auf, die der Verfasser von M3 für
das Römische Reich unter Augustus nennt.

Zusatzaufgabe: siehe S. 184

5 **Wähle eine Aufgabe aus:**
a) Erläutere den Begriff „Brot und Spiele". Warum
waren Feste und Spiele wichtig für die Machtsiche-
rung der Kaiser?
b) Stell dir vor, du hättest an einer Großveranstal-
tung in Rom teilgenommen. Verfasse einen Brief, in
dem du einer gleichaltrigen Verwandten davon berichtest.
6 Der römische Historiker Tacitus (um 55–120 n. Chr.)
schrieb über Augustus, dass dieser einen „blutigen
Frieden" eingeführt habe. Nimm Stellung zu dieser
Aussage.

Wohnen im antiken Rom

Vor 2000 Jahren war Rom die größte Stadt der Welt. Unablässig strömten Menschen aus allen Teilen des Reichs in die Hauptstadt, um sich dort eine Zukunft aufzubauen. Rom verfügte über gepflasterte Straßen, beheizbare Badeanlagen (Thermen) sowie unterirdische Kanäle, die Abfall und Fäkalien in den Tiber leiteten. Die meisten Bewohner Roms wohnten in Mietshäusern (lat. insulae). Reiche Römer lebten in prächtigen Häusern, während die Ärmsten auf der Straße hausten.

- *Erforsche auf dieser Seite das Leben in einer „insula".*

Steckbrief der Stadt Rom

- im 1. Jahrhundert eine Million Einwohner (davon 400 000 Sklavinnen und Sklaven)
- Menschen aus allen Völkern und Kulturen des Reichs
- religiöse Vielfalt: über 50 unterschiedliche Religionen und Kulte
- Herrschaftssitz des Kaisers mit seinen Beamten
- Alltagssprachen in Rom neben Latein: Griechisch, Aramäisch, Punisch

- steinerne Amphitheater für Aufführungen aller Art
- Circus Maximus für Wagenrennen
- nicht immer ausreichende Wasserversorgung
- keine öffentlichen Transportmittel
- wegen der engen Gassen Versorgung der Stadt nur nachts

1 = Ein Straßenhändler; **2** = Ein Hausaltar für die Hausgötter der Familie; **3** = Sklavinnen servieren das Essen; **4** = Müllentsorgung; **5** = Ein Maurer repariert das Gebäude. Einsturzgefährdete Mauern werden mit Balken abgestützt; **6** = Unter dem Dach wohnen sehr arme Menschen; **7** = Eine Straße aus gestampftem Lehm. In ihrer Mitte fließt Schmutzwasser ab; **8** = Öllampen; **9** = Ein Barbier schneidet das Haar und rasiert; **10** = Ein Brunnen, in den Mehrfamilienhäusern gibt es kein fließendes Wasser; **11** = Kohlebecken beheizen die Zimmer; **12** = Ein Korbflechter; **13** = In der Bäckerei gibt es neben Brot auch eine Art Pizza kaufen; **14** = Vorratskammer für Lebensmittel; **15** = Die Latrinen. Für die Benutzung der öffentlichen Toiletten muss man bezahlen; **16** = In den mittleren Stockwerken wohnen wohlhabendere Menschen

M1 *Römisches Mietshaus, Rekonstruktionszeichnung, 2006. Über die Wohnbedingungen gibt es unterschiedliche zeitgenössische Berichte. Die einen loben die mehrgeschossigen Wohnungen der insulae, andere warnen vor Verfall, Einsturz- und Feuergefahr. In den Wohnungen gab es wegen der Brandgefahr keinen Herd; die Bewohner versorgten sich oft in öffentlichen Garküchen mit warmem Essen.*

1 Vorschlag für eine Gruppenarbeit:
Teilt euch in fünf Gruppen ein und gestaltet mithilfe von M1 und des Steckbriefs der Stadt Rom eine der fünf vorgeschlagenen Situationen. Stellt anschließend eure Ergebnisse vor.

I Werbeprospekt: Der Hausbesitzer preist seine Wohnungen zur Vermietung an.
II Reportage: Ein Reporter schreibt über das Leben in einer insula.
III Gutachten: Sicherheitsexperten bewerten das Gebäude hinsichtlich seiner Sicherheit.
IV Liste mit Forderungen: Die Mieter einer insula wollen ihre Wohnsituation verbessern.
V Reisebericht: Zeitreise: Ein Romtourist aus unserer Zeit sieht eine insula und das Treiben auf den Straßen. Er berichtet zu Hause über die Lebensbedingungen in Rom.

2 Beschreibe das Leben in der antiken Großstadt Rom mit eigenen Worten. Hättest du dich dort gerne niedergelassen? Begründe deine Antwort.

3 Ein heutiger Historiker bezeichnet das Leben in Rom vor 2000 Jahren als „Wunder und Alptraum zugleich". Erkläre diese Einschätzung.

4 Besprecht gemeinsam, welche Ansprüche ihr heute an das Wohnen in der Stadt stellt. Welche Unterschiede zum Leben im antiken Rom stellt ihr fest?

Zusatzaufgabe: siehe S. 184

Frauen der römischen Oberschicht – reich und mächtig?

Frauen der römischen Oberschicht erlangten durch ihre Familien oftmals großen Reichtum und Einfluss.
- *Untersuche das Leben der Frauen der römischen Oberschicht und deren Stellung in der römischen Gesellschaft.*

Römisches Hochzeitsritual, Marmorrelief, 2. Jh. n. Chr.

Porträt eines römischen Mädchens, Fresko, 1. Jh. n. Chr.

Ein Leben in Abhängigkeit?

Das Leben vieler Frauen der römischen Oberschicht war von dem Willen der Eltern bestimmt. Denn diese verheirateten ihre Töchter früh – manchmal schon im Alter von zwölf Jahren – mit jungen Männern aus wohlhabenden
5   und politisch wichtigen Familien. Als Ehefrau und Mutter erzogen sie die Kinder und standen einem großen Haushalt vor. Trotz ihrer Verantwortung für die „familia" hatten Frauen nicht die gleichen Rechte wie Männer. Ihre Situation verbesserte sich aber zum Ende der Repu-
10 blik und in der Kaiserzeit: Sie wurden selbstständiger und in rechtlichen und finanziellen Dingen unabhängiger von ihren männlichen Verwandten. Beispielsweise wurde das Erbe zu gleichen Teilen mit den Brüdern aufgeteilt. Auch die Ehe wandelte sich: War die Frau mit
15 ihrem Vermögen dem Ehemann lange vollständig untergeordnet gewesen, herrschte gegen Ende der Republik meistens Gütertrennung. Das bedeutete, dass die Frau im Falle einer Trennung ihr Vermögen behielt.
Die Römerinnen zeigten ihren Reichtum durch teure
20 Kleidung, wertvolle Sklaven und kostbaren Schmuck. Ihre Männer versuchten ihrerseits, ihr eigenes Ansehen durch den Glanz ihrer Frauen zu steigern.

Das gesellschaftliche Ansehen von Frauen der römischen Oberschicht

25 Frauen aus der Oberschicht waren oftmals hochgebildet. Es gab Musikerinnen, Sportlerinnen oder Ärztinnen. Zwar hatte es schon im antiken Griechenland Dichterinnen gegeben, in Rom traten Frauen auch als Rednerinnen öffentlich auf. Anders als in Athen hatten römische Frauen mehr Möglichkeiten, am öffentlichen Leben teil-
30 zuhaben. Sie verfolgten die Angelegenheiten des Staates mit großem Interesse. Zwar durften sie keine Ämter innehaben oder an Wahlen teilnehmen, aber sie konnten zum Beispiel Gesuche beim römischen Senat einreichen oder traten als Vermittlerinnen bei politischen Konflik-
35 ten auf. Viele Frauen aus wichtigen Familien genossen in der Gesellschaft ein hohes Ansehen, was vor allem in Bauwerken oder Standbildern zum Ausdruck kommt, mit denen sie geehrt wurden.

Aus der Grabrede eines unbekannten Mannes für seine Ehefrau (1. Jh. v. Chr.):

Ehen von so langer Dauer, die durch den Tod beendet, nicht durch Scheidung getrennt werden, sind selten. Ward es uns doch beschieden, dass unsere Ehe ohne jede Trübung bis zum 41. Jahr
5 fortdauerte ... Was soll ich deine häuslichen Tugenden preisen, deine Keuschheit, deine Folgsamkeit, dein freundliches und umgängliches Wesen, deine Beständigkeit in häuslichen Arbeiten, deine Frömmigkeit, frei von allem Aberglau-
10 ben, deine Bescheidenheit im Schmuck, die Einfachheit im Auftreten? Wozu soll ich reden von der Zuneigung zu den Deinen, deiner liebevollen Gesinnung gegenüber der ganzen Familie? ... Wir haben uns so die Pflichten geteilt, dass ich die
15 Betreuung deines Vermögens übernahm und du über dem meinen wachtest ... Als ich vor politischer Verfolgung fliehen musste, warst du es, die mir mit Hilfe deines Schmuckes die meisten Mittel dazu verschaffte.

Laudatio Turiae, CIL VII 1527. Zit. nach Marcel Durry (Hg.), Éloge funèbre d'une matrone Romaine, Paris (Les Belles Lettres) 1950. Übers. v. Walter Arend.

Der römische Geschichtsschreiber Livius (59 v. Chr.–17 n. Chr.) überlieferte eine Rede des Volkstribuns Valerius:

Öffentliche Auftritte von römischen Frauen gehören zu den Ruhmestaten unserer Geschichte. Haben sich die Frauen nicht tapfer dazwischen geworfen, als Römer und Sabiner sich mitten in
5 Rom eine Schlacht lieferten? Sind sie nicht hinausgezogen vor die Stadt und haben die feindlichen Volsker ... zum Abzug bewogen? Und als die Gallier Rom erobert hatten, gaben die Frauen einmütig all ihren Schmuck, um das Lösegeld
10 aufzubringen ... Sollen die Männer Purpurgewänder tragen, sollen fremde Frauen in Rom mit dem Wagen fahren dürfen und unsere Frauen nicht? Sie wollen ja gar keine Rechtlosigkeit – ihr sollt durchaus eure Stellung in der Familie behalten,
15 aber ihr solltet auch die Interessen der Frauen vertreten, sie nicht in Abhängigkeit halten und lieber Väter und Ehegatten heißen wollen als Herren. Je stärker ihr seid, desto maßvoller müsst ihr eure Macht ausüben.

Titus Livius. Zit. nach Hans-Jürgen Hillen (Hg.), Römische Geschichte, Buch XXXI–XXXIV, München (Heimeran) 1978. Übers. von Hans-Jürgen Hillen, bearb. v. Verf.

M 5 *Römische Abendgesellschaft, Zeichnung, 2014*

1 Wähle eine Aufgabe aus:
  a) Betrachte M1 und M2. Sammle Adjektive, die die Frauen auf den Abbildungen beschreiben.
  b) Beschreibe mithilfe des Darstellungstextes das Leben der Frauen der römischen Oberschicht.
2 Methode: Untersuche M3 mithilfe der Arbeitsschritte „Schriftliche Quellen untersuchen" (siehe S. 106/107). Achte besonders auf die Absicht und die Zuverlässigkeit der Aussagen.
3 Lies M4 und gib mit eigenen Worten wieder, wie Valerius die Auftritte von Frauen in der Öffentlichkeit beurteilt.
4 Kurzvortrag: Hatten Mädchen und Frauen der römischen Oberschicht deiner Meinung nach großen Einfluss auf die Gesellschaft? Gestalte einen Kurzvortrag zu dieser Frage, indem du mithilfe der Materialien Argumente dafür (pro) und dagegen (contra) sammelst.

Arbeiten im antiken Rom

*Wenn du die antiken römischen Darstellungen auf dieser Seite siehst, wirst
du vielleicht überrascht sein, dass es viele der damaligen Berufe heute noch
gibt. Ähnlich wie heute genossen die einzelnen Berufe auch unterschiedlich hohe
Anerkennung.*

- *Welche Berufe gab es und welche Bedeutung hatten sie im antiken Rom?*

M 1

Vom Ansehen der Berufe

Im Römischen Reich gab es Berufe, die sehr hoch ge-
schätzt wurden, und andere, die weniger wertgeschätzt
wurden. Als anerkannt und ehrenhaft galten die Tätigkeiten des Politikers, des Kriegers und die selbstständige
5 Arbeit der Bauern in der Landwirtschaft. Auf der anderen Seite wurde jede Arbeit, die von Aufträgen und
Anweisungen abhing, insbesondere Lohnarbeit, als un-
würdig angesehen.
Eine Erklärung für diese Unterscheidung könnte darin
10 liegen, dass der Aufstieg Roms vor allem den Bauern zu
verdanken war, die Kriegsdienst leisteten. Nach Ansicht
der Römer hatten sie am Ruhm des Reichs besonderen
Anteil. Ebenso galt die Verwaltung von Besitz als ehren-
hafte Arbeit, weil viele Adelsfamilien Großgrundbesitzer

15 waren. Als sich im Laufe der Zeit spezialisierte Hand-
werksberufe herausbildeten, wandelten sich diese Vorstellungen aber: Wer technisch und künstlerisch hochwertige Produkte wie Schmuck und Kleidung herstellte,
konnte das Ansehen seines Berufs steigern. Das sehen
20 wir auf Darstellungen von Handwerkern und Produkten
auf Grabsteinen.

Welche Berufe übten römische Frauen aus?

Verheiratete Frauen sollten im alten Rom vor allem im
eigenen Haushalt tätig sein. Deshalb wurden auf Grab-
25 inschriften und in anderen Quellen, die sie ehren sollten,
selten beruflichen Tätigkeiten außerhalb des Hauses genannt. Trotzdem waren viele verheiratete Frauen außerhalb des Hauses tätig. Über die Geschäftsfrau Eumachia
aus Pompeji ist zum Beispiel bekannt, dass sie in ihrem
30 Namen und dem ihres Sohnes ein Gebäude, die Wollbör-
se, finanzierte und gestaltete. Über Freigelassene und
Sklavinnen wissen wir, dass sie als Kellnerinnen, Buch-
halterinnen und Hausangestellte, Bibliothekarinnen und
Vorleserinnen arbeiteten. Ebenso waren sie in wenig
35 angesehenen Bereichen tätig: als Flötenspielerin, Wirtin,
Tänzerin und Schauspielerin.
Viele Frauen waren im Gesundheits- und Bildungswesen
zu finden: Hebammen, Ärztinnen und Erzieherinnen.
Für den Handwerksbereich liegen nur Belege für Webe-
40 rinnen vor. Keine Belege gibt es für Frauenarbeit in der
Holz-, Metall-, Ton- und Lederverarbeitung.

M 2

Der römische Philosoph Cicero (106–43 v. Chr.) schrieb über die Anerkennung der Berufe:

Als unedel und unsauber gilt ... der Erwerb aller ungelernten Tagelöhner ... Alle Handwerker fallen auch unter diese unsaubere Zunft; was kann schon eine Werkstatt Edles an sich haben? ... Am allerwenigsten
5 kann man sich einverstanden erklären mit Berufen, die nur sinnlichen Genüssen dienen: Fischhändler, Fleischer, Köche, Hühnermäster, Fischer ..., Tänzer und das ganze leicht bekleidete Schauspiel. Diejenigen Berufszweige aber, die eine tiefere Vorbildung
10 verlangen und höheren Nutzen anstreben, wie die Heilkunde, die Baukunst, der Unterricht in den edlen Wissenschaften, sind anständig ... Der Kleinhandel aber ist zu den unsauberen Geschäften zu rechnen, während der ... Großhandel, der die Verbrauchsgüter
15 aus aller Welt heranschafft und den Massen zugute kommen lässt, nicht ganz zu tadeln ist ... Von allen Erwerbsarten ist die Landwirtschaft die beste, die ergiebigste und angenehmste, die des freien Mannes würdigste.

Cicero, De officiis 1, 150. Zit. nach Karl Atzert (Hg.), Cicero, Vom pflichtgemäßigtem Handeln, München (Goldmann) 1959. Übers. v. Karl Atzert, bearb. v. Verf.

1 Schau dir die Darstellungen der Berufe in M1–M4 genau an und ordne sie diesen Bildlegenden zu: Großbäckerei (Relief aus einem Grabmal bei Rom), Gastwirtschaft (Relief aus einem Grabmal bei Trier), Kleinhandel (Relief eines Ladenschildes in Ostia), Schlosserwerkstatt (Relief aus einem Grabmal bei Aquileia). Begründe deine Auswahl.

2 **Wähle eine Aufgabe aus:**
   a) Arbeite aus M5 heraus, welche Berufe der römische Philosoph Cicero für besonders wertvoll hielt.
   b) Begründe, warum Menschen in Rom ihren Beruf in ihre Grabinschrift aufgenommen haben.
3 Erläutere, warum Berufe in der Landwirtschaft und im Handwerk hoch angesehen waren.
4 **a)** Stelle mithilfe des Darstellungstextes fest, welche Berufe römische Frauen ausüben konnten.
   b) Vergleiche deine Ergebnisse mit der heutigen Zeit. Nenne Gemeinsamkeiten und Unterschiede.

Wie lebten Sklaven im Römischen Reich?

Menschen als Handelsware und als Sache, die nach Belieben getötet, misshandelt, verkauft oder verschenkt werden kann? Menschen ohne Rechte? Was uns heute unvorstellbar erscheint, war in allen antiken Kulturen und in vielen Teilen der Welt noch bis ins 19. Jahrhundert verbreitet. Im Römischen Reich bestand etwa ein Drittel der Bevölkerung aus Sklaven.

- *Wähle ein Material aus (A, B oder C), und bearbeite es mithilfe der Aufgaben.*

Aufgabe für alle:
Sklaven als Lehrer oder Ärzte? Diskutiert, ob das aus eurer Sicht keinen Widerspruch darstellt.

Sklaverei im antiken Rom

Jeder gewonnene Krieg der Römer führte Tausende oder gar Zehntausende von Besiegten in die Sklaverei. Auch Seeräuber beteiligten sich an der lohnenden Jagd auf Menschen, die auf Sklavenmärkten verkauft wurden.
5 Viele Sklaven wurden schon unfrei, als Kinder von Sklaven, im Römischen Reich geboren.
Die Sklaverei war im antiken Rom eine wichtige Säule der Wirtschaft. Im 2. Jahrhundert beruhten die guten Erträge der römischen Landwirtschaft vor allem auf der
10 massenhaften Ausbeutung der Arbeitskraft von Sklaven, die auf den Olivenhainen oder den Weinbergen arbeiteten. Sklaven aus Griechenland oder dem östlichen Mit-telmeerraum hatten aus ihrer Heimat oft sehr gute Kennt-nisse und Fertigkeiten mitgebracht. Deshalb konnten sie
15 auch als Lehrer oder Arzt arbeiten.
Mancher vornehme Römer besaß mehr Sklaven als nötig. Da war es oft vorteilhafter, sie freizulassen. Wenn Sklaven freigelassen wurden, gelang es vielen von ihnen, als Bä-cker, Schneider oder Kaufmann zu Wohlstand zu kom-
20 men. In der Kaiserzeit lagen Teile von Handel, Handwerk, Theater, das Gesundheitswesen und Teile der Staatsver-waltung Roms in den Händen von freigelassenen Sklaven. Im Römischen Reich kam es immer wieder zu Sklavenauf-ständen. Der bekannteste ist der des Spartacus (73 bis
25 71 v. Chr.).

Ein Sklavenjunge in einer römischen Küche, vermutlich in Pompeji, römisches Mosaik, undatiert

Der römische Geschichtsschreiber Plutarch (um 46–um 120 n. Chr.) über den römischen Politiker Cato (234–149 v. Chr.):

Cato hielt eine große Menge Sklaven, die er aus den Kriegsgefangenen kaufte, am liebsten solche, die noch klein waren und sich wie junge Hunde oder Fohlen nach seiner Art bilden und ziehen lie-
5 ßen ... Wenn er seinen Freunden und Amtsgenos-sen ein Gastmahl gab, ließ er gleich nach dem Essen die Sklaven, die beim Auftragen oder Zube-reiten der Speisen nachlässig gewesen waren, auspeitschen. Diejenigen, die ein todeswürdiges
10 Verbrechen begangen zu haben schienen, ließ er dann, wenn sie von sämtlichen Sklaven in einem Gericht für schuldig befunden worden waren, hinrichten.

Plutarch, Marcus Cato der Ältere, 21. Zit. nach Konrat Ziegler (Hg.) Große Griechen und Römer, Bd. 1, München (Artemis) 1954. Übers. v. Konrat Ziegler, bearb. v. Verf.

1 Beschreibe das Leben von Sklaven, wie es in M1 und M2 dargestellt wird.

2 Lies M2 und gib mit eigenen Worten wieder, welche Haltung Cato gegenüber seinen Sklaven einnimmt.

B

Sklavenmarkt im alten Rom, Zeichnung, 20. Jahrhundert. Die Sklaven wurden auf großen Märkten verkauft. Der größte dieser Märkte war in der griechischen Hafenstadt Delos. An manchen Tagen wurden dort bis zu 10 000 Menschen verkauft. Für jeden Sklaven wurde ein Kaufvertrag abgeschlossen, in dem unter anderem die Qualität der Sklaven garantiert und der Kaufpreis festgehalten wurde.

Halsband eines Sklaven und seine Besitzmarke, undatiert. Auf der Marke steht: „Halte mich, damit ich nicht fliehe, und gib mich meinem Herrn zurück."

1   Stelle mithilfe von M3 dar, welche Bedeutung Sklavenmärkte für das Leben der Sklaven hatten.
2   Erkläre M4 aus der Sicht eines römischen Sklaven.

C

Einige Sklaven wurden als Gladiatoren eingesetzt. Sie kämpften in den Amphitheatern gegen andere Sklaven oder wilde Tiere. Bei großen Spielen kämpften sie dabei um ihr Leben, manchmal aber auch um ihre Freiheit, römisches Mosaik, 4. Jh. n. Chr.

1   Beschreibe das Leben von Sklaven, wie es in M5 und M6 dargestellt wird.
2   Erläutere welchen Wert Sklaven für ihre Besitzer und die Öffentlichkeit hatten.

Der griechische Geschichtsschreiber Diodorus (um 80 v. Chr.–um 29 n. Chr.) über die Sklaven in den Bergwerken in den spanischen Provinzen:
Die mit der Arbeit in den Bergwerken beschäftigten Sklaven liefern ihren Herren unglaublich hohe Einkünfte, sie selbst aber, die in den Gruben unter der Erde ihre Körper Tag und Nacht aufreiben
5   müssen, sterben in großer Zahl unter dem außerordentlich harten Einsatz; denn ihnen wird bei ihrer Tätigkeit keine Erholung oder Pause gewährt, sie müssen vielmehr unter den Schlägen ihrer Aufseher, die sie zwingen, ihre fürchterliche Lage
10   zu ertragen, auf solch elende Weise ihr Leben opfern, wobei freilich einige dank ihrer Körperkraft und Seelenstärke im Stande sind, derartige Strapazen über einen langen Zeitraum hin auszuhalten. Der Tod ist jedenfalls wegen der Größe ihrer
15   Leiden ersehnenswerter als das Leben.
Diodor, Griechische Weltgeschichte V 36, 3–4, 38.
Zit. nach Otto Veh (Hg.) Diodoros, Griechische Weltgeschichte, Stuttgart (Hiersemann) 1993. Übers. v. Otto Veh.

Die Wasserversorgung – eine technische Herausforderung

Wasser war in der Antike wie heute ein lebensnotwendiges Gut. Wasser wurde vor allem in den Städten benötigt. Römische Ingenieure und Bauleute entwickelten ein Kanalnetz, in dem das Wasser aus den Bergen in die Städte geleitet wurde. Vielleicht hast du schon einmal ein römisches Aquädukt gesehen? In Europa, Nordafrika und im Vorderen Orient finden sich noch viele davon.
* *Wie funktionierte die Wasserversorgung über große Entfernungen?*

Aquäduktbrücke Pont du Gard bei Nîmes in Südfrankreich, Foto 2007. Das Bauwerk stammt aus dem ersten Jh. n. Chr. und ist 49 Meter hoch

Aquädukte – ein technische Meisterleistung

Für den steigenden Wasserbedarf in den Städten bauten römische Ingenieure neue Fernwasserleitungen. Diese überwanden auf großen brückenartigen Bauwerken, den Aquädukten*, Täler und Flussläufe. Die Leitungen waren
5 meist überdacht, damit das Wasser nicht verschmutzte. Mathematiker berechneten exakt das erforderliche Gefälle, dadurch lief immer genug Wasser durch die Leitungen. Im 1. Jahrhundert n. Chr. entstanden allein rund um Rom 13 Fernleitungen von 17 bis 91 Kilometern Länge.
10 Bei voller Auslastung der Fernleitungen flossen täglich 700 Millionen Liter Wasser in die Hauptstadt.

....

Thermen

aus dem Griechischen: „warme Bäder". Römerinnen und Römer besuchten regelmäßig öffentliche Badehäuser. Neben dem Zweck der Körperreinigung erfüllten diese Einrichtungen auch eine gesellschaftliche Funktion: Hier traf man sich und tauschte sich aus. Mit der Erfindung der Fußbodenheizung am Ende des 1. Jh. n. Chr. wurden in Rom und den Provinzen mehrere Hundert Thermen errichtet, meist nach der gleichen Bauweise.

Wie wurde das Wasser verteilt?

Das ankommende Wasser wurde in „castella", großen Wasserreservoirs, gespeichert. Von dort gelangte es über
15 unterirdisch verlegte Blei- und Tonrohre an die 1300 öffentlichen Brunnen. Elf Brunnen waren dem Kaiser vorbehalten. Hinzu kam der enorme Wasserbedarf der rund 900 Badehäuser der Stadt. Die Entsorgung des Brauchwassers erfolgte über einen riesigen unterirdischen Ab-
20 wasserkanal, die „Cloaca Maxima", die in den Tiber führte. Über einen Wasseranschluss im Haus verfügte knapp die Hälfte der Hauptstadtbewohner. In Mietshäusern jedoch, in denen viele römische Familien lebten, war er selten. In der Regel erhielten nur Angehörige der Oberschicht, z. B.
25 Senatoren und Ritter, Genehmigungen für einen solchen Anschluss. Ein Privatmann ohne Vermögen hatte kaum Chancen, einen Wasseranschluss zu erhalten, weil die Zuleitungen von den Verteilerstellen zum Haus selbst bezahlt werden mussten. Wer Wasser verschmutzte, musste
30 mit hohen Geldstrafen rechnen.

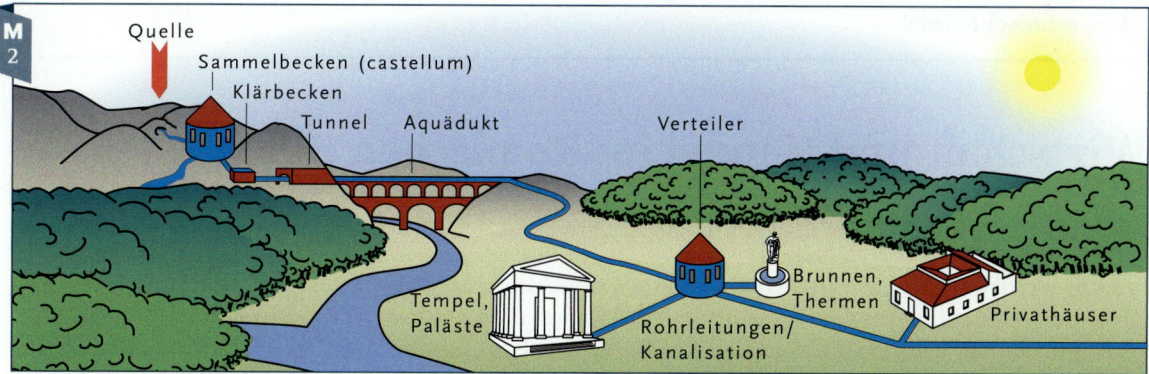

Römische Wasserversorgung, Zeichnung, 2014

Thermen mit öffentlicher Toilettenanlage in der römischen Stadt Cambodunum (heutiges Kempten), Foto, 2014

Der Historiker Helmuth Schneider schrieb 1985:

Da große Mietshäuser nicht an die Kanalisation angeschlossen waren, gab es in den Wohnungen der Armen keine Toiletten; ... üblicherweise wurde der Topf nachts aus dem Fenster entleert, die
5 Fußgänger mussten sehen, dass sie von den Fäkalien nicht beschmutzt wurden ... Tagsüber konnte die Bevölkerung auch die mit der cloaca[1] verbundenen öffentlichen Latrinen[2] benutzen, die mehrere Sitze nebeneinander aufwiesen; es gab
10 keine Trennwände.

Helmuth Schneider, Cloaca Maxima, in: Journal für Geschichte, Weinheim (Beltz) Juli/August 1985, S. 17. Bearb. v. Verf.

[1] *Abwasserkanal*
[2] *Toiletten*

Asterix urteilt über die römische Ingenieurskunst, Comic, 1970

1 **Partnerarbeit:** Notiert, wozu wir heute Wasser brauchen. Verfasst eine Mindmap.
2 Beschreibe mithilfe des Darstellungstextes und M2, wie die Römer die Wasserversorgung ihrer Städte sicherten.
3 Beschreibe mithilfe von M1 und M2 die Funktionsweise eines Aquäduktes. Worauf musste der Architekt besonderen Wert legen?

4 **Wähle eine Aufgabe aus:**
a) Betrachte M3 und fasse zusammen, was der Historiker (M4) über Toiletten im alten Rom sagt. War Rom eine saubere Stadt? Formuliere eine eigene Meinung.
b) Betrachte M5. Schreibe einen Text, in dem du Asterix antwortest.

Wirtschaft und Handel im Römischen Reich

Dank gut ausgebauter Fernstraßen und einer bedeutenden Handelsflotte konnten im Römischen Reich Erzeugnisse über große Entfernungen gehandelt und getauscht werden. Mithilfe einer Wirtschaftskarte kannst du die Lage der Rohstoffvorkommen, wichtige Produktionsstätten bestimmter Güter und die Handelswege zu Wasser und zu Lande im Römischen Reich untersuchen.

- *Wie wurde Wirtschaft und Handel im großen Römischen Reich möglich?*
- *Welche Erzeugnisse und Waren wurden getauscht?*

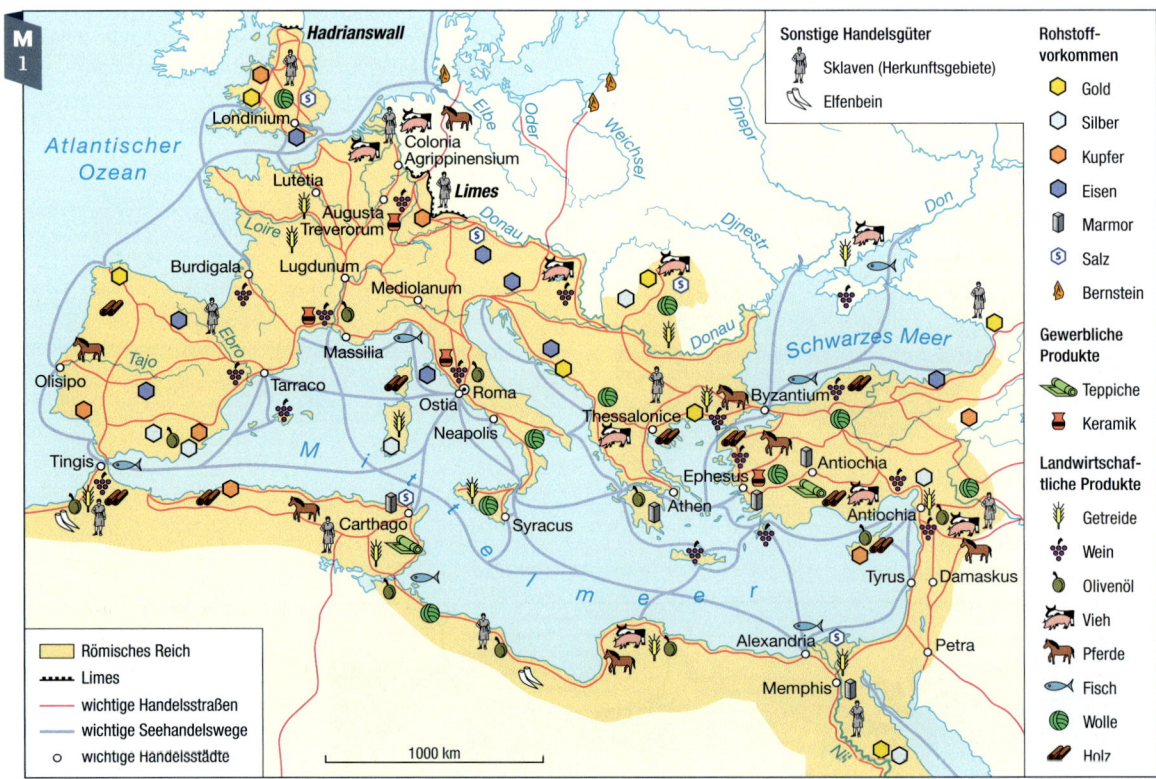

Wirtschaft und Handel im Römischen Reich im 2. Jahrhundert n. Chr.

Umschlagplatz Rom

Unter Augustus entwickelte sich Rom zu einer Millionenstadt. Um die Bevölkerung zu ernähren, mussten riesige Mengen Lebensmittel herangeschafft werden. Diese wurden vorwiegend auf den von Sklaven bewirt-
5 schafteten Gütern der Großgrundbesitzer produziert. Ein besonderes Ereignis für die Einwohner Roms war das Eintreffen der ersten Getreideschiffe aus Ägypten im Frühling. Zwar waren die römischen Lastschiffe größer als die griechischen und verfügten über einen zweiten
10 Mast, doch das offene Meer abseits der Küsten wurde nur zwischen Mitte April und Mitte Oktober befahren. Von Rom nach Alexandria dauerte die Schiffsreise bei bestem Wind neun Tage. In umgekehrter Richtung muss-

ten die schwer beladenen Schiffe gegen den Wind kreu-
15 zen und benötigten rund drei Wochen. Das typische Transportgefäß dieser Zeit war die Amphore, in der beispielsweise Getreide oder Öl transportiert wurden. Aus heutiger Sicht scheinen viele Handelswege des Römischen
20 Reichs große Umwege zu sein. Das hängt damit zusammen, dass der Transport zur See und auf Flüssen billiger und schneller war als auf dem Landweg. Nach Rom kamen hochwertige Waren aus aller Welt. Die Hauptstadt wurde reich durch
25 die Ausfuhr kostbarer Waren aus Italien in alle Provinzen des Reichs.

Römische Amphoren, 79 n. Chr., gefunden in einem Gebäude in Herculaneum

 Wirtschaft und Umwelt

Arbeiten an Verkehrswegen in der Römerzeit, Rekonstruktionszeichnung

1 Werte die Karte M1 mithilfe der Arbeitsschritte S. 94/95 aus. Übertrage die Arbeitsschritte der linken Spalte der Tabelle in dein Heft und ergänze die Antworten.
Tipp: Folgende Formulierungen könnten dir helfen:
„Die Überschrift lautet …",
„Die Karte gibt Auskunft über die Wirtschaft und den Handel im Römischen Reich im …",
„Die Symbole stehen für …", „Die Rohstoffe und Erzeugnisse wie … werden für … benötigt …",
„Es wurde mit … gehandelt …"

2 Miss auf der Karte M1 mithilfe des Maßstabes die Ausdehnung des Römischen Reichs
a) von Nord nach Süd (vom Limes des Kaisers Hadrian im Norden Britanniens bis Carthago),
b) von West nach Ost (von Olisipo bis Damaskus).

3 Wähle eine Aufgabe aus:
a) Benenne mithilfe von M1 die wichtigsten Handelswaren und liste ihre Herkunftsländer auf.
b) Nimm die Weltkarte im vorderen Innenumschlag zu Hilfe und nenne anhand von M1 die heutigen Namen der Länder, mit denen Rom Handel trieb.

4 Betrachte M3 und schreibe einen Augenzeugenbericht aus der Sicht eines Händlers. Erkläre, warum das Straßennetz wichtig für den Handel ist.

5 Vergleiche mithilfe von M3 und M4 die Bauweise von römischen Straßen mit heutigen Straßen. Welche Probleme könnten römische Händler beim Transport durch diese Bauweise gehabt haben?

6 Oftmals wird gesagt, dass eine Zeit des Friedens den Aufschwung des Handels ermöglicht. Finde Argumente für diese Behauptung.

Die Via Appia, die älteste gepflasterte römische Fernstraße in Italien, Foto, 2002

Webcode: FG2450006-161
Römische Wirtschaft

Das Leben im römischen Germanien

Webcode: FG2450006-162

*In West- und Süddeutschland finden sich viele Überreste, die an die Römer erin-
nern. Dazu zählt der Limes, die Grenzbefestigung zwischen dem Römischen Reich
und den von verschiedenen germanischen Völkern beherrschten Gebieten.*
- *Welche Bedeutung hatte der Limes?*
- *Welche Auswirkungen hatte die römische Herrschaft im Grenzgebiet?*

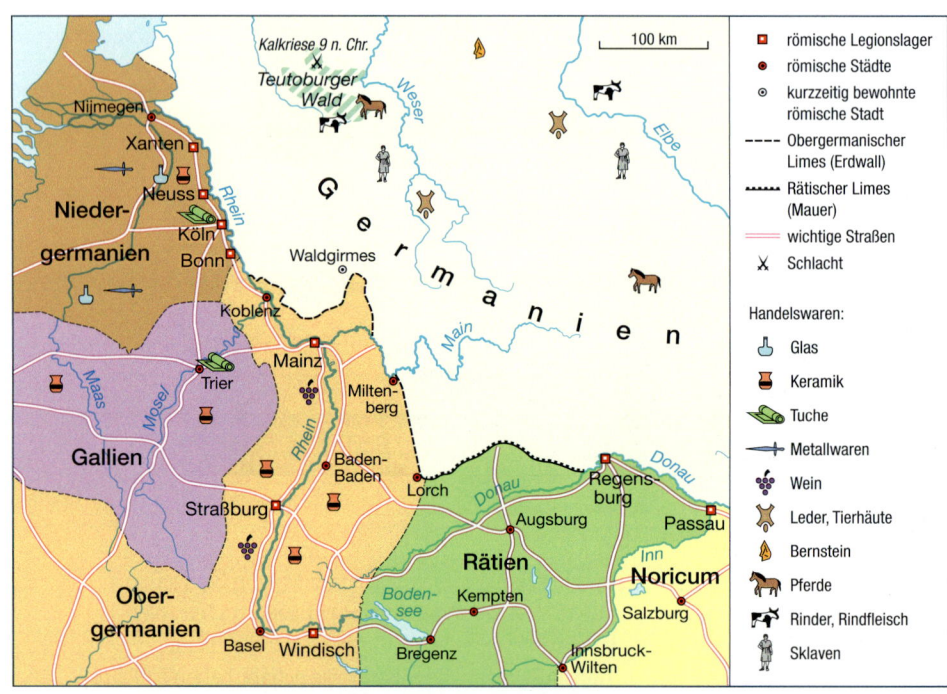

M1 *Der Obergermanische Limes im 2. Jahrhundert n. Chr.*

Legende:
- □ römische Legionslager
- ● römische Städte
- ◉ kurzzeitig bewohnte römische Stadt
- ---- Obergermanischer Limes (Erdwall)
- ····· Rätischer Limes (Mauer)
- —— wichtige Straßen
- ✕ Schlacht

Handelswaren:
- Glas
- Keramik
- Tuche
- Metallwaren
- Wein
- Leder, Tierhäute
- Bernstein
- Pferde
- Rinder, Rindfleisch
- Sklaven

Romanisierung

Romanisierung bedeutet wörtlich „römisch machen". Allgemein ist damit die Übertragung römischer Lebensformen auf die besiegten Völker gemeint, z. B. Bauweise, Lebensgewohnheiten, Straßenbau, römisches Recht, lateinische Sprache, römische Götter.

Der Limes – Grenze zur Sicherung des Friedens?

Im Jahre 9 n. Chr. wurde eine römische Armee bei Kalkriese im heutigen Niedersachsen von Germanen vernichtend geschlagen (siehe S. 164/165). Als Reaktion auf diese Niederlage begannen die Römer mit dem Bau
5 einer befestigten Grenze. Der Limes wurde von den Römern zum Schutz der eroberten Gebiete gebaut. Seine Wachttürme bildeten eine wirksame „Alarmanlage" gegen regelmäßige Überfälle von Germanen auf die wirtschaftlich reicheren römischen Gebiete.
10 Anfangs bestand der Limes nur aus einem geflochtenen Zaun, kleinen Erdbefestigungen und hölzernen Signaltürmen, ehe er im Laufe des 2. Jahrhunderts immer stärker befestigt wurde. Seine Gesamtlänge betrug 550 Kilometer. Einen weiteren Limes bauten die Römer auch im
15 Norden Englands („Hadrianswall") und im heutigen Rumänien. Trotz der militärischen Auseinandersetzungen hat der Limes Handel und Verkehr aber nicht behindert. Die Germanen lernten neue Techniken wie den Hausbau aus Stein und den Weinanbau. Mit den Römern
20 kamen Gurken, Sellerie, Kirschen und Pfirsiche erstmals in unsere Gegend. Umgekehrt waren die Soldaten Roms bei ihrer Versorgung auf Produkte der Germanen angewiesen.

Legionäre – nicht nur Soldaten

25 An der militärischen Befestigungsanlage des Limes waren bis zu 30 000 Soldaten in rund 120 Stützpunkten stationiert. Ihr Leben war aber nicht immer von Kampf und Krieg bestimmt. Sie mussten Festungsanlagen, Kasernen, Straßen und Kanäle anlegen und auch Äcker
30 in der Nähe des Lagers bewirtschaften. Einige Legionäre hatten Spezialwissen und wurden daher als Feldvermesser, Architekt, Arzt, Schiff- und Wagenbauer oder als Schmied eingesetzt. Ein anderer Teil der Armee diente zur Sicherung nach innen, um Straßenräuber aufzu-
35 spüren und Aufstände niederzuschlagen. In der Legion betrug die Dienstzeit 20 Jahre. Wenn sie das Ende ihrer Dienstzeit erlebten, ließen sich die Soldaten mit ihren Familien als „Veteranen" in Siedlungen in der Nähe der

Festungen nieder – so zum Beispiel in Mogontiacum
40 (Mainz), Novaesium (Neuss) oder Aalen (Ala). Sie trugen dazu bei, dass sich die römische Lebensweise in den
Grenzgebieten immer stärker verbreitete.

Spuren aus römischer Zeit

Von den Römern unterworfene Regionen übernahmen
45 die römische Lebensweise, weil Steinhäuser, Wasserleitungen und Heizung einen bequemeren Alltag ermöglichten. Diese Anpassung an die römische Kultur nennen
wir Romanisierung. Die Römer prägen bis heute insbesondere mit ihrer Sprache und Schrift sowie ihren
50 Rechtsvorstellungen das Leben in großen Teilen Europas. So ist dieses Schulbuch in lateinischen Buchstaben
gedruckt, und einige von euch lernen eine aus dem Latein abgeleitete „romanische" Sprache wie Französisch,
Spanisch oder Italienisch.
55 Während man in West- und Süddeutschland viele Spuren aus römischer Zeit findet, beschänken sich diese in
deinem Bundesland Niedersachsen auf wenige Orte. Anders als in westrheinischen Gebieten, wo ein reger Austausch des zivilen Lebens zwischen Römern und Germa-
60 nen stattgefunden hat und zahlreiche Städtegründungen
nachgewiesen sind, sind es in Niedersachsen einzelne
Schlachtorte, die auf heftige militärische Auseinandersetzungen schließen lassen. Aber selbst die bekannteste
Schlacht, die Varusschlacht im Jahr 9 n.Chr., hat so we-
65 nig Spuren hinterlassen, dass ihre Lokalisierung bis heute
umstritten ist. Weil in Kalkriese bei Osnabrück zahlreiche Waffen und 1988 eine Maske eines römischen Ge-
sichthelms gefunden wurde (siehe S. 165), gilt es heute
als wahrscheinlich, dass hier die Germanen dem römi-
70 schen Heer die größte militärische Niederlage beige-
bracht haben.

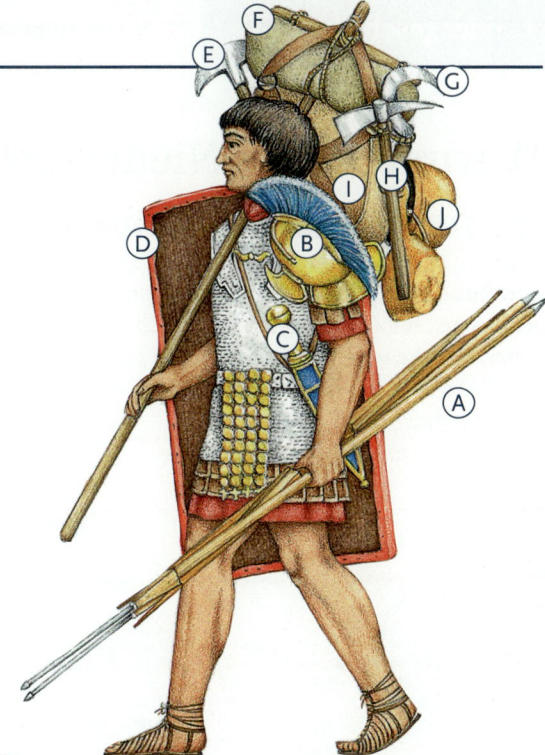

M2 Römischer Legionär mit Marschgepäck, Rekonstruktionszeichnung. Das Gepäck wog etwa 48 Kilogramm und bestand unter anderem aus Grundnahrungsmitteln, die für ein
bis drei Tage reichen mussten, sowie aus Trinkwasser in Feld-
flaschen. Ergänzend zu den Lebensmitteln trug der Legionär:
A Wurflanzen; B Helm; C Kurzschwert; D Schild; E Spaten;
F Zeltplane/Ersatzkleidung; G Sichel; H Spitzhacke; I „Tornister" mit Löffel, Messer, Reparaturwerkzeug; J Koch- und
Essgeschirr. Außerdem trug er meist noch private Kleinteile
wie Kamm, Rasiermesser, Schreibzeug und Amulette.

1 **a)** Beschreibe mithilfe von M1 und des Darstellungstextes die Lage und Ausdehnung des Limes.
b) Erläutere mithilfe des Darstellungstextes, welchen Zweck der Limes erfüllen sollte.
2 Finde mithilfe von M1 heraus, für welchen Teil des
Limes das Modell M3 angefertigt wurde.
3 Verfasse mithilfe von M2 und des Darstellungstextes
einen Brief eines römischen Legionärs an seinen
Freund in Rom. Schildere Ausrüstung und Alltag.
4 Erläutere die Auswirkungen der römischen Herrschaft auf die eroberten Gebiete.
5 **Wähle eine Aufgabe aus:**
Recherchiere eines der folgenden Themen und
stelle es mithilfe eines Lernplakats deiner Klasse vor:
a) das Leben in der Stadt Trier zur Römerzeit
b) den Archäologischen Park Xanten.

M3 Grenzübertritt am Limes, Modell im Limesmuseum Aalen

Warum wurde Niedersachsen keine römische Provinz?

Um Raubzüge germanischer Stämme zu verhindern, war es das Ziel von Kaiser Augustus, die Germanen bis zur Elbe zu unterwerfen und die Grenze des Römischen Reichs vom Rhein bis an die Elbe als natürliche Grenze vorzuschieben. Große Teile des Gebiets des heutigen Niedersachen wären damit eine römische Provinz geworden.

* *Warum kam es nicht dazu?*

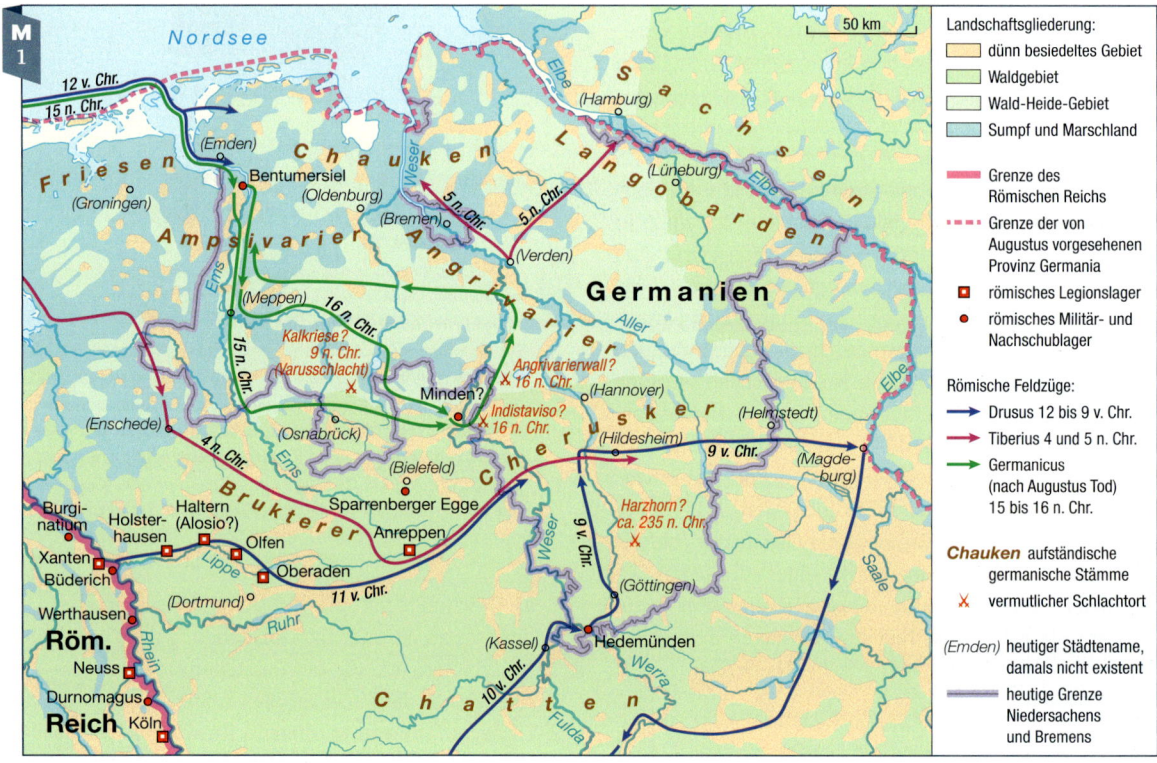

Norddeutschland zur Römerzeit

Die Germanen in Norddeutschland

In den Überlieferungen römischer Geschichtsschreiber war das Gebiet des heutigen Niedersachsens um Christi Geburt eine dunkle, fremde Landschaft mit ausgedehnten Sumpfgebieten und undurchdringlichen Wäldern.
5 Hier lebten germanische Stämme wie die Friesen, Chauken, Langobarden und Cherusker. Über ihre Lebeweise weiß man fast nur, was Tacitus in seiner Schrift „Germania" berichtete. Danach waren die Germanen östlich und nördlich von Rhein und Weser ein Volk von Bauern und
10 Kriegern. Sie siedelten überwiegend in verstreuten Einzelgehöften und kleinen Dörfern, lebten in Großfamilien und Sippenverbänden, die sich zu losen Stammesverbänden zusammenschlossen. Sie wohnten in strohbedeckten Häusern, in denen Menschen und Vieh unter
15 einem Dach lebten. An heiligen Kultstätten verehrten sie ihre Naturgötter. An der Spitze der Stämme standen Adlige mit ihren kriegerischen Gefolgschaften. Die Versammlung der freien Männer, das Thing, sprach Recht und wählte für Kriegszüge einen Herzog als Führer.

Die Varusschlacht
20 Nach den ersten siegreichen Feldzügen gegen die Germanen unter Drusus 12–9 v. Chr. und der Niederschlagung von Aufständen unter Tiberius 4 und 5. n. Chr. schien Germanien soweit unter römischer Kontrolle,

Eiserne Gesichtsmaske eines römischen Helmes, 1988 in Kalkriese gefunden. Foto

M 3

M 2 *Abbildung Germanisches Wohn-Stall-Haus mit Speicher, Modell*

25 dass der von Augustus eingesetzte Statthalter Quitinius Varus hier eine Provinzorganisation aufbauen, römisches Recht und Glauben einführen sowie die Erhebung von Steuern und Tributzahlungen durchsetzen sollte. Dagegen erhoben sich die unter dem Cheruskerfürsten 30 Arminius zusammengeschlossenen germanischen Stämme und lockten 9. n. Chr. die römischen Legionen in einen Hinterhalt. In einem über drei Tage dauernden Gemetzel wurde das aus etwa 18 000 Soldaten bestehende römische Heer vernichtend geschlagen. Varus und die 35 anderen römischen Heerführer begingen Selbstmord, um nicht in die Hände der Germanen zu fallen. Obwohl immer noch nicht gesichert, weisen zahlreiche Funde (Ausrüstungsgegenstände, Waffen, Werkzeuge, Münzen) darauf hin, dass diese Schlacht auf dem Kalkrieser 40 Berg bei Osnabrück stattfand.

Nach dieser Niederlage führten die Römer unter Germanicus 14–16 n. Chr. zwar noch Rachefeldzüge durch. Und auch in den Jahrhunderten danach gab es immer wieder Streifzüge römischer Legionen durch das heutige 45 Niedersachsen. Neue Funde und Ausgrabungen am Harzhorn bei Northeim belegen zum Beispiel, dass dort vermutlich 235 n. Chr. eine Schlacht stattgefunden hat. Dies ändert aber nichts an der Tatsache, dass die Römer nach der Varusschlacht ihre Versuche aufgaben, das 50 Römische Reich bis zur Elbe auszudehnen.

1 Stelle mithilfe von M1 und des Darstellungstextes zusammen, was die Römer unternahmen, um die römische Provinz Germania auf Norddeutschland auszuweiten.

2 Verfasse einen Bericht über die Lebeweise der Germanen, wie sie im Text beschrieben wird und aus M2 hervorgeht. Vergleiche diese Lebeweise mit der, die du von den Römern kennst.

3 Erläutere mithilfe des Darstellungstextes, warum sich die germanischen Stämme gegen Varus auflehnten.

4 Überlege, welchen Eindruck M3 auf die germanischen Krieger machen sollte.

5 **Wähle eine Aufgabe aus:**

a) Als einer der wenigen überlebenden Soldaten berichtest du nach Rom über die Niederlage in der Varusschlacht.

b) Recherchiere, welche Funde von römischen Leben es in Niedersachsen gibt. Berichte darüber deiner Klasse.

Was wussten Römer und Chinesen voneinander?

Die Hauptstädte Rom und Xi'an liegen eine halbe Erdumrundung voneinander entfernt. Trotz dieser Entfernung belegen Quellen und Funde, dass das Römische und das Chinesische Reich seit dem 1. Jahrhundert v. Chr. voneinander wussten.
• *Gelang es ihnen, miteinander Kontakt aufzunehmen?*

Verabschiedung der Expeditions-Karawane des Entdeckers Zhang Qian Richtung Rom unter dem Han-Kaiser Wu-di (156–87 v. Chr.), Wandmalerei in den Mogao-Grotten bei Dunhuang, China, 7. Jh. Die Expedition endete im Reich der Parther. Diese überzeugten die Chinesen, dass es viel zu weit bis nach Rom sei.

Was kannten die Römer von der Welt?

Durch Fernhändler hörten die Römer von Gebieten außerhalb ihres Machtbereichs. Von herausragender Bedeutung für den römischen Fernhandel war die Entdeckung des Seeweges nach Indien. Einem kühnen See-
5 fahrer namens Eudoxos aus Alexandria gelang 112 oder 116 v. Chr. in nur 40 Tagen die Fahrt vom Roten Meer über den Indischen Ozean bis an die Westküste Indiens. Dies war keine Seefahrt entlang der Küsten, sondern über das offene Meer. Dazu mussten die Seefahrer die
10 vorherrschenden Richtungen der Winde genau kennen. Einhundert Jahre später, zur Zeit von Kaiser Augustus, war die Fahrt nach Indien schon zu einer richtigen „Rennstrecke" geworden. Zu Beginn der westöstlichen Monsunwinde legten von den Häfen am Roten Meer
15 über 100 Schiffe nach Indien ab, von denen jedes 600 bis 1000 Tonnen laden konnte. In Indien wurden Luxuswaren aller Art aus Ostasien und Indien eingekauft, deren Verkauf im Römischen Reich märchenhafte Gewinne einbringen konnte. Zudem wurde der Zwischenhandel
20 der Parther umgangen.

Was kannten die Chinesen von der Welt?

Die Expansionszüge der Han-Kaiser hatten das Reich bis nach Korea und Vietnam ausgedehnt. Jenseits der großen Mauer kontrollierten weiterhin Nomadenvölker das
25 Gebiet, während im Westen natürliche Grenzen Feinde abhielten.

Die Chinesen standen bereits in vereinzelten Handelskontakten mit Japan und fernen Ländern im Süden. Dazu zählten Inseln des heutigen Indonesien sowie Sri Lanka
30 und die Ostküste Indiens. Die Chinesen wussten von der Existenz des Römischen Reichs, doch zu direkten diplomatischen Kontakten ist es in der Antike nie gekommen.

Beliebte Luxuswaren
Aus China nach Rom: Seide, Pelze, hochwertiges Eisen, Zimt
Aus Rom nach China: Korallen, Purpurschnecken, Bernstein, hochwertiges Glas, Silber, Gold

Römische Silberschale mit einer Abbildung des griechischen Gottes Dionysos, gefunden in Gansu, China, 2./3. Jh. nach Chr.

Transkulturalität

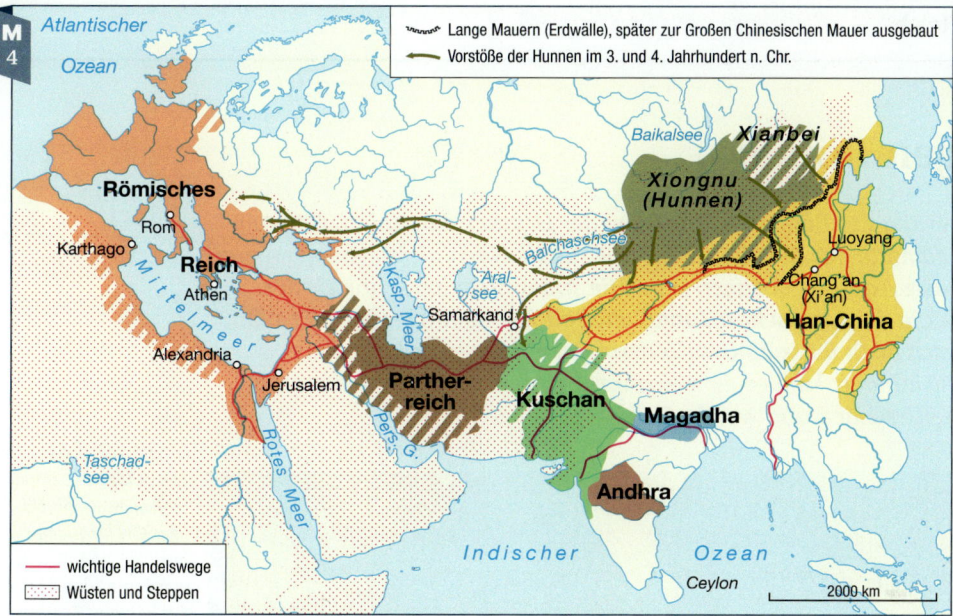

Europäische und asiatische Großreiche (2.–5. Jahrhundert)

M5

Rom aus chinesischer Sicht – der Bericht einer chinesischen Chronik (5. Jh. n. Chr.):

Das Reich Dà Qin[1] hat über 400 Städte, die von Mauern aus Stein umgeben sind. An den gepflasterten Straßen finden sich Poststationen. Pinien und Zypressen sind die vorherrschenden Bäume. Die Rö-
5 mer widmen sich hauptsächlich der Landwirtschaft. Sie rasieren ihre Köpfe kahl und tragen gewebte Kleider. Ihr König fährt auf einem kleinen Wagen mit weißem Stoffschirm und besitzt fünf Paläste in der Hauptstadt. Die Säulen in den Räumen des Palastes
10 sind aus Kristallglas, genau wie das Geschirr zum Essen. Jeden Tag hält der König in einem seiner Paläste Gericht ... In jedem Palast arbeiten viele Beamte und führen ein geschriebenes Archiv ...
Die Menschen des Landes sind alle sehr groß und
15 normal gebildet. Sie ähneln den Chinesen, darum nennen wir sie Dà Qin (Ta-Ch'in = große Chinesen). Dà Qin treibt über See Handel mit Parthien und Indien, die Gewinne sind sehr hoch. Die Menschen aus Dà Qin sind ehrlich und offen ... Getreide und
20 Nahrungsmittel sind immer billig ... Sie prägen Münzen aus Gold und Silber, wobei zehn Silbermünzen den Wert einer Goldmünze haben... Der König dieses Landes wollte immer mit den Han-Kaisern diplomatische Beziehungen aufbauen. Aber die Par-
25 ther hinderten die Römer daran, weil sie den Seidenhandel allein kontrollieren wollten ... Schließlich schickte der Kaiser An-Tun[2] eine Gesandtschaft, die im neunten Jahr der Regierung von Kaiser Huan [166 n. Chr.] die Grenze bei Vietnam erreichte. Die
30 Römer brachten als Geschenke Stoßzähne von Elefanten, Hörner des Rhinozeros und Schildplatt mit ... Dà Qin ist dicht bevölkert. Alle zehn Li[3] gibt es eine Raststätte an den Straßen und alle 30 Li eine Wechselstation für Pferde.

Hou Han Shou 88. Zit. nach Donald D. Leslie/Kenneth H. J. Gardiner (Hg.), The Roman Empire in Chinese Sources, Studi Orientali XV, Rom (Bardi) 1996, S. 47–52. Übers. v. Verf.

[1] *Großes Reich = Rom*
[2] *Kaiser Marcus Aurelius Antonius*
[3] *5 km*

1 Stelle dir vor, du hättest als römischer Jugendlicher deinen Vater auf einer Handelsreise von Rom nach China begleitet. Welche Kleidung und Ausrüstung hättest du für die Reise von einem Jahr gebraucht und welchen Gefahren wärest du vermutlich ausgesetzt gewesen?
Tipp: Nimm M4 zu Hilfe.

2 Erläutere mithilfe des Darstellungstextes Z. 21 ff. und M4, auf welchen Wegen Römer und Chinesen voneinander Kenntnis erlangten.

3 Chinesische Quellen nennen die Seidenstraße auch die „Glasstraße". Stelle eine Verbindung zu M2 her und begründe die Benennung.

4 Beschreibe M1 und nenne mögliche Gründe, warum der Kaiser persönlich die Karawane verabschiedete.

5 Finde in M5 Hinweise, wie die Chinesen sich das Römische Reich vorstellten. Stelle Vermutungen an, warum es nicht zu direkten diplomatischen Kontakten zwischen Rom und China kam.

Juden gegen Römer

Nach der Überlieferung der Bibel war Abraham der Urvater der Juden, Christen und Muslime. Er stammte aus dem heutigen Irak. Seine Nachfahren sollen wegen einer Dürre ins reiche Ägypten gezogen sein. Die Juden siedelten zur Zeit der römischen Republik in der Landschaft Judäa, die seit 63 v. Chr. römische Provinz war. Hier befand sich auch ihr religiöses Zentrum: der Tempel in Jerusalem.
- *Im 1. und 2. Jahrhundert kam es zu mehreren Kriegen zwischen Juden und Römern. Welche Ursachen und welche Folgen hatten sie?*

Die „Klagemauer" in Jerusalem ist ein heiliger Ort für Juden aus aller Welt. Sie ist eine Grundmauer des von den Römern zerstörten jüdischen Tempels. Darüber, auf dem Tempelberg, steht die Moschee Qubbat as-Sachra aus dem 7. Jahrhundert (genannt „Felsendom"), in der Muslime die Himmelfahrt des Propheten Mohammed verehren. Foto, 2008

Den Römern gehorchen?
Julius Caesar hatte während seiner Feldzüge im Osten des Reichs den Juden und ihrer Religion großen Respekt entgegengebracht. Unter römischer Herrschaft waren die Juden vom Militärdienst befreit. Seit der Herrschaft
5 von Kaiser Augustus bezahlten die römischen Kaiser selbst für die Opfer, die ihnen zu Ehren im Tempel von Jerusalem dargebracht wurden. Zahlreiche Römerinnen und Römer bekannten sich zum Gott der Juden.
Unter König Herodes, dem römischen Statthalter in der
10 Provinz Judäa, entstanden viele neue Städte. Doch Ruhe und Frieden kehrten nicht ein, da Teile der jüdischen Bevölkerung den römischen Herren jeden Gehorsam verweigerten. Nach jüdischem Glauben schuldete man nur Gott Gehorsam. Kaiser Augustus unterstellte deshalb
15 Judäa der direkten römischen Herrschaft und führte eine Volkszählung zur Festsetzung der Steuerzahlungen an Rom durch, wogegen sich heftiger Widerstand erhob. Die jüdische Oberschicht hatte kein Interesse an einem Konflikt mit den Römern, doch viele radikale Gruppen
20 riefen zum Kampf gegen die Besatzungsmacht auf. Zugleich zogen viele jüdische Wanderprediger durch das Land und warben für eine neue Gesellschaft: Unter ihnen war auch Jesus von Nazaret.

Kriege zwischen Juden und Römern
25 Andersgläubigen war das Betreten des jüdischen Tempels, in dem ein siebenarmiger Leuchter (Menora) und ein Altar aufgestellt waren, streng verboten. Als im Mai 66 n. Chr. römische Soldaten mit Spott und Beleidigungen in den Tempel von Jerusalem eindrangen, kam es zu ge-
30 waltsamen Aufständen. In dem darauf folgenden Krieg starben über eine Million Juden und Tausende römischer Soldaten. Im August 70 fiel die Stadt Jerusalem, und der jüdische Tempel wurde von Römern zerstört. Juden mussten von nun an eine besondere Steuer für den Jupi-
35 tertempel in Rom bezahlen.

Unter Kaiser Trajan brachen 116 n. Chr. erneut Revolten der Juden in Zypern, Kyrene und Alexandria gegen die Besteuerung Roms aus. Die Aufstände endeten mit der Unterwerfung der dortigen jüdischen Gemeinden durch
40 die Römer.

Als Kaiser Hadrian aus Jerusalem eine Stadt mit zahlreichen Tempeln für viele Götter machen wollte, kam es 132–135 n. Chr. zu einem letzten jüdisch-römischen Krieg. Unter ihrem Anführer Bar Kochba („Sohn eines
45 Sterns") gelang den Juden für kurze Zeit die Wiederherstellung der Unabhängigkeit. Wieder verloren Hunderttausende ihr Leben.

Kaiser Hadrian setzte seine Pläne schließlich durch: Juden durften Jerusalem bei Androhung der Todesstrafe
50 nicht mehr betreten. Judäa wurde umbenannt in Syria Palaestina. Für die Überlebenden begann die Zeit des Exils*. Sie siedelten sich in den Städten rund ums Mittelmeer, im Perserreich, auf der Arabischen Halbinsel und später in Westeuropa an. Immer wieder mussten sie
55 Ausgrenzung und Verfolgung erleiden. Der moderne Staat Israel entstand erst im 20. Jahrhundert.

Römische Soldaten tragen die Menora aus dem Tempel von Jerusalem. Relief auf dem Triumphbogen, der 81 n. Chr. zu Ehren des Kaiser Titus in Rom errichtet wurde, Foto, 1981

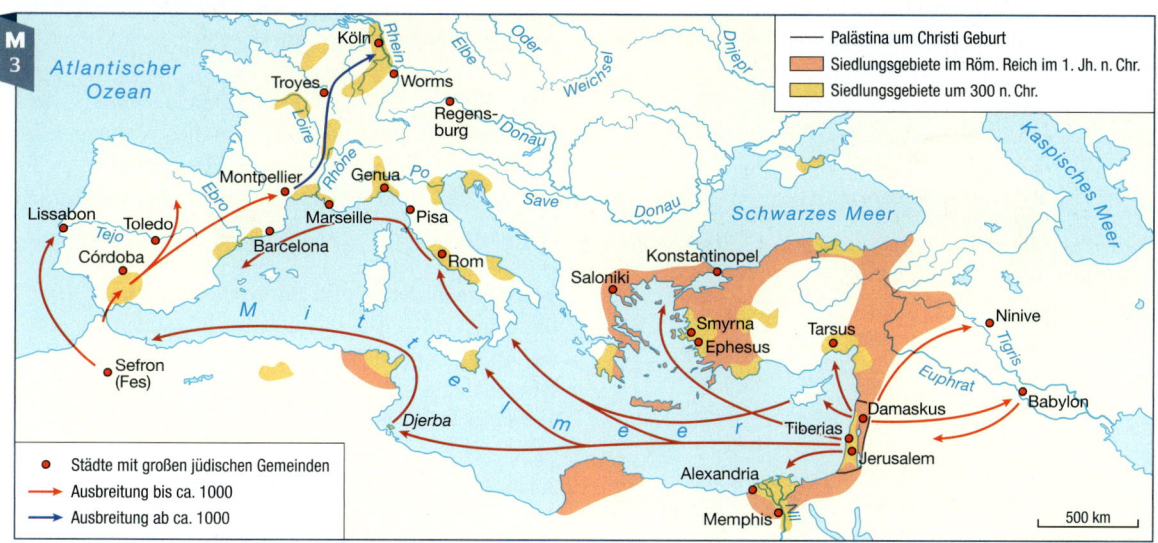

Jüdische Siedlungen um 750 n. Chr.

1 Werte den Darstellungstext aus und vergleiche die Kriege zwischen Römern und Juden in einer Tabelle.

Krieg	66–70		
Anlass			
Folgen			

2 Beschreibe M2 und erkläre, welche Bedeutung der erbeutete Gegenstand für die Juden hatten.
Tipp: Nimm den Darstellungstext Z. 24–35 und das Lexikon im Anhang zu Hilfe.

3 Finde in der Karte M3 die Regionen, in denen sich Juden nach der Vertreibung aus Judäa ansiedelten.

4 Der britische Historiker R. L. Fox sieht in den jüdisch-römischen Kriegen die „extremste Form der Romanisierung".
a) Wiederhole von S. 162 die Bedeutung des Begriffs Romanisierung.
b) Bewerte die Aussage des Historikers: Finde mindestens ein Argument dafür und eines dagegen.

Die Ausbreitung des Christentums im Römischen Reich

Die Römer unterwarfen viele Völker, die andere Gottheiten als sie verehrten. In Judäa trafen sie nicht nur auf das Judentum, sondern auch auf die ersten Christen. Wie die Juden glaubten auch die Christen an nur einen Gott (griech. Monotheismus).

- *Warum verbreitete sich die christliche Religion, und warum nahm sie bald eine bevorzugte Stellung im Römischen Reich ein?*

Die Entstehung der christlichen Religion

In der römischen Provinz Judäa lebte zur Zeit der Kaiser Augustus (30 v. Chr.–14 n. Chr.) und Tiberius (14 n. Chr. bis 37 n. Chr.) der Jude Jesus von Nazaret. Als Wanderprediger forderte er die Menschen zur Nächstenliebe auf
5 und weckte in ihnen die Hoffnung auf das kommende Reich Gottes. Für seine Anhänger war er der von den Juden erwartete Messias (hebräisch: Gesalbter Gottes). Der griechische Ausdruck für Messias heißt Christos. Daher bezeichneten die Römer die Anhänger dieser jü-
10 dischen Sekte nach Jesu Tod als „Christen". Jesus geriet mit seiner Botschaft in Konflikt mit den jüdischen Schriftgelehrten und den Priestern in Jerusalem. Sie sahen in ihm einen Aufrührer und eine Gefahr für den sozialen Frieden. Deshalb klagten sie ihn um ca. 30 n. Chr.

15 beim römischen Provinzstatthalter Pontius Pilatus an. Dieser verurteilte Jesus zum Tod am Kreuz. Wahrscheinlich sah Pilatus in Jesus auch einen der vielen Widersacher gegen die römische Herrschaft in Judäa.

Apostel verbreiten die christlichen Ideen

20 Trotz der anfänglich wenigen Anhänger verbreitete sich die „frohe Botschaft" Jesu (griechisch: Evangelium) dank der Apostel (Sendboten) im östlichen Mittelmeerraum und bis in die Hauptstadt Rom. Die bekanntesten Apostel sind Petrus und Paulus. Sie waren gebildete Ju-
25 den, sprachen neben dem im Alltag gebräuchlichen Aramäischen auch Griechisch und Latein. Paulus war römischer Bürger und gewann auf seinen Reisen viele Menschen für die neue Lehre. Anfangs verstanden sie sich noch als Juden. Erst allmählich empfanden sie die
30 Unterschiede zum herkömmlich jüdischen Glauben zu groß.

Von der Minderheit im Römischen Reich …

Die neuen christlichen Gemeinden bestanden vor allem aus Angehörigen der städtischen Unterschichten, römi-
35 schen Soldaten, Frauen und einigen wohlhabenden Römern. Auch viele Sklaven bekannten sich zum Christentum.
Solange sie die öffentliche Ordnung nicht störten, waren die Gemeinden im Römerreich geduldet. Da die Christen
40 das Kaiseropfer ablehnen, gerieten sie aber immer wieder unter Verdacht. Was taten sie, wenn sie sich zu Gebet und Gottesdienst in Privathäusern trafen? Als 64 n. Chr. in Rom ein verheerender Brand wütete, unterstellte Kaiser Nero den Christen Brandstiftung und ließ viele von
45 ihnen hinrichten. Dabei sollen auch die Apostel Petrus und Paulus als Märtyrer* gestorben sein. Am vermuteten Grab des Apostels Paulus wurde eine Kirche errichtet, die mehrfach zerstört und umgebaut heute als „Petersdom" zum Zentrum der katholischen Christenheit
50 geworden ist. Auch im 2. und 3. Jahrhundert kam es vereinzelt zu Christenverfolgungen.

Christus als guter Hirte, römische Wandmalerei aus einer unterirdischen Begräbnisstätte (Katakombe), 3. Jh. n. Chr.

Die Ausbreitung des Christentums im 3. Jahrhundert

... zur Staatsreligion

Die entscheidende Wende für die Christen kam mit Kaiser Konstantin. Er erkannte 313 das Christentum als gleichberechtigte Religion an. Eine christliche Legende
55 erzählt, dass Konstantin vor einer Schlacht gegen seinen Rivalen Maxentius im Traum ermahnt worden sei, mit dem Christuszeichen auf Fahnen und Schilden in die Schlacht zu ziehen. Nach seinem Sieg sicherte Konstantin allen Christen die freie Religionsausübung zu. Er be-
60 stimmte den Sonntag zum Ruhetag, unterstützte finanziell den Bau von Kirchen, verbot die Kreuzigung und gab Christen hohe Ämter in seiner Verwaltung. Erst auf dem Sterbebett ließ er sich taufen. Mit der konstantinischen Wende* wurde die Verbindung von römischem
65 Staat und Christentum immer enger. Kaiser Theodosius I. (379–395) machte das Christentum zur alleinigen Religion (Staatsreligion*). Unter der nun einsetzenden Verfolgung von Nichtchristen litten besonders die Juden, von denen die meisten ins Reich der Perser und in

Christogramm ☧

M3

Münze des Kaisers Konstantin, 315 n. Chr. Auf dem Schild ist die römische Wölfin abgebildet; im Helm zeigt eine runde Scheibe das sogenannte Christogramm. Die griechischen Buchstaben X (CH) und P (R) sind die Anfangsbuchstaben von Christus.

70 die Handelsstädte der Arabischen Halbinsel auswanderten.

Eine einheitliche christliche Kirche hat es nie gegeben. Der Gottesdienst wurde im Westen in lateinischer und im Osten in griechischer oder aramäischer Sprache gehal-
75 ten.

---

1 **Partnerarbeit:** Erarbeitet aus dem Darstellungstext, was für die Entwicklung und Ausbreitung des Christentums entscheidend war. Haltet eure Ergebnisse in einer Mindmap fest.

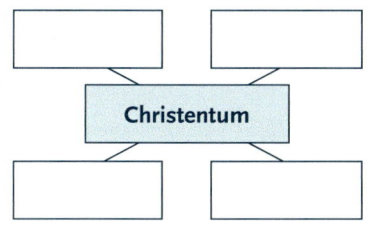

2 Zeige an M2, in welchen heutigen Ländern sich das Christentum im 3. Jh. n. Chr. verbreitet hatte.

3 Erläutere den Begriff „konstantinische Wende" (Darstellungstext Z. 52 ff.).

4 **Partnerarbeit:** Stellt fest, was die Christen aus Sicht der Römer „verdächtig" machte. Findet ein Beispiel dafür, dass es solche Verdächtigungen auch heute noch gibt.

Zusatzaufgabe: siehe S. 184

Warum zerfiel das Römische Reich?

Unter Kaiser Augustus sprachen die Römer von einer „ewigen Weltherrschaft".
Doch ab dem 3. Jahrhundert n. Chr. geriet das Römische Reich in eine Zeit andau-
ernder Krisen.

• *Der Text und die Abbildungen auf dieser Doppelseite verraten dir etwas über*
  die Gründe für den Untergang des Römischen Reichs.

Skulptur der vier Kaiser Diokletian, Maximian, Galerius und
Constantius Chlorus aus der Zeit der Vierkaiserherrschaft, An-
fang 4. Jh. n. Chr. Die Skulptur ist in die Außenfassade des Mar-
kusdoms in Venedig eingefügt.

Bedrohung der römischen Herrschaft

Im 3. Jahrhundert drangen germanische Stämme von Norden ins Römerreich ein. Der Limes musste aufgegeben werden. Im Osten erlitten die Römer schwere Niederlagen gegen die Parther (siehe S. 138). Die Ver-
5 stärkung der Grenzbefestigungen und der Unterhalt des Heeres verschlangen so gewaltige Summen, dass die Steuern für Handel, Gewerbe, Bauern und Wohlhabende drastisch erhöht wurden. Dadurch erlahmte das Wirtschaftsleben. Keiner der Kaiser fand eine Lösung, es
10 fehlten neue Ideen für die Verbesserung der Verwaltung. Die Befehlshaber der römischen Armeen an den Grenzen erlangten zunehmende Macht und wurden von ihren eigenen Soldaten zu Kaisern ausgerufen. Zwischen 234 und 284 regierten 22 solcher „Soldatenkaiser".

15 Kaiser Diokletian versuchte 285 durch die Einführung einer Viererherrschaft (Tetrarchie) die staatliche Ordnung wiederherzustellen. Vier Herrscher regierten von den vier neuen Hauptstädten Trier, Mailand, Thessaloniki und Nikomedia (heute Izmit / Türkei) aus, um näher an
20 den Konfliktherden zu sein. Einer der vier, Konstantin (324–337 n. Chr.), gründete auf den Mauern der griechischen Stadt Byzanz an der Meerenge zwischen Europa und Asien eine neue Hauptstadt und nannte sie Konstantinopel. Sie sollte zum „zweiten Rom" werden und die
25 alte Hauptstadt an Pracht und Reichtum übertreffen. Im Jahre 395 kam es unter Kaiser Theodosius zur Teilung in das lateinische Weströmische Reich und das griechische Oströmische Reich.

Die Hunnen

30 Um 375 tauchte im Osten Europas das Nomadenvolk der Hunnen auf, das zuvor in den Gebieten nördlich des Chinesischen Reichs umhergezogen war (siehe Karte S. 167). Als hervorragende Reiter und Bogenschützen waren sie gefürchtete Krieger und nahmen von Besieg-
35 ten Tribute*. Die Hunnen lösten eine Reihe von Wanderbewegungen germanischer Völker aus, ehe sie sich in den Ebenen des heutigen Ungarn niederließen. Lange Zeit waren die Historiker der Ansicht, dass ganze Völker mit Pferd und Wagen auf der Suche nach einer neuen
40 Heimat unterwegs waren („Völkerwanderung"). Die moderne Forschung betrachtet viele dieser Wanderungen nur noch als mythische Erzählungen späterer Zeiten. Unbestritten ist jedoch, dass es größere Wanderungsbewegungen gab. Die Gründe dafür waren vermutlich Ver-
45 drängung durch andere Völker, Ernährungsprobleme durch Klimaveränderungen und die Nachrichten über günstigere Lebensbedingungen im Römischen Reich.

Römer und Germanen

410 eroberten die Westgoten Rom und zogen weiter. Das
50 Ende des Weströmischen Reichs war 476 gekommen, als ein Germanenfürst den letzten römischen Kaiser Romulus Augustulus absetzte. Die Römer mussten sich nun einer kleinen Führungsschicht von Germanen unterordnen. Die an Dorf- und Stammesgemeinschaften gewohn-

55 ten Germanen übernahmen die funktionierende römische Verwaltung und brauchten dazu römische Experten. Römer und Germanen lebten nach eigenem Recht mit eigenen Richtern. Ehen zwischen Römern und Germanen waren verboten.

60 Im Laufe der Zeit nahmen die Germanen die römische Kultur und das römische Rechtswesen an.

M2

Nomadenkessel aus dem 4./5. Jh., der 2007 in der Ausstellung „Attila und die Hunnen" gezeigt wurde

M3

Westgoten	**Ostgoten**	**Wandalen**
Gesamtzahl: ca. 120 000	Gesamtzahl: ca. 150 000	Gesamtzahl: ca. 80 000
davon ca. 25 000 Krieger	davon ca. 25 000 Krieger	davon ca. 15 000 Krieger
Römer in diesem Reich: ca. 10 Mio.	Römer in diesem Reich: ca. 12 Mio.	Römer in diesem Reich: ca. 3 Mio.

500 km

Nordsee · Ostsee · Kelten · Jüten · Angeln · Sweben · Goten · Hunnen · Reich der Angeln und Sachsen · Briten · Sachsen · Lango-barden · Bur-gunder · Wan-dalen · Goten · Ost-goten · Atlantischer Ozean · Reich · Franken · Paris · Ala-mannen · Lango-barden · Reich · West-goten · der · Burgund · der · Schwarzes Meer · Trapezunt · Franken · Ostgoten · Ravenna · Reich der Sweben · Toulouse · Korsika · Rom · Konstantinopel · Reich der · Toledo · Balearen · Sardinien · Oströmisches Reich · Westgoten · Athen · Cartagena · Cosenza · Sizilien · Syracus · Zypern · Jerusalem · Karthago · Kreta · Reich der Wandalen · Mittelmeer · Kyrene · Alexandria

---- Grenze zwischen Weströmischem Reich und Oströmischem Reich seit 395 n. Chr.

Germanische Heerzüge und Reiche auf römischem Gebiet im 5. Jahrhundert n. Chr.

1 Schreibe mithilfe der folgenden Sätze einen eigenen zusammenfassenden Text:
Auf die Bedrohungen von außen reagierten die römischen Kaiser durch …
Schließlich wurde das Reich geteilt in …
Das Auftauchen der Hunnen erzeugte …
Nach der Eroberung Roms lebten Römer und Germanen …

2 Erläutere, was M1 über die Herrschaftsverhältnisse im Römischen Reich aussagt.

3 Beschreibe M2 und erläutere, warum der Gegenstand typisch für die Kultur der Hunnen war.

4 Suche aus der Karte M3 die Zahlenverhältnisse von Römern und Germanen (West- und Ostgoten, Wandalen) heraus. Prüfe, ob die Informationen im Darstellungstext (Z. 48–61) dazu passen.

| 1000 v. Chr. | 900 v. Chr. | 800 v. Chr. | 700 v. Chr. | 600 v. Chr. | 500 v. Chr. | 400 v. Chr. | 300 v. Chr. |

ROM

1000 v. Chr. Sabiner und Latiner siedeln auf dem späteren Gebiet der Stadt Rom

753 v. Chr. Gründung der Stadt Rom der Sage nach

510–27 v. Chr. Zeitalter der römischen Republik

um 494–287 v. Chr. Ständekämpfe zwischen Plebejern und Patriziern

CHINA

1600 v. Chr. Entstehung von Fürstentümern und kleineren Königreichen, die chinesische Schrift entsteht

400 v. Chr. Baubeginn der Chinesischen Mauer

Das Römische Reich

Die Frühzeit Roms

Die Sage zur Entstehung Roms legt die Gründung der Stadt auf das Jahr 753 v. Chr. fest. Archäologen haben herausgefunden, dass es auf dem Gebiet der späteren Stadt Rom bereits um 1000 v. Chr. erste Siedlungen gab.
5 Später wanderten die Etrusker an den Fluss Tiber, errichteten dort eine Königsherrschaft und bauten das Dorf zur Stadt aus.

Mit der Vertreibung des letzten etruskischen Königs wurde Rom um 510 v. Chr. eine Republik, die von adligen
10 Patrizierfamilien regiert wurde. Fast alle Römer der Frühzeit waren Bauern, die sparsam lebten und jeden Luxus ablehnten. Die Plebejer konnten in den Ständekämpfen (ca. 494–287 v. Chr.) politische Mitspracherechte erringen. Da die Patrizier zahlreiche Kriege führ-
15 ten, waren sie auf die Plebejer als Soldaten angewiesen.

Ausbreitung im Mittelmeerraum

Rom gewann durch zahlreiche Kriege die Vorherrschaft in Italien bis zum Fluss Po im Norden. Die Kriege gegen die Nachbarn und die Ständekämpfe veränderten die alt-
20 römische Gesellschaft. Es entstand eine neue Oberschicht aus patrizischen und reichen plebejischen Familien. Diese Familien bestimmten über den Senat, die Entscheidungen der Magistrate und der Volksversammlungen. Durch die drei Kriege gegen Karthago erlangten die Rö-
25 mer im 3. und 2. Jahrhundert v. Chr. die Herrschaft über das westliche Mittelmeer. Die Insel Sizilien wurde zur ersten Provinz des Römischen Reichs. Während des 1. Jahrhunderts v. Chr. dehnte Rom seine Herrschaft auch über den östlichen Mittelmeerraum aus (Expan-
30 sion) und brachte reiche Gebiete wie Ägypten unter seine Kontrolle.

Krise und Ende der römischen Republik

Der Aufstieg Roms zur Weltmacht hatte tief greifende Folgen für die römische Gesellschaft. Die langen Kriege
35 machten die römischen Kleinbauern zu landlosen Bettlern und Tagelöhnern. Die Oberschicht wurde durch Beute und Abgaben aus den eroberten Gebieten immer reicher. Durch die Eroberungen strömten Hunderttausende Kriegsgefangene als Sklaven nach Italien. Dort
40 wurden sie von Großgrundbesitzern als billige Arbeitskräfte auf ihren Landgütern eingesetzt. Sklaven verdrängten die Tagelöhner, die nun in die Städte abwanderten und dort die neue Unterschicht (plebs) bildeten. Weil die Zahl der Kleinbauern abnahm, fehlten Soldaten.
45 Die militärische Stärke Roms sank.

Mehrere Politiker versuchten, die Krise zu lösen: der Reformer Tiberius Gracchus, der Heerführer Marius und der Diktator Caesar. Die politische Führungsschicht Roms spaltete sich in die zwei Lager der Popularen auf-
50 seiten der Volksversammlung und der Volkstribunen sowie in die Partei der Optimaten, die den Senat stützten und alle Reformen ablehnten. Bürgerkriege und Misswirtschaft erschütterten das Land.

200 v. Chr.	100 v. Chr.	Christi Geburt	100 n. Chr.	200 n. Chr.	300 n. Chr.	400 n. Chr.	500 n. Chr.

264–146 v. Chr. Kriege gegen Kathargo und Expansion des Römischen Reichs im Mittelmeerraum

133–27 v. Chr. Krise der römischen Republik, beginnt mit den Reformen der Gracchen

44 v. Chr. Caesar wird ermordet

27 v. Chr.–14 n. Chr. Prinzipat unter Augustus und Beginn der römischen Kaiserzeit

1. u. 2. Jh. n. Chr. Kriege zwischen Römern und Juden

3. Jh. n. Chr. Krise des Römischen Reiches

221 v. Chr. Gründung des chinesischen Kaiserreichs durch Kaiser Qin Shi Huang-di

391 Christentum wird Staatsreligion

206 v. Chr.–220 n. Chr. Herrschaft der Han-Dynastie

138 v. Chr. Verabschiedung einer Expeditions-Karawane in Richtung Rom

476 Ende des Weströmischen Reiches

Unter dem Vorwurf, Caesar strebe eine Monarchie an, wurde er 44. v. Chr. von Senatoren ermordet. Die Nachfolge trat sein Adoptivsohn Octavian an, der spätere Kaiser Augustus.

Die römische Kaiserzeit

Unter Augustus nahm die Zeit der römischen Kaiser ihren Anfang. Mit ihm begann auch eine Friedenszeit von fast 200 Jahren, die „Pax Romana". In dieser Zeit entstand ein zusammenhängendes Reich mit 40 Provinzen. Die Kaiser regierten das Reich mit seinen zahlreichen Völkern und Sprachen von der Millionenstadt Rom aus. Ziel war es, den Frieden nach innen und nach außen zu sichern. Nichtrömische Bürger und Sklaven konnten ihren Status im Laufe der Zeit verbessern, z. B. durch Dienst in der Armee oder Freilassung aus dem Sklavenverhältnis. Die Sicherung der Reichsgrenzen lag in den Händen eines großen Berufsheeres. Durch Grenzlegionen und den Bau zahlreicher Provinzstädte fanden römische Rechtsauffassungen, die lateinische Sprache, römische Lebensart und Technik im gesamten Reich Verbreitung. Dieser Prozess der Romanisierung gilt vor allem für den westlichen Teil des Reichs; im östlichen Mittelmeerraum blieben die griechische Sprache und Lebensart erhalten.

Im Fernen Osten existierte gleichzeitig mit dem Römischen Reich eine zweite antike Weltmacht: das chinesische Kaiserreich.

Ab dem 3. Jahrhundert geriet das Römische Reich durch Bedrohungen von außen in eine Krise. Zur Finanzierung des Heeres wurden die Steuern und Abgaben immer weiter erhöht. Das Wirtschaftsleben erlahmte. Im Jahr 395 zerbrach das Römische Reich in eine westliche Hälfte, in der Lateinisch gesprochen wurde, und in eine griechisch bestimmte östliche Hälfte.

Judentum und Christentum im Römischen Reich

Die jüdische Religion ist die älteste Weltreligion und bestand bereits viele Jahrhunderte vor der Entstehung des Christentums. Ihre Anhänger führten im 1. und 2. Jahrhundert erbitterte Kriege gegen die römischen Eroberer in der Provinz Judäa. An deren Ende wurde Juden der Aufenthalt in Jerusalem und Umgebung verboten. Sie wanderten in alle Teile der Mittelmeerwelt, nach Persien, Arabien und später nach Mitteleuropa aus.

Das Christentum entstand in der römischen Provinz Judäa durch den Religionsgründer Jesus von Nazaret. Es verbreitete sich zunächst im Osten des Römischen Reichs. Da sich die Christen weigerten, den römischen Kaiser als Gott zu verehren und ihm zu opfern, wurden sie zeitweise verfolgt. Kaiser Konstantin gestand den Christen 313 die freie Religionsausübung zu. Unter Kaiser Theodosius wurde das Christentum 391 zur Staatsreligion.

In diesem Kapitel konntest du folgende Kompetenzen erwerben:

- die Entstehung Roms im Gründungsmythos wiedergeben und die Expansion vom Dorf zum Großreich darstellen
- den Aufbau der römischen Republik erläutern
- den Wandel der politischen Herrschaft von der Republik zum Kaiserreich analysieren
- die Lebensverhältnisse von Sklaven im Römischen Reich beurteilen

- die Folgen der Romanisierung der eroberten Gebiete erklären und ihre Nachwirkungen bis heute beurteilen
- Die Entwicklung von Judentum und Christentum im Römischen Reich beschreiben
- die Hauptgründe für den Zerfall des Römischen Reichs nennen
- **Methode:** Ein Schaubild auswerten
- **Methode:** Schriftliche Quellen vergleichen

Römisches Landgut (villa rustica) in Hechingen-Stein in Baden-Württemberg, Luftbildaufnahme, undatiert

Das Leben auf einem römischen Landgut, Modell, Limesmuseum Aalen, undatiert. Das Modell zeigt, wie das Leben auf einem römischen Gutshof ausgesehen haben könnte.

Sprachenmix:

Auf einer strata bedeckt mit plastrum nähert sich ein germanischer Händler auf seinem carrus dem römischen Gutshof. Seine Waren hat er sorgfältig verpackt in cista, saccus und corbis. Umgeben
5 war der Gutshof von einer murus. Durch die geöffnete porta gelangte er in den Innenhof. Jetzt stand er vor der villa, die mit roten tegulae gedeckt war. In der villa gab es eine camera und ein geheiztes Zimmer. An der Wand hing ein speculum. Jedes Zimmer hatte ein großes fenestra. Im
10 cellarium befand sich die riesige pressa, mit deren Hilfe vinum und mustum hergestellt wurden. Für seine Waren, Felle und Bernstein, erhielt der germanische Händler Obst und Gemüse wie prunum, persicum und radix; außerdem oleum, vinum und den guten caseus. Einige Waren ließ er
15 sich auch in römischer moneta bezahlen.

Wer spricht heute noch eine lateinische (= romanische) Sprache?

„Asterix als Legionär" – Diente die Berufsarmee der Römer zur Romanisierung der „Fremden"?

M6 *Römische Glasflasche in Vogel-form, in der Parfum aufbewahrt wurde, gefunden in Damaskus, 1. Jh. v. Chr.*

Sachkompetenz

1 Bereite einen Vortrag zu den wichtigen Stationen der Expansion Roms vor. Nutze dazu die Zeitleiste 126/127 und die Seiten 136/137.

2 Vergleiche das Aussehen der römischen Legionäre in M5 mit der Zeichnung des Legionärs auf Seite 163. Hat der Comic-Zeichner an alles gedacht? Worauf würdest du ihn aufmerksam machen?

3 Erkläre, warum die römische Berufsarmee zur Romanisierung der Fremden diente.

4 Ordne mithilfe von M4 in einer Tabelle die heutigen „lateinischen oder romanischen Sprachen" einzelnen Ländern zu (z. B. Galicisch = in Spanien …)

Methodenkompetenz

5 Untersuche die Herrschaft des Augustus mithilfe des Schaubildes auf S. 183, M3.

Tipp: Nutze die Arbeitsschritte „Ein Schaubild auswerten" (siehe S. 135).

Urteilskompetenz

6 Schau dir M1 und M2 genau an. Erläutere, inwiefern die Abbildungen zeigen, dass die Römer die Siedlungs- und Lebensweise der einheimischen Bevölkerung veränderten.

Tipp: Nimm die Seiten 162/163 zur Hilfe.

7 Stelle den möglichen „Lebensweg" der Glasflasche M6 dar: von der Herstellung in Germanien über den Transport durch das Römische Reich bis zu ihrer Ankunft in Damaskus in der römischen Provinz Syria, wo sie durch einen Sturz zerstört wird.

Tipp: Überlege auch, mit welchen Transportmitteln und auf welchen Wegen sie nach Damaskus gekommen ist. Schau dir dazu den Verlauf der Handelswege auf der Karte S. 160 an.

8 Im Text M3 findest du einige lateinische Wörter, die im Deutschen als Lehnwörter vorkommen. Schreibe sie heraus und übersetze ins Deutsche, z. B. strata – Straße, plastrum – Pflaster usw.

Zusatzaufgaben

Kapitel 1: Einführung in die Geschichte

....

zu S. 18/19 und S. 22/23:

*Sanduhr (auch: „Stundenglas")
aus Silber und Glas, Portugal,
ca. 1517*

*Sonnenuhr an der Kirche St. Mi-
chael in Schwäbisch Hall, 17. Jahrhundert*

*Mechanischer Wecker, Deutsch-
land, ca. 1980*

*Die Atomuhr C2 in der
physikalisch-technischen
Bundesanstalt in Braun-
schweig. Die Uhr wird mit
dem radioaktiven Cäsium
angetrieben. In den Hän-
den des Mitarbeiters liegen
zwei kleine Cäsium-Ampul-
len, die für den Betrieb der
Uhr in den nächsten 20
Jahren reichen. Foto, 2011*

1 Beschreibe die Zeitmesser M1–M4. Nenne jeweils ihre Vor– und Nachteile.

Kapitel 3: Das Alte Ägypten

....

zu S. 52/53:

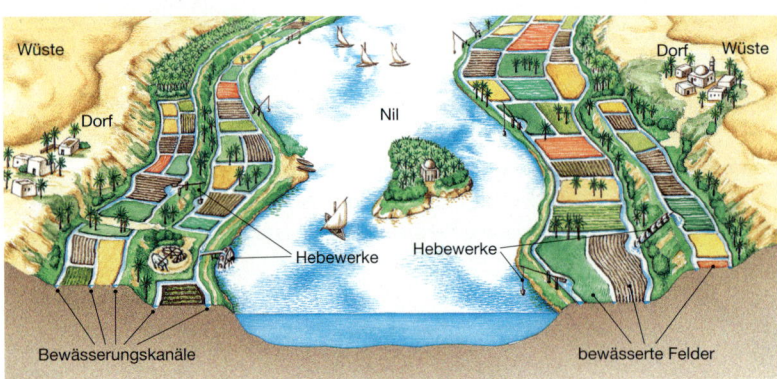

Querschnitt durch das Niltal, Rekonstruktionszeichnung

*Ein ägyptisches Mädchen mit einem Hebewerk,
dem Schaduf, das zur Wasserversorgung verwendet wird, Foto, 1996*

1 Beschreibe das Bewässerungssystem im Alten Ägypten mithilfe der Abbildung M5.

2 Beschreibe mithilfe von M6, wie ein Schaduf funktioniert.

zu S. 60/61 und S. 66/67:

Hatschepsut – der „weibliche Pharao"

- Ihr Name bedeutete „die Edelste unter den Frauen".
- Sie regierte nach dem Tod ihres Mannes von 1490 bis 1468 v. Chr. stellvertretend für den noch minderjährigen Stiefsohn.
- Statt die Herrschergewalt weiterzugeben, als der Stiefsohn volljährig wurde, ließ sie sich zum „weiblichen Pharao" krönen. Den Begriff „Pharaonin" gab es nicht.
- Sie genoss hohes Ansehen beim Volk: Während ihrer Regierungszeit gab es keinen Krieg.
- Sie förderte Landwirtschaft und Handel und ließ Erkundungsreisen durchführen. So kamen kostbare Öle, Weihrauch, Gold und Elfenbein nach Ägypten.
- Nach ihrem Tod wurde ihr Stiefsohn doch noch König: Unter seiner Herrschaft wurden fast alle Statuen der Königin zerstört und ihr Name und ihr Bildnis in den steinernen Inschriften ausgemeißelt.

Die Königin Hatschepsut äußert sich in einer Tempelinschrift über sich selbst:

Ich bin wie ein wilder Stier mit spitzen Hörnern. Ich bin ein Falke, der über Land fliegt, der sich auf der Erde niederlässt und seine Grenzen festigt. Ich bin ein Schakal mit schnellem Schritt, der in
5 einem Augenblick durch das ganze Land laufen kann. Ich bin ein wütendes Krokodil, das mit Gewalt zupackt, das ganz sicher zupackt und dem keiner entkommen kann. Ich bin ein verborgenes Krokodil, ich bin ein heimtückisches Krokodil, das
10 den Schatten sucht und das sich im Weideland versteckt hält.

Zit. nach Manfred Clauss, Das Alte Ägypten, Berlin (Fest) 2001, S. 197.

Statue der Hatschepsut aus der Frühzeit ihrer Herrschaft. Sie trägt ein gestreiftes Königskopftuch.

Statue der Hatschepsut aus der Spätzeit ihrer Herrschaft. Sie trägt die Herrschaftszeichen eines Pharao: einen künstlichen Bart, ein gestreiftes Königskopftuch und einen Stirnreif mit einer aufgerichteten Kobra.

1 Beschreibe, wie sich Hatschepsut in M1 selbst darstellt.
2 Darf Hatschepsut Königin bleiben, oder muss sie die Herrschergewalt bei Volljährigkeit ihres Sohnes an diesen abgeben? Beantworte diese Frage und begründe deine Entscheidung.
3 Vergleiche M2 und M3 und erläutere den Unterschied zwischen beiden Statuen.

zu S. 76/77:

1 **Internetrecherche:** Finde heraus, wie Jean-François Champollion die Entzifferung der Hieroglyphen gelungen ist (siehe Arbeitsschritte S. 72).

2 **Internetrecherche:** Finde heraus, wie die Ägypter Papyrus hergestellt haben, und berichte in der Klasse (siehe Arbeitsschritte S. 72).

Kapitel 4: Die Welt der Griechen

zu S. 96/97:

M 1

Ein junger Mann, der in den Krieg zieht, bringt den Göttern ein „Trankopfer" dar: Er verschüttet etwas Flüssigkeit (z. B. Milch, Wein, Honig) auf einem „heiligen" Gegenstand oder einfach auf dem Boden, rechts vermutlich der Vater, attische Vasenmalerei, um 500 v. Chr.

1 Verfasse Sprech– oder Gedankenblasentexte für die abgebildeten Personen.

zu S. 98/99:

1 **Rechercheauftrag:** Informiere dich über folgende antike Sieger und stelle sie vor:
   a) der Faustkämpfer Theagenes von Thasos
   b) der Läufer Leonidas von Rhodos

2 Im 1. Jahr der 89. Olympiade stellte der Bildhauer Phidias seine Gold-Elfenbein-Statue des Zeus fertig. Berechne das Datum in unserer heutigen Zeitrechnung: Ausgangspunkt ist das Jahr 776 v. Chr. (= 1. Jahr der 1. Olympiade).

zu S. 104/105:

1 Solon oder Kleisthenes? Schon die Athener stritten, wer als „Vater" der Demokratie gelten darf. Notiere Argumente für jeden der beiden.

zu S. 108/109:

1 Der griechische Geschichtsschreiber Herodot urteilte nach seiner Reise durch Ägypten, wo er Frauen Handel treiben und Männer zu Hause weben gesehen hatte, die Welt stehe auf dem Kopf. Erkläre, was er damit meinte.

2 Beschreibe M3. Nimm Stellung zu der Art der Darstellung.

zu S. 116/117:

M1 Kindesaussetzung in Sparta
Der folgende Text stammt aus einer Lebensbeschreibung über den spartanischen König Lykurgos (7. Jh. v. Chr.), die der griechische Schriftsteller Plutarch (um 45–120 n. Chr.) verfasst hat:
Das zur Welt Gekommene aufzuziehen unterlag nicht der Entscheidung des Erzeugers, sondern er hatte es an einen Ort zu bringen, ... wo die Ältesten der Gemeindegenossen saßen und das Kind unter-
5 suchten und, wenn es wohlgebaut und kräftig war, seine Aufzucht anordneten ...; war es aber schwächlich und missgestaltet, so ließen sie es zu ... einem Felsabgrund [bringen] ... Denn sie meinten, für ein Wesen, das von Anfang an nicht fähig sei, gesund
10 und kräftig heranzuwachsen, sei es besser, nicht zu leben, sowohl um seiner selbst wie um des Staates willen.
Plutarch, Lykurgos 5ff. Zit. nach Walter Arend, Geschichte in Quellen, Bd. 1, 3. Aufl., München (bsv), S. 143 Übers. v. Konrat Ziegler, bearb. v. Verf.

1 Erläutere anhand von M1, wie in Sparta mit Neugeborenen umgegangen wurde.

2 Wer war für ihre Erziehung verantwortlich?
   Tipp: Beachte folgende Aussage Plutarchs: „Sie gehörten dem Vaterland und nicht sich selbst."

zu S. 118/119:

 Der Geschichtsschreiber Plutarch (45–120 n. Chr.) erzählte eine Begebenheit aus Alexanders Kindheit
König Philipp von Makedonien wurde das Pferd Bukephalos zum Kauf angeboten. Als das Pferd jeden abwarf, wollte Philipp es wegführen lassen:
Da sagte Alexander: „Was für ein Pferd ruinieren sie da, weil sie aus Unverstand und Schlappheit nicht mit ihm umzugehen wissen!"
Zuerst schwieg Philipp dazu; als aber Alexander
5 weiter auf ihn einredete und ganz aufgeregt wurde, sagte er zu ihm: „Willst du älteren Leuten Vorwürfe machen, als ob du es besser verstündest und richtiger mit einem Pferde umgehen könntest?" „Mit diesem wenigstens", erwiderte er, „würde ich besser
10 umgehen als ein anderer." „Wenn es dir aber nicht gelingt, welche Buße willst du dann für deine Anmaßung leisten?" „Dann will ich das Pferd bezahlen." Als es darauf ein Gelächter gab, dann Wetten um das Geld abgeschlossen wurden, lief er rasch auf
15 das Pferd zu, nahm den Zügel und wendete es gegen die Sonne, weil er offenbar bemerkt hatte, dass es scheute, wenn es seinen Schatten vor sich fallen und bewegen sah. Nachdem er es ein wenig beru-
20 higt und getätschelt hatte und nun merkte, wie es sich neu mit Zorn und Mut erfüllte, warf er leise den Mantel weg, sprang auf und fasste seinen festen Sitz. Dann zog er ein wenig den Zaum mit den Zügeln an und ließ es ohne Schlag und Sporn anstei-
gen. Als er fühlte, dass das Pferd den Widerstand
25 aufgegeben hatte, aber nun losrennen wollte, ließ er die Zügel nach und galoppierte los, indem er nun auch lauteren Zuruf brauchte und ihm die Hacken in die Weichen schlug. In der Umgebung Philipps herrschte zuerst angstvolles Schweigen. Als er aber
30 wendete und schulgerecht stolz und froh zurückgeritten kam, da jauchzten alle anderen ihm zu. Der Vater aber soll vor Freude ein wenig geweint und den Sohn, als er abstieg, auf den Kopf geküsst und gesagt haben: „Such dir ein Reich, mein Sohn, das dei-
35 ner würdig ist, denn Makedonien ist für dich nicht groß genug."
Plutarch, Alexandros, 6, in: Ders., Große Griechen und Römer, eingeleitet und übers. v. Konrat Ziegler, Bd. 5, Zürich und Stuttgart (Artemis Verlag) 1960, S. 12f. Bearb. v. Verf.

1 Arbeite aus M1 die Eigenschaften Alexanders heraus.

2 Begründe, warum diese Geschichte so oft nacherzählt wurde.

Kapitel 5: Das Römische Reich

....

zu S. 136/137:

 M1 **Kann ein Krieg „gerecht" sein?**
Der römische Politiker Cicero äußerte sich im
1. Jh. n. Chr. zu ungerechten und gerechten
Kriegen:
Das sind ungerechte Kriege, die ohne Grund un-
ternommen worden sind. Denn nur dann kann
ein Krieg als gerecht gelten, wenn es sich darum
handelt, Rache an den Feinden zu nehmen oder
5 diese abzuwehren ... Ein Krieg gilt nur dann als
gerecht, wenn er vorher angekündigt und erklärt
wurde und wenn er zur Wiedergutmachung geführt wird ...
Cicero, Über den Staat, 3. Buch, Kap. 23. Übers. v. Verf.

 M2 **Aus einem Jugendlexikon (1996):**
Krieg ist die mit Waffengewalt ausgetragene Auseinandersetzung zwischen Staaten und Völkern ...
Die Frage nach der ... Berechtigung des Krieges
beschäftigt die Menschen seit Jahrtausenden.
5 Nach der Satzung der Vereinten Nationen
(UNO)[1] ist ein Krieg nur noch erlaubt als Mittel
der Selbstverteidigung oder als Maßnahme der
UNO, den Frieden aufrechtzuerhalten oder wiederherzustellen.
Der Jugend-Brockhaus, Bd. 2, Leipzig/Mannheim (Brock-
haus) 1996, S. 175f.

....

[1] *Die UNO ist eine Vereinigung zur Sicherung des*
Friedens auf der Welt. Sie wurde 1945 gegründet und
umfasst 193 Staaten (Stand 2015).

1 Lies M1 und erläutere, wie Cicero gerechte und ungerechte Kriege unterscheidet.
2 Stelle mithilfe von M2 fest, wie Krieg in unserer Zeit beschrieben wird.
3 Überprüfe mithilfe von M2, ob die Kriege gegen Karthargo von den Vereinten Nationen gutgeheißen werden
würden.

....

zu S. 142/143:

1 Erstelle einen Personenkasten über Gaius Julius Caesar. Nimm die Informationen aus dem Darstellungstext auf
S. 142 und S. 143, M4 zu Hilfe.

....

zu S. 144/145:

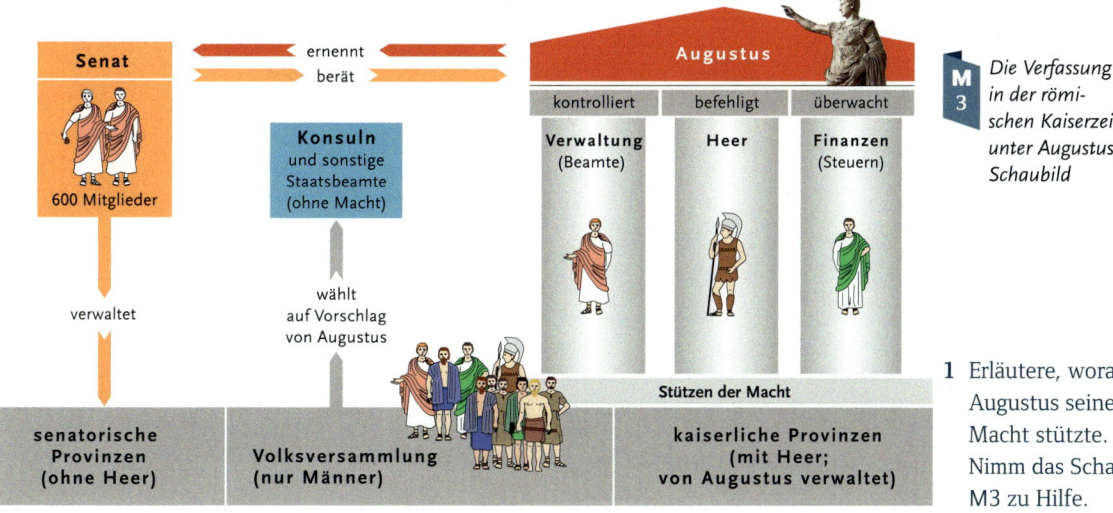

M3 *Die Verfassung*
in der römi-
schen Kaiserzeit
unter Augustus,
Schaubild

1 Erläutere, worauf
Augustus seine
Macht stützte.
Nimm das Schaubild
M3 zu Hilfe.

....

zu S. 148/149:

M1 **Strabo (63 v. Chr.–20 n. Chr.), ein Grieche, der zur Zeit des Kaisers Augustus in Rom lebte, schrieb:**

In Rom gibt es gepflasterte Straßen, Wasserleitungen und unterirdische Gräben, durch welche der Unrat aus der Stadt in den Tiber geleitet wird ... Rom besitzt ferner zahlreiche herrliche Bauwerke.
5 Viele davon stehen auf dem Marsfeld. Dieser Platz ist so groß, dass Wagenrennen und Pferdesport betrieben werden können, während sich gleichzeitig eine gewaltige Menge an Menschen im Ball- und Reifenspiel und im Ringen üben kann. Ferner gibt es
10 viele Theater, breite Straßen, prächtige Tempel, herrliche Wohngebäude und Paläste. Kommt man auf den alten Markt und sieht die prächtigen Bauten, die Tempel, Säulengänge und Wohngebäude, dann kann man leicht alles vergessen, was es sonst so gibt. So
15 schön ist Rom.

Strabon, 5, 3, S. 8 ff. Zit. nach Walter Arend, Geschichte in Quellen, Bd. 1, 2. Aufl., München (bsv) 1975, S. 594 f. Übers. v. Albert Forbiger, Bearb. v. Verf.

1 Erläutere mithilfe von M1, wie der Grieche Strabo die Stadt Rom zur Zeit des Kaisers Augustus beschrieb.

2 Erkläre die Aussage Z. 13–15.

....

zu S. 150/151:

M2 *Wohnhaus (villa) einer Adelsfamilie in Pompeji, Zeichnung, 1999*

1 Arbeite aus M2 Informationen über die Lebensverhältnisse der reichen Menschen im antiken Rom heraus.

2 Vergleiche das Leben in einer römischen Villa mit den Wohnverhältnissen in einem Mietshaus (insula).

....

zu S. 170/171:

1 Recherchiere im Internet zu einer der christlichen Kirchen in Armenien, Äthiopien oder Ägypten („Kopten"). Stelle deine Ergebnisse in der Klasse vor.

Lösungshilfen zu den Seiten „Kompetenzen prüfen"

Kapitel 1: Einführung in die Geschichte (S. 24/25)

1   **a)** Sachquelle: M2, M3; Bildquelle: M1, M6; schriftliche Quelle: M4

 b) M1: „Blick in eine mittelalterliche Küche"; M2: „Römische Glaswaren"; M3: „Atomuhr"

 c) Antike: M2; Mittelalter: M1; Neuzeit: M3, M4, M6

2   falsch: a (richtig: erster Schritt Fragen stellen und Informationen sammeln), c (richtig: Vergangenheit ist alles, was nicht Gegenwart und nicht Zukunft ist; Geschichte: sammelt, ordnet und bewertet vergangene Ereignisse; etwas durch uns Menschen „Hergestelltes"), d (richtig: Zeitmessung war für die Menschen schon immer von großer Bedeutung, z. B. für die Aussaat; früheste Versuche der Zeitmessung durch Naturbeobachtungen), e (richtig: Informationen von Eltern und Großeltern oder aus Geschichtsbüchern werden bei der Erforschung von Familiengeschichte benötigt); richtig: b, f

3   individuelle Lösung

4   Fragen an die Geschichte: Wie lebten Kinder zu Beginn des 20. Jh.? In welchen Bereichen mussten Kinder arbeiten? Mit wie viel Jahren mussten Kinder arbeiten?; Quellen sammeln: z. B. Internet, Lexikon, Geschichtsbuch: S. 19 M3, M4; Quellen auswerten und Erkenntnis formulieren: Kinder arbeiteten neben der Schule sowohl im Haushalt als auch in der Landwirtschaft und in Fabriken.

5   individuelle Lösung

6   Tipp: Beachte die Darstellungen der Zeit auf S. 10, 19, 28.

Kapitel 2: Leben in der Frühzeit (S. 46/47)

1   **a)** Sachquellen: M1, M2; Material M1: Stein, M2: Gold und Eisen; Steinaxt ca. 2000 Jahre älter als die Grabbeigaben.

 b) M1: Jungsteinzeit (Zeitangabe, Durchbohren von Steinen = Erfindung der Jungsteinzeit); M2: Metallzeit (Merkmale der Metallzeit: Abbau und Verarbeitung von Metallen; bei den Kelten gab es „Fürsten", die wertvolle Grabbeigaben erhielten)

2   Arbeitsschritte: zu 1.: der Text berichtet über die Veränderungen der Arbeit in der Jungsteinzeit; zu 2.: Arbeit in der Jungsteinzeit; zu 3.: Lexikon, z. B. Arbeitspensum; zu 5.: Ackerbau, Viehzucht, Vorratshaltung; zu 6.: Z. 9–11: der Anstieg von

Arbeitsbelastung und Arbeitsteilung wirkte sich auch auf das Geschlechterverhältnis aus; zu 8.:
– Veränderungen der Arbeit in der Jungsteinzeit
– neue Aufgabenverteilung zwischen Männern und Frauen
zu 11.: Die Arbeitsverteilung zwischen Mann und Frau musste in der Jungsteinzeit neu geregelt werden, da Ackerbau, Viehzucht und Vorratshaltung andere und mehr Tätigkeiten verlangten als das Jagen und Sammeln in der Altsteinzeit.

3   Zuordnung zum Urmenschen – Homo erectus – (Alter etwa 1,5 Millionen Jahre); Herstellung fein bearbeiteter Faustkeile (Funde Turkana-Becken), Feuernutzung

4   Altsteinzeit – Nomaden; Feuer – Homo erectus; Arbeitsteilung – Metall; Sesshaftigkeit – Jungsteinzeit

6   **a)** falsch (erste Menschen in Afrika)

 b) falsch (Höhlenmalerei, technische Erfindungen: Werkzeuge, Spinnen, Weben, Vorratshaltung, Abbau und Verarbeitung von Metallen)

 c) richtig

7

	Altsteinzeit	Jungsteinzeit	Metallzeit
Arbeit	Einfache Werkzeuge, Jäger, Sammler, Fischer	Steinwerkzeuge, Ackerbauern, Viehzüchter, Tauschhandel	[u. a.] Werkzeuge aus Metall, Schmiede, Töpfer, Bergmänner, Steinmetze, Händler,
Ernährung	Pflanzen (Wildfrüchte, Wurzeln, Nüsse ...) und Tiere (Waldelefanten, Nashörner ...)	Pflanzen (Feldfrüchte u. a.) und Nutztiere	Pflanzen (Feldfrüchte u. a.) und Nutztiere
Zusammenleben	Nomaden	Dorf	Dorf, Bauernhof, stadtähnliche Siedlung; Fürsten/ Häuptlinge

Kapitel 3: Das Alte Ägypten (S. 84/85)

1 a: Anfänge von Wissenschaft (Feldvermessung mithilfe von Geometrie); b: Verwaltung (Lebensmittelabgabe an Soldaten durch Beamte); c: Architektur (Bau und Gestaltung der Pyramiden); d: Technik (Wasserschöpfwerk Schaduf); e: Faustkeil – gehört hier nicht dazu (Altsteinzeit); f: Schrift (Keilschrift); g: Staat mit zentraler Regierung (Sarkophag des Königs Tutanchamun)

2 **a)** 1 i; 2 e; 3 f; 4 j; 5 g; 6 h; 7 c; 8 a; 9 d; 10 b
   b) Pharao: altägyptischer König; Hieroglyphen: heilige Einritzungen; Pyramide: Grabmal von Pharaonen; Wesir: oberster Beamter; Schreiber: Beamter; Hierarchie: Gesellschaftsordnung von oben nach unten geordnet; Totenkult: Glauben an ein Leben nach dem Tod; Polytheismus: Glauben an viele Götter; Hochkultur: Staat mit zentraler Verwaltung und Regierung, Arbeitsteilung, Schrift, Zeitrechnung, Kunst, Architektur, Anfänge von Wissenschaft und Technik

3 Die Schrift ermöglichte eine wirksame Verwaltung: Informationen konnten weitergegeben, festgehalten und für später aufbewahrt werden, z. B.: Anzahl von Menschen und Tieren, Aufteilung der Felder, Erfassung von Ernteerträgen und Vorräten (Vorratshaltung), Entlohnung von Arbeitern und Soldaten, Übermittlung von Nachrichten und Befehlen.

4 Wo und wann ist dieses Holzmodell gefunden worden? Wozu ist es gebaut worden? Wer hat es in Auftrag gegeben? Weshalb wurde ein Modell aus Holz gebaut? Weshalb wurde nicht wie oft üblich ein Wandbild gemalt? Wo und wann spielt sich die dargestellte Szene ab? Wer sind die verschiedenen Personen? Worin unterscheiden sich die Personen, bzw. Personengruppen? Welche Rolle spielen die Personen in der Laube? Ist eine Person besonders hervorgehoben? Wem gehören die Rinder? Warum werden die Rinder gezählt? Wie läuft diese Viehzählung ab? Weshalb wird der Hirte verprügelt?

5 Thema: Bewässerungstechnik heute in der ägyptischen Landwirtschaft
   Internet-Suchmaschine: www.google.de
   Suchabsicht/Suchbegriffe: Ägypten – Gegenwart – Bewässerungssysteme – Bewässerungstechnik – Landwirtschaft
   Ergebnis: Ägyptische Bauern verwenden noch heute Hilfsmittel, die den Schöpf- und Hebegeräten aus dem Alten Ägypten ähneln.

6 Verschiedene Spielkarten sind möglich (siehe Beispiel S. 85, M4).

7 **a)** Nilschwemme ermöglichte reichhaltige Ernten. Nilschlamm wurde auch zur Herstellung von Ziegeln für den Hausbau verwendet.
   Durch den Nil konnten große Grasflächen zur Viehhaltung bewässert werden.
   Der Fischreichtum des Nils stellte eine wichtige Nahrungsquelle dar.
   Der Nil diente als wichtiger Transport- und Handelsweg. Die Papyruspflanze im Niltal lieferte den Rohstoff zur Herstellung der Schreibunterlage Papyrus.
   b) Die Nillandschaft bot den Menschen sicher gute Voraussetzungen für die Entwicklung einer Hochkultur. Um dieses „Geschenk" aber nutzen zu können, mussten sich die Menschen auf die natürlichen Gegebenheiten einstellen und mit Erfindungsreichtum die Herausforderungen des Nils beherrschen und gestalten lernen: Beobachtung der Wasserstände, Entwicklung eines Kalenders zur Vorhersage der Nilschwemme, Bau von Deich- und Bewässerungsanlagen, Aufbau einer funktionsfähigen Verwaltung, Entwicklung einer Vorratswirtschaft, Arbeitsteilung und Spezialisierung.
   c) Es waren die Menschen, die durch Arbeitsteilung, Erfindungsreichtum, geschickte Planung und Zusammenarbeit die ägyptische Hochkultur hervorgebracht und entwickelt haben. Dieses „Geschenk" fiel den Ägyptern also nicht einfach nur in den Schoß. Ohne den Einsatz vieler wäre es überhaupt nicht möglich gewesen. Herodot hat diesen Aspekt zu wenig berücksichtigt.

Kapitel 4: Die Welt der Griechen (S. 122/123)

1 Akropolis: Tempel, Zentrum der Verehrung der Götter durch die Bürger Athens; weitere Merkmale einer Polis: Agora (Marktplatz), Mauer, bäuerliches Umland

2 **a)** 1 c; 2 f; 3 h; 4 g; 5 b; 6 d; 7 a; 8 i; 9 e

3 Im 5. Jahrhundert hatten ca. 40 000 Bürger politische Rechte. Politisch rechtlos waren ca. 130 000 Frauen und Kinder, 30 000 Metöken und 100 000 Sklavinnen und Sklaven. Bürger bilden zahlenmäßig eine Minderheit in der Gesamtbevölkerung.

4 Arbeitsschritte „Textquelle", S. 107:
   2. der Tourist Herakleides
   3. 3. Jh. v. Chr., vermutlich Griechenland
   4. Reisebeschreibung, evtl. Brief
   5. andere Griechen, die sich für Athen interessieren
   6. Athena, Parthenon …
   7. Anreise – Straßen und Wohnviertel – Akropolis

8. Herakleides ist beeindruckt von der Schönheit der Akropolis und des Dionysostheaters; er bemerkt den Gegensatz zwischen den Wohnvierteln und dem Zentrum Athens mit der Akropolis.

5 mögliche Themen: Athen als Geburtsstätte des Theaters, Dionysostheater mit jährlichen Festspielen; Philosophie: Athen als Wirkungsstätte berühmter Philosophen, die Schulen begründeten: Sokrates, Platon, Aristoteles; Kunst: z. B. Reliefbild der Göttin Athene

6 a) In der attischen Demokratie hatten 40 000 Bürger politische Mitspracherechte. Das waren immerhin ca. 10 % der Gesamtbevölkerung der Polis Athen. Im Vergleich zur Monarchie Ägyptens oder den anderen, meist von einer Aristokratie beherrschten Poleis Griechenlands waren damit wesentlich mehr Menschen an politischen Entscheidungen beteiligt.

b) Im Vergleich zur Gegenwart erscheint einiges an der athenischen Demokratie fremd: z. B. die Auslosung der Beamten oder die Verbannung fähiger Politiker durch das Scherbengericht. Auch der jährliche Wechsel in den Ämtern überrascht. Der Ausschluss von Frauen, Sklaven und Fremden erscheint uns heute als ungerecht. Die athenischen Bürger nahmen viele Unbequemlichkeiten auf sich, um in der Volksversammlung abzustimmen. Allein durch die Größe der Bundesrepublik ist eine solche direkte Form der Demokratie nicht umsetzbar. Bürger der Bundesrepublik wählen Volksvertreter, sogenannte Abgeordnete, die politische Entscheidungen für das Volk treffen.

7

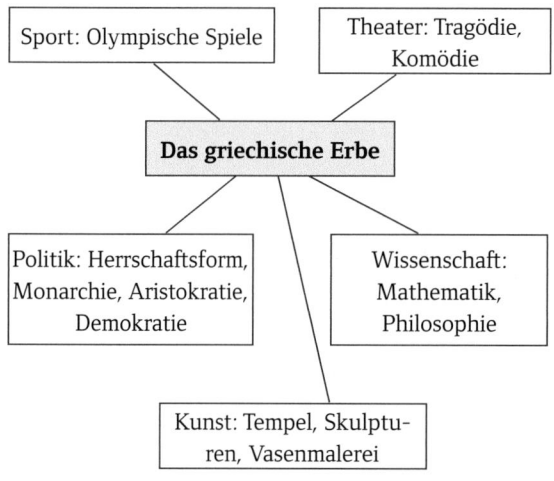

Kapitel 5: Das Römische Reich (S. 176/177)

1 753 v. Chr.: Gründung Roms der Sage nach;
bis 272 v. Chr.: Rom unterwirft Nachbarvölker, Italien stand bis zum Fluss Po unter römischer Herrschaft;
264–133 v. Chr.: Rom wird durch Eroberungen in Afrika und Asien zur Großmacht (drei Kriege gegen Karthago; Provinzen in Sizilien, Spanien und Nordafrika); ab dem 3. Jh. v. Chr. Eroberung der Nachfolgestaaten Alexanders des Großen im östlichen Mittelmeerraum (darunter Ägypten);
im 2. Jh. n. Chr. erreicht das Römische Reich seine größte Ausdehnung

2 Im Asterix-Comic fehlt z. B. das Marschgepäck: Schild, Spaten, Zeltplane/Ersatzkleidung, Sichel, Spitzhacke, Tornister mit Löffel, Messer, Reparaturwerkzeug, Koch- und Essgeschirr, private Kleinteile wie Kamm oder Schreibzeug.

3 Die Römer brachten neben Fachwissen auch ihre Lebensweise mit. Sie bauten Straßen, Kanäle und bewirtschafteten die Äcker. Mit den Römern kamen erstmals Obstsorten wie Pfirsiche und Kirschen nach Mitteleuropa. Sie bauten Steinhäuser, Wasserleitungen und Heizungen. Die römische Lebensweise bot im Vergleich zum Alltagsleben der einheimischen Völker ein bequemeres und fortschrittlicheres Leben. Durch die Nähe zum Kastell waren die Menschen gegen Angriffe geschützt. Da die Legionäre sich oft nach Ende ihrer Dienstzeit mit ihren Familien in der Nähe der Festungsanlagen und Kasernen niederließen, verbreitete sich die römische Lebensweise in den Grenzgebieten immer stärker.

4

Portugiesisch	in Portugal
Galicisch, Spanisch und Katalanisch	in Spanien
Französisch	in Belgien, Luxemburg und Frankreich
Korsisch, Italienisch und Sardisch	in Italien
Rätoromanisch	in der Schweiz und Italien
Rumänisch	in Rumänien
Moldawisch	in Moldawien

5 Arbeitsschritte S. 125:
zu 1: z. B. senatorische Provinzen, kaiserliche Provinzen, Konsuln;
zu 2–3: Das Schaubild ist von oben nach unten zu lesen, weil Augustus und der Senat im Zentrum

der Macht stehen. Von ihnen geht die Herrschaft aus. Es gab den Senat und die Volksversammlung; zu den Ämtern zählten die Konsuln und sonstige Staatsbeamte, Verwaltungsbeamte und Senatoren. zu 4–6: Senatoren wurden von Augustus ernannt, im Gegenzug berieten sie ihn. Sie verwalteten die senatorischen Provinzen. Dort waren keine Truppen stationiert. Die Volksversammlung wählte die Konsuln und sonstige Staatsbeamte (ohne Macht) auf Vorschlag von Augustus. Er ernannte die Senatoren, kontrollierte die Verwaltung, befehligte das Heer und überwachte die Finanzen. Er verwaltete die kaiserlichen Provinzen, in denen das Heer stationiert war. Augustus steht im Schaubild oben, weil er die Stützen der Macht innehatte: Dies waren die Verwaltung, das Heer und die Finanzen. Auch befehligte nur er alleine das Heer. Die Senatoren verwalteten zwar die senatorischen Provinzen, sie hatten faktisch aber, ebenso wie die anderen Beamten, keine Macht. Zur Volksversammlung zählten nur die römischen Männer. Frauen, Kinder, Sklavinnen und Sklaven hatten keine politischen Rechte.

6 M1: Zu erkennen sind Fundamente und Grundrisse eines römischen Landgutes (große Villa mit mehreren Zimmern und mindestens zwei Nebengebäuden). Zu sehen ist auch eine Rekonstruktion eines Gebäudes. Sie bauten einen Limes als Grenzschutz vor den Germanen. An den Grenzen errichteten sie im Zuge ihrer Expansion militärische Befestigungsanlagen (Kastelle) und Siedlungen. Römer, die sich in Obergermanien niederließen, brachten neben Spezialwissen (Ärzte, Architekten, Feldvermesser, Schiff- und Wagenbauer) auch die römische Lebensweise (Sprache und Schrift, Wasserleitungen, Heizung, Alltagsgegenstände) mit. Sie wurde von den unterworfenen Völkern übernommen.

M2: Zu sehen sind ein Haus und ein Hof. Auf dem Hof stehen eine Säule und dahinter ein kleiner Altar. Beide haben eine religiöse Funktion. Haus und Hof sind von einer Mauer umgeben. Auf dem Hof befinden sich viele Bauern mit ihrem Vieh. Die Tiere grasen wahrscheinlich auf den Feldern außerhalb des Hofes. Das Leben auf dem Hof war wohl von der Landwirtschaft und vom Handel geprägt. Es sind auch Wagen zu sehen, mit denen die Ernte sowie andere Güter transportiert werden konnten.

7 Hilfsmittel: Karte S. 160 M1. Mögliche Lösung: Hergestellt in einer Glasbläserei in Augusta Treverorum (Trier); verkauft an eine gallische Familie; diese schenkt die Flasche einem befreundeten Römer, der sie an einen Händler weiterverkauft. Auf einer Fernstraße wird die Flasche im Wagen nach Marseilles gebracht. Dort verkauft der Händler sie an einen Ägypter, der sie auf dem Schiff nach Alexandria mitnimmt; in Alexandria wird sie zwischengelagert und gelangt einige Monate später in das Gepäck einer Handelskarawane mit Ziel Schwarzes Meer. Bei einer Zwischenstation in Damaskus verkauft ein Händler sie an einen römischen Beamten der Provinz Syria. Dieser zeigt sie wenig später den Gästen, die er zu seinem Geburtstag eingeladen hat. Durch eine Unachtsamkeit fällt die Glasflasche auf den Mosaikboden und zerbricht.

8 strata = Straße, plastrum = Pflaster, carrus = Wagen, cista = Kiste, saccus = Sack, corbis = Korb, murus = Mauer, porta = Pforte, villa = Haus, tegulae = Ziegel, camera = Kammer, speculum = Spiegel, fenestra = Fenster, cellarium = Keller, pressa = Presse, vinum = Wein, mustum = Most (Saft), prunum = Pflaume, persicum = Pfirsich, radix = Radieschen, oleum = Öl, caseus = Käse, moneta = Geld

Unterrichtsmethoden

Die Kugellager-Methode

- Bei der Durchführung sitzt oder stellt ihr euch paarweise in einem Innen- und einem Außenkreis gegenüber.
- In einem vorher festgelegten Zeitrahmen tauscht ihr euch mit eurem Gegenüber über ein vorher festgelegtes Thema aus.

- Auf ein vereinbartes Zeichen der Lehrkraft dreht sich der Innenkreis im Uhrzeigersinn zwei Plätze weiter. Dort findet der Austausch mit dem neuen Partner statt.
- Für einen erneuten Partnerwechsel dreht sich auf das Signal der Lehrkraft der Außenkreis gegen den Uhrzeigersinn zwei Plätze weiter.

- Nach mehreren Runden könnt ihr eure Ergebnisse gemeinsam auswerten.

Tipp: Schafft genug Platz, sodass ihr einen gewissen Abstand zu den anderen Paaren habt. Dafür könnt ihr Tische und Stühle an den Rand schieben oder vielleicht auf den Schulhof gehen.

Einen Kurzvortrag halten

- Vorbereitung: Sammle und ordne alle Informationen zu deinem Thema in einer Mindmap.
- Entwickle eine Gliederung für deinen Vortrag: Lege zu jedem Hauptpunkt eine Karteikarte mit den wichtigsten Informationen an und nummeriere die Karteikarten in einer sinnvollen Reihenfolge.
- Überlege dir einen interessanten Einstieg und Schluss für deinen Vortrag.
- Versuche, möglichst frei vorzutragen. Sprich laut, deutlich und nicht zu schnell.

- Schau dein Publikum an. So siehst du auch, wenn es Zwischenfragen gibt.
- Unterstütze deinen Vortrag durch Anschauungsmaterial (Bilder, Grafiken, Gegenstände).

Ein gutes Lernplakat gestalten

- Verwende für das Plakat mindestens die Größe DIN A2, besser DIN A1 (= 8 DIN A4-Blätter).
- Beschränke dich auf die wesentlichen Informationen.
- Die Informationen auf dem Plakat müssen sachlich stimmen (z. B. richtige Jahreszahlen).
- Das Thema des Plakats muss deutlich zu lesen sein.

- Schreibe in Stichpunkten oder in kurzen Sätzen.
- Unterstreiche Schlüsselbegriffe oder rahme sie ein.
- Verwende für die Schrift einen schwarzen oder dunkelblauen Stift. Andere Farben eignen sich für Pfeile, Linien oder Hervorhebungen.
- Achte auf die Lesbarkeit der Schrift (Größe und Ordnung). Du kannst Hilfslinien mit Blei-

stift zeichnen und später wegradieren.
- Gliedere deine Informationen durch unterschiedliche Schriftgrößen. Verwende Ordnungszahlen, wenn du eine bestimmte Reihenfolge darstellen möchtest.

4 Ein Rollenspiel durchführen

- **Ausgangslage festhalten:** Fertigt eine Situationskarte und mehrere Rollenkarten an. *Situationskarte:* kurze Beschreibung, welche Situation nachgespielt werden soll. Welche Probleme sind zu lösen? *Rollenkarte:* Je eine für die dargestellten Personen und für die Beobachter. Auf den Karten sind Tätigkeit, Eigenschaften, Verhalten und die Ziele der Personen notiert.

- **Rollen verteilen:** Vorgaben der Rollenkarten beachten, eigene Vorstellungen dürfen aber auch eingebracht werden.
- **Spiel vorbereiten:** Die Spielerinnen und Spieler heften sich ein Schild mit ihrer Rollenkennzeichnung an. Sie besprechen die Situation (Situationskarte) und die Rollen (Rollenkarten) untereinander.
- **Spiel durchführen:** Spielbeobachter machen sich wäh-

rend des Spiels Notizen zu den einzelnen Rollen.
- **Spiel auswerten:** Die Beobachter bewerten das Spiel und begründen ihre Meinung. Wurden die Rollen glaubhaft gespielt? Welche Argumente wurden genannt? Passten sie in die Situation und die Zeit? Was war gut, was könnte verbessert werden?

5 Ein Standbild entwickeln

In einem Standbild stellt ihr eine bestimmte Handlung oder eine Szene aus einem Bild nach. Dafür benötigt ihr:
einen oder mehrere Standbildbauer, einen oder mehrere Darsteller, Zuschauer.
- Der Standbildbauer formt durch Anweisungen und Vormachen das Standbild. Er/sie gibt dabei möglichst viele Einzelheiten vor, z. B. Körperhaltung, Gesichtsmimik, Ges-

tik der Hände. Die Darsteller verhalten sich hierbei wie „lebendige Puppen" und folgen, ohne zu sprechen, den Anweisungen.
- Es ist auch möglich, dass jede Rolle doppelt besetzt wird: Ein Darsteller nimmt die Position einer bestimmten Person ein, der andere steht dahinter und sagt laut, was diese Person in dieser Situation vielleicht denkt.

- Die Zuschauer beurteilen im Anschluss das Standbild und können Veränderungen vorschlagen.
- Zum Abschluss berichten die Darsteller über ihre Wahrnehmung.

Tipp: Entwickelt mehrere Standbilder zu dem gleichen Thema, dann wird es noch interessanter, und ihr könnt im Anschluss die verschiedenen Blickwinkel miteinander vergleichen.

Lexikon

Im Lexikon werden Fremdwörter, historische Begriffe und Ereignisse erläutert, die in den Texten dieses Buches vorkommen und mit einem * versehen sind. Die Fachbegriffe, die auf den Themenseiten erklärt werden, haben einen Verweis auf die entsprechende Seite.

A

Adel, bestimmte Personen in einer Gesellschaft, die besondere Rechte genießen. Sie gehören meist schon durch Geburt den herrschenden oder besonders einflussreichen Familien an.

Agora, Versammlungsort, Marktplatz einer → Polis. In Athen versammelten sich die Bürger seit der Zeit des Kleisthenes nicht mehr auf der Agora, sondern aus Platzgründen auf der Pnyx.

Akropolis (griech. Hochstadt, Oberstadt), Bezeichnung für die Burganlage in griechischen Städten, in der sich häufig auch der Tempel der Stadtgottheit befand.

Altsteinzeit, siehe S. 35

Ambrosia, Speise der Götter in der griechischen Sage.

Amphitheater, große → Arena, in denen u. a. Gladiatorenkämpfe stattfanden.

Amme, eine Frau, die ein fremdes Kind stillt und betreut.

Antike, Zeitabschnitt nach der nichtschriftlichen Vor- und Frühgeschichte; beginnend mit den frühen Hochkulturen um 3000 v. Chr., endend mit dem Zerfall des Weströmischen Reichs, ca. 500 n. Chr. Die Zeit der klassischen Antike beginnt mit Griechenland um ca. 1000 v. Chr. und endet um 500 n. Chr.

Annuität, Bezeichnung für feste Traditionen römischer Ämter. Von alters her galt bei den Römern, dass ein Magistrat sein Amt immer nur für ein Jahr ausüben durfte.

Apostel, Anhänger von Jesus Christus, die das Christentum nach dessen Tod verbreiteten.

Aquädukt, eine römische Wasserleitung, bei der das Wasser über eine oft mehrgeschossige Bogenbrücke in natürlichem Gefälle dem Ziel zugeleitet wird.

Arbeitsteilung, vor allem durch das Anlegen von Vorräten für die Versorgung der Bevölkerung war es im Alten Ägypten möglich, dass nicht mehr alle Menschen in der Landwirtschaft und Viehzucht arbeiten mussten. Die Menschen konnten sich auf bestimmte Aufgaben bzw. Berufe spezialisieren.

Archäologie (griech. Altertumskunde), Wissenschaft, die sich mit Überresten aus Ausgrabungen beschäftigt. Da wir erst seit etwa 5000 Jahren schriftliche Quellen haben, umfasst der Forschungszeitraum für die Archäologie den größten Teil der menschlichen Geschichte. In der Archäologie werden die Forschungserkenntnisse auch mithilfe naturwissenschaftlicher Methoden und moderner Technik gewonnen.

Arena, Kampfplatz oder Sportplatz. Heute wird ein Fußballstadion oft als Arena bezeichnet.

Areopag (griech. „der Areshügel"), Bezeichnung für einen Hügel nahe der Akropolis in Athen und für den sich dort versammelnden Rat, der ursprünglich den König beriet. Während der Aristokratie leitete der Areopag alle Staatsgeschäfte und war das höchste Gericht. Mit der Einführun der Demokratie und des Volksgerichts verlor der Areopag an Einfluss und behielt nur noch die Entscheidung bei Mord. Noch heute heißt der höchste Gerichtshof in Athen so.

Aristokratie, siehe S. 103

B

Berufsheer, die Streitmacht eines Staates. Die Mitglieder eines Berufsheeres üben ihre Tätigkeit hauptberuflich aus.

Bewässerungssystem, bestehend aus Deichen, Dämmen und Bewässerungskanälen, schützt es Siedlungen vor Hochwasser. Mit einfachen Schöpfwerken wurde das Wasser auf die höher gelegenen Felder gebracht. Vor allem im Alten Ägypten sollte mithilfe von Bewässerungssystemen verhindert werden, dass der Nil Dörfer und Siedlungen überschwemmt und die Ernte zerstört.

Brot und Spiele, bezeichnet das Vorgehen des Kaisers Augustus und seiner Nachfolger, um die Unterstützung der kleinen Leute zu erringen. Es gab eine kostenlose Getreideausgabe für Bedürftige. Abgehaltene Feste und Spiele dienten dazu, die Gunst der Massen zu erhalten.

Buchdruck, um 1450 von Johann Gutenberg entwickeltes Verfahren, um Bücher schnell und kostengünstiger herzustellen. Bücher mussten nun nicht mehr abgeschrieben werden.

Bürger, waren in der Antike alle Personen, die am politischen Leben aktiv teilnahmen und das → Bürgerrecht besaßen.

Bürgerrecht, war in Griechenland erblich; es konnte aber auch an auswärtige Personen verliehen werden. Außer diesen Vollbürgern (in Sparta z. B. den → Spartiaten) gab es in den griechischen Staaten minderberechtigte Personen, z. B. Frauen oder Metöken, die keine Ämter bekleiden durften. Pflichten der Bürger waren der Schutz des Staates gegen äußere und innere Feinde und die Teilnahme an Kult und Religion.
Römischer Bürger konnte man durch Geburt werden, d. h. wenn beide Eltern römische Bürger waren, durch Verleihung des Bürgerrechts oder Freilassung. Zunächst waren nur die Bewohner Roms römische Bürger, später wurde das Bürgerrecht auch anderen Bewohnern des Reichs verliehen. Römische Bürger trugen die Toga, waren zu Wehrdienst und Steuern verpflichtet, hatten Stimmrecht in der Volksversammlung, konnten gewählt werden und gegen

Strafen Berufung einlegen. Nur römische Bürger konnten nach römischem Recht anerkannte Geschäftsverträge und gültige Ehen schließen.

D

Demokratie, siehe S. 103

Diktator, in der römischen Republik konnte für besondere Krisensituationen auf Vorschlag des Senats einer der beiden Konsuln einen Diktator als außerordentlichen Beamten ernennen. Dieser bekam große Vollmachten. Seine Amtszeit (die Diktatur) war auf höchstens sechs Monate beschränkt. Die übrigen Magistrate (Beamten) blieben während dieser Zeit im Amt, waren jedoch dem Diktator untergeordnet. Die Diktatoren der späten Republik, z.B. Sulla und Caesar, haben nichts mehr mit dem ursprünglichen Amt zu tun, denn Amtsdauer und Machtfülle waren nicht mehr beschränkt, sie waren Alleinherrscher.

E

Epoche, große Zeiträume der Geschichte werden in bestimmte Abschnitte, sogenannte Epochen (Urgeschichte, Antike, Mittelalter, Neuzeit), eingeteilt.

Exil, ein langfristiger Aufenthalt außerhalb des Heimatlandes, das aufgrund von Verbannung, Ausbürgerung, Verfolgung durch den Staat oder unerträglichen politischen Verhältnissen verlassen wurde.

Expansion, zum Beispiel die Ausdehnung des Römischen Reichs. Durch Kriege und politische Entscheidungen dehnte sich das Römische Reich auf bis dahin nichtrömische Städte und Länder aus, die dann von Römern regiert wurden.

Export, die Lieferung von im Inland hergestellten Waren in andere Länder.

F

Familie, die römische „familia" bestand aus dem pater familias (Familienoberhaupt), dessen Kinder, Enkel und Urenkel, aber auch Sklaven und Klienten. Der pater familias hatte über alle Dinge und Personen seiner familia Gewalt. In fast allen anderen antiken Staaten bestand die Familie wie bei uns aus Eltern und Kindern.

Flotte, größere Anzahl von Schiffen. Bezeichnung für alle Kriegsschiffe eines Landes.

Forum Romanum, großer Marktplatz und Mittelpunkt der Stadt Rom. Dort befanden sich die prunkvollsten Bauwerke und Tempel der Stadt. Auch der Senat tagte in der „Curia" am Rande des Forums Romanum.

Freier, siehe S. 108

G

Gastmahl, festliche Mahlzeit eines römischen Adligen mit Gästen eingeladen waren nur Männer, die auf Liegen viel Wein und Speisen zu sich nahmen und u. a. mit Spielen unterhalten wurden.

Gemeinde, Gemeinschaft eines oder mehrerer Orte. Die Mitglieder einer Gemeinde sind die Bürger.

Gene, Abschnitte der menschlichen DNA und Träger einer Erbanlage oder eines Erbfaktors, der die Ausbildung eines bestimmten Merkmals beeinflusst.

Geometrie, Bezeichnung für die Feldvermessung im Alten Ägypten. Nach jeder Nilschwemme mussten die Felder neu vermessen werden. Aus dieser „Kunst der Feldvermessung" entwickelte sich eine Wissenschaft, die Geometrie.

Germanen/Germanien, Sammelname für viele einzelne Völker und Stämme in Nord- und Mitteleuropa, die der indogermanischen Sprachfamilie angehören. Besonders in den letzten beiden Jahrhunderten v. Chr. versuchten germanische Stämme sich nach Westen und Süden auszubreiten.

Gründungsmythos, eine Erzählung über einen bestimmten Ursprung, die teilweise erfunden wurde, aber als verbindlich wahrgenommen wird.

Gymnasion, im Altertum, besonders in Griechenland, Übungs– und Wettkampfanlage zur körperlichen Ertüchtigung der Jugend.

H

Heloten, die Sklaven in Sparta unterschieden sich von Sklaven in anderen antiken Staaten dadurch, dass sie dem spartanischen Staat gehörten, in Familien weiterleben und auch ihren alten Bräuchen und ihrer Religion nachgehen konnten. Sie bearbeiteten das Land für die spartanische Oberschicht, die → Spartiaten.

Hierarchie, siehe S. 61

Hieroglyphen (griech. hieros = heilig, glyphein = einritzen), Schriftzeichen (Bilder und Symbole), die auf Papyrusblätter gezeichnet oder in andere Materialien eingeritzt wurden. Erst 1822 gelang es dem Franzosen Jean-François Champollion, die Schriftzeichen zu entziffern.

Historiker, untersuchen und analysieren Quellen und gewinnen dadurch Erkenntnisse aus der Vergangenheit.

Hochkultur, siehe S. 53

I

Ilias, Sage des griechischen Dichters Homer über den Trojanischen Krieg. Die Sage bildete zusammen mit der → Odyssee unter anderem die Grundlage für den Götterglauben der Griechen.

Imperium Romanum, siehe S. 137

Import, Einfuhr von im Ausland hergestellten Waren.

Integration (lat. Wiederherstellung eines Ganzen), in der deutschen Sprache kann sie auch als „Eingliederung" verstanden werden. Im Römischen Reich gab es aufgrund der zahlreichen Eroberungen sehr viele Menschen mit ganz unterschiedlichen Sprachen und Gebräuchen, die in eine große Gemeinschaft römischer Bürger eingegliedert werden sollten.

J

Judentum, Bezeichnung sowohl für die Religion, die Tradition, die Philosophie als auch die Gesamtheit der Juden; erste monotheistische Religion. Die Heilige Schrift der Juden ist die Thora (hebr. = Lehre). Das sind die fünf Bücher Mose, die dem Volk der Juden von Gott übergeben wurden. Der Ort des jüdischen Gottesdienstes ist die Synagoge.

Jungsteinzeit, siehe S. 38

K

Kalender, Zeitmessung nach Jahren, Monaten und Tagen. In Ägypten Berechnung nach den regelmäßigen Naturerscheinungen wie der Nilflut. In vielen Kulturen Zeitrechnung ab einem bestimmten Ereignis, z. B. Gründung Roms 753 v. Chr. oder nach Olympiaden (= vier Jahre).

Keilschrift, aus einer Bilderschrift zuerst von den Sumerern in Mesopotamien entwickelte, aus keilförmigen Zeichen bestehende Schrift, bei der das Schreibwerkzeug einen keilförmigen Eindruck in den weichen Tontafeln hinterließ.

Kirche, ein Gebäude, in dem Gottesdienst gefeiert wird. Oft auch als Gotteshaus bezeichnet. Aber auch die Institution, die Pfarrer, Priester, Bischöfe und den Papst ernennt und ihre Aufgaben verwaltet.

Klientel, nichtadlige Römer und ihre Angehörigen waren häufig Abhängige (= Klienten) eines adligen Patrons. Der Patron half in Notlagen (Überfällen, Feuer). Solche Hilfsleistungen übernimmt bei uns heute der Staat. Die Klienten unterstützten den Patron bei Versammlungen und Wahlen. Sie gehörten zur „familia". Die Beziehungen zwischen Patron und Klient wurden vererbt. Ihre Ursprünge sind unklar: Vielleicht waren es landlose Siedler.

Kolonisation, in der Antike Gründung von Siedlungen außerhalb der Heimat durch Griechen und Römer. In der Neuzeit Errichtung von Handelsstützpunkten. Sie konnten auch größere Gebiete umfassen.

Komödie, eine Handlungsform des griechischen Theaters. Die Komödie ist ein Drama mit erheiterndem Ablauf und endet meist glücklich.

Konstantinische Wende, die Entscheidung Kaiser Konstantins 313 n. Chr., die christliche Religion gleichberechtigt neben allen anderen Religionen im Römischen Reich zuzulassen.

Konsuln, die beiden höchsten zivilen und militärischen Amtsträger der römischen Republik. Um zu verhindern, dass ein Konsul zu mächtig werden konnte, standen immer zwei Konsuln an der Spitze des römischen Staates.

L

Landmacht, Bezeichnung für einen Staat, dessen Macht vor allem auf der Stärke seiner Landstreitkräfte beruht.

Lehnwort, Bezeichnung für ein Wort, das aus einer fremden Sprache übernommen wurde. Es wurde dabei in Aussprache und Schreibweise der übernehmenden Sprache angepasst.

Limes, die Grenzbefestigung zwischen dem Römischen Reich und den von verschiedenen germanischen Völkern beherrschten Gebieten.

Losverfahren, viele politische und andere Ämter wurden im antiken Griechenland nicht dem besten Kandidaten anvertraut, sondern die Amtsinhaber wurden durch ein Los bestimmt. Dadurch konnten alle Bewerber, unabhängig von ihrer Herkunft und/oder ihrem Reichtum, gleich behandelt werden.

M

Magazin, Lagerraum zur Vorratshaltung.

Mare nostrum, siehe S. 137

Märtyrer, Bezeichnung für eine Person, die aufgrund ihres Glaubens Verfolgungen, schweres körperliches Leid und sogar den Tod auf sich nimmt.

Metallzeit, siehe S. 43

Metöken (= griech. Mitbewohner), lebten als zugezogene Freie in Athen, ohne attische Bürger zu sein. Sie durften kein Land in Attika besitzen und waren vor allem in Handwerk und Handel tätig. Ähnliche Gruppen gab es in vielen antiken Städten.

Mittelalter, der Begriff bezeichnet den Zeitraum zwischen 500 n. Chr. und 1500 n. Chr., der Zeit zwischen Antike und Neuzeit in der Geschichte Europas. Die Völkerwanderungen, das Ende des Weströmischen Reichs 476 n. Chr., die Gründung des Frankenreichs um 500 n. Chr. werden als Beginn einer neuen Epoche gesehen. Sie endet um 1500 in einer Zeit wichtiger Erfindungen und Entdeckungen (1492 Amerika) und religiöser Umwälzungen (1517 Reformation).

Monarchie, siehe S. 61

Monotheismus, siehe S. 56

Mythos (Pl. Mythen), eine Erzählung, in der wahre und erfundene Ereignisse verknüpft sind.

N

Nektar, in der griechischen Mythologie war Nektar ein Trank der Götter, der ewige Jugend und Unsterblichkeit spendete.

Neolithische Revolution, siehe S. 38

Neuzeit, der Begriff bezeichnet in der Geschichte Europas den Zeitraum von etwa 1500 bis zur Gegenwart. Die Abgrenzung zum Mittelalter wird mit dem grundlegenden Wandel durch Humanismus, Renaissance und Reformation begründet. Als Frühe Neuzeit wird die Periode von 1500 bis zur Französischen Revolution (1789) verstanden.

Nilschwemme, durch Regen verursachtes Hochwasser und Überschwemmung durch den Nil. Der Wasserstand des Nils stieg im Alten Ägypten zwischen Juni und Oktober um bis zu acht Meter an, und das flache Land verschwand unter den Fluten.

Nomaden, Menschen und Menschengruppen, die innerhalb eines begrenzten Gebietes ohne festen Wohnsitz umherziehen.

O

Odyssee, Sage des griechischen Dichters Homer über die Irrfahrten des Odysseus. Die Sage bildete zusammen mit der Sage → Ilias unter anderem die Grundlage für den Götterglauben der Griechen.

Oikos (griech. Haus), umfasste in Griechenland nicht nur das Haus als Gebäude, sondern die ganze Hausgemeinschaft: die Familie, Gäste und Sklaven, das dazugehörige Land und das Vieh. Alles dies stand unter der Gewalt des Herrn des Oikos („Kyrios"). Von dem Wort Oikos ist auch der Begriff „Ökonomie" = Hauswirtschaft abgeleitet. In Rom entsprach dem Oikos die familia, die ebenfalls alle Personen und Güter umfasste, die unter der Gewalt des pater familias standen.

Olympische Spiele, sportliche Wettkämpfe, die zu Ehren des Gottvaters Zeus in Olympia veranstaltet wurden. 293-mal konnten die Spiele 776 v. Chr. bis 393 n. Chr. in ununterbrochener Reihenfolge stattfinden. Danach wurden sie durch den römischen Kaiser Theodosius (347–395 n. Chr.) als heidnischer Brauch verboten. Der Franzose Baron de Coubertin (1863–1937) rief sie erst 1896 wieder ins Leben.

Optimaten (lat.), in der ausgehenden römischen Republik (1. Jh. v. Chr.) Bezeichnung für die Anhänger der Partei des Adels und der herrschenden Familien (Senatspartei), die im Gegensatz zu den → Popularen stand.

P

Patrizier, einflussreiche, römische Adlige

Perioken (griech. Umwohnende), d. h. die Bewohner der Städte, die auf spartanischem Staatsgebiet „um Spartaherum" lagen. Deren Einwohner waren nicht → Sklaven, aber auch nicht spartanische Bürger. Sie waren meist Handwerker und stellten die Dinge her, welche die Spartaner brauchten. Den spartanischen Bürgern war jegliche Arbeit verboten.

Pharao, allgemeine Bezeichnung für die altägyptischen Könige. Der Begriff bedeutet „großes Haus" und bezog sich ursprünglich auf den Königspalast und dessen zahlreiche Bewohner. Seit Beginn des Neuen Reichs nannten sich die ägyptischen Könige Pharao.

Philosophie (griech. philosophia = Liebe zur Weisheit), griechische Philosophen begannen ab dem 6. Jh. v. Chr. Erklärungen für Naturerscheinungen und die Entstehung der Welt zu suchen. Sie gingen nicht mehr davon aus, dass dies alles allein durch den Willen der Götter entstanden sei, sondern versuchten Erklärungen mithilfe der Vernunft in der Natur selbst zu finden. Auch stellten sie sich Fragen zum Sinn des Lebens, zu Gut und Böse und zu vielen anderen Bereichen. Berühmte griechische Philosophen sind Sokrates, Platon und Aristoteles.

Plebejer/Proletarier (lat. plebs = niederes Volk), die gesamte Bevölkerung, die nicht zu den Patriziern gehörte. Als Proletarier galten Bürger der untersten Klasse, die keinen Besitz hatten und keine Steuern zahlten.

Polis (Mehrzahl Poleis), durch die vielen Gebirge zerfiel Griechenland in relativ kleine, selbstständige Stadtstaaten. Jede Polis besaß einen städtischen Kern, der von landwirtschaftlichen Flächen umgeben war. Die bedeutendste Polis in Griechenland war die von Athen.

Polytheismus, siehe S. 56

Popularen, als Popularen wurde, in Abgrenzung von den Optimaten, die sogenannte Partei des Volkes in der römischen Republik bezeichnet.

Prinzipat, siehe S. 144

Provinz, siehe S. 136

Q

Quellen, siehe S. 19

R

Reform (lat. re = zurück, formatio = Gestaltung), im politischen Bereich eine Umgestaltung der bestehenden politischen Ordnung. Der athenische Politiker Solon etwa hat mit seiner Reform dem einfachen Volk mehr Mitspracherechte bei politischen Entscheidungen eingeräumt.

Republik (lat. res publica = öffentliche Sache), eine Staatsform, in der kein König herrscht. Die Macht wird vom Volk oder von Teilen des Volkes ausgeübt, z. B. von Patriziern.

Romanisierung, siehe S. 162

S

Scherbengericht, im alten Griechenland ritzten die Bürger den Namen eines Mannes auf eine Scherbe, den sie verdächtigten, dass er die Herrschaft alleine an sich reißen wollte. Es mussten über 6000 Stimmen abgegeben werden, sonst war das Scherbengericht ungültig. Derjenige, dessen Name am häufigsten auf eine Tonscherbe geschrieben wurde, musste für zehn Jahre die Polis verlassen. Sein Vermögen durfte er behalten.

Schrift, die Erfindung der Schrift gilt als Übergang von der Urgeschichte ohne schriftliche Quellen zur Geschichte. Die Ägypter und die Sumerer haben um 3000 v. Chr. die ersten Schriftzeichen erfunden, deren Entzifferung erst im 19. Jahrhundert gelang. Die von den Ägyptern erfundene Hieroglyphen-Schrift ist eine Bilderschrift. Die Sumerer entwickelten die Keilschrift, bei der Schriftzeichen in feuchte Tontäfelchen geritzt wurden.

Schuldknechtschaft, wenn ein Schuldner seinen Kredit nicht zurückzahlen konnte, verlor er nicht nur seinen Besitz, sondern auch einen Teil seiner persönlichen Freiheit und musste seine Schulden bei dem Gläubiger abarbeiten, was praktisch nie gelang.

Seemacht, Bezeichnung für einen Staat, der über bedeutende Seestreitkräfte verfügt.

Senat (lat. senex = Greis), Rat der Ältesten, eigentliches Regierungsorgan in der römischen Republik.

Sesshaftwerdung, der Übergang von der Alt- zur Jungsteinzeit war dadurch gekennzeichnet, dass die Menschen nicht mehr als nomadisierende Jäger und Sammler umherzogen, sondern sich an festen Plätzen niederließen, Häuser bauten sowie Ackerbau und Viehzucht betrieben.

Sklave, siehe S. 108

Spartiaten, Bezeichnung für die wenigen tausend Bürger Spartas, deren Leben nur dem Krieg und dem Staat gewidmet war. Für den Unterhalt der Familien der Spartiaten mussten die → Heloten sorgen.

Staat, als Staat wird eine Form des Zusammenlebens bezeichnet, bei der eine Gruppe von Menschen – das Volk – in einem abgegrenzten Gebiet nach einer bestimmten Ordnung lebt. Der ägyptische Staat gilt als einer der ersten Staaten, die wir kennen und wird heute als „Hochkultur" bezeichnet. Er wurde um 3200 v. Chr. gegründet, nachdem die Oberägypter die Macht über ganz Ägypten übernommen hatten.

Staatsreligion, bezeichnet das innerhalb eines Staates als einziges anerkanntes oder dominierendes Glaubensbekenntnis.

Statthalter, Bezeichnung für den Vertreter des Staatsoberhauptes oder der Regierung in einem Teil des Landes.

T

Theater, siehe S. 115

Thermen, siehe S. 158

Totengericht, Begriff aus dem altägyptischen Glauben, bei dem sich jeder Mensch nach seinem Tod bei einem Totengericht vor den Göttern für sein Handeln im Leben verantworten musste.

Totenkult, ein Ritual, um auszudrücken, wie sehr man Verstorbene verehrt. Dazu gehörte das Mumifizieren, weil man glaubte, dass die Verstorbenen weiterhin ihre menschliche Hülle, ihren Körper, im Jenseits brauchten. Oft legten die Ägypter Figuren, Porzellan, Briefe und Ähnliches zu den Toten, um diesen den Aufenthalt im Jenseits zu verschönern.

Tragödie, eine Handlungsform des griechischen Theaters, in der der Protagonist in eine ausweglose Lage gerät, aus der er sich trotz großer Anstrengung nicht befreien kann. Eine Tragödie beinhaltet immer eine Katastrophe.

Tribute, als „tributum" kann fast jede Abgabe bezeichnet werden, die an den römischen Staat geleistet werden musste. Bis 167 v. Chr. bezahlten römische Bürger Tribute (= Steuern), später nicht mehr. Dafür leisteten dann die Provinzen Tribute, die entweder aus festen Abgaben oder aus einem Anteil am Ernteertrag bestanden.

Triumvirat (lat. Bündnis von drei Männern), Pompeius, Crassus und Caesar schlossen sich in einem Triumvirat zusammen, um gemeinsam die Herrschaft über den römischen Staat auszuüben.

Tyrannis/Tyrann, der Begriff bezeichnet ursprünglich eine Herrschaftsform der Griechen, bei der ein Adliger die alleinige Machtausübung gewaltsam an sich gerissen hatte. Viele Tyrannen, wie in Athen Peisistratos, sorgten für wirtschaftlichen Wohlstand und kulturelle Blüte ihrer Polis. Heute wird der Begriff Tyrann abwertend verwendet und bezeichnet einen einzelnen Machthaber, der gewaltsam und ohne gesetzliche Grundlage regiert.

U

Urgeschichte, Zeitraum vom Beginn der Menschheitsgeschichte bis ca. 3000 v. Chr. Für diesen Zeitraum gibt es keine schriftlichen Quellen.

V

Völkerwanderung, Bezeichnung für eine Völkerbewegung, die ihre Ursache in Landmangel, Klimaverschlechterung oder Vertreibung durch andere Völker hat. Mit dem Begriff wird üblicherweise die germanische Völkerwanderung bezeichnet, die 375 mit dem Einfall der Hunnen in Europa ihren Höhepunkt hatte und um 500 endete.

Volksversammlung, wenn alle stimmberechtigten Bürger eines Staates zusammentreffen, um ihre politischen Rechte wahrzunehmen, spricht man von einer Volksversammlung. Im demokratischen Athen war sie das Zentrum des politischen Lebens: Sie allein entschied in allen wichtigen politischen Fragen. In Rom unterschied man zur Zeit der → Republik verschiedene Formen der Volksversammlung. In ihnen wurden die Beamten gewählt, Gesetze beschlossen und über Krieg und Frieden entschieden. In der Kaiserzeit verlor die Volksversammlung ihren politischen Einfluss.

Vorratshaltung, bezeichnet das Halten von Vorräten (Nahrungsmittel) über einen längeren Zeitraum.

W

Weihegaben, Bezeichnung für eine Gabe, die Gott oder einer Gottheit aus Dankbarkeit oder mit der Bitte um Hilfe in bestimmten (Not-)Situationen dargebracht wird.

Z

Zeit, Zeitrechnung, siehe S. 22

Register

Die mit einem * versehenen Begriffe werden im Lexikon näher erklärt.

Bildquellen

Abbildungen

Cover: © Jose Fuste Raga/Corbis; 2, 23 u., 178 o.: akg-images; 3 o., 93 M2: Corbis/© The Gallery Collection; 3 u., 7 re., 144 M1, 175 re.: bpk/Scala; 4 o., 48-49: Interfoto; 4, 127 M2: akg-images/Erich Lessing; 4, 127 M3: Mauritius images/United Archives; 4, 127 M4: Huber Images/© Bildagentur Huber/R. Schmid; 4, 142 M1: Imago ; 4, 143 M2 :Staatliche Münzsammlung, München; 4, 143: akg-images/Bible Land Pictures; 5, 110 M1: bpk/Antikensammlung, SMB/Johannes Laurentius; 5, 111 M4: bpk/Antikensammlung, SMB/Christa Begall; 6, 36 M1: akg-images/Glasshouse Images; 6, 37 M3, 45 Mitte: akg-images; 7, 46 M1: Interfoto/Alinari; 7, 46 M2: Generaldirektion Kulturelles Erbe Rheinland-Pfalz, Direktion Landesarchäologie, Außenstelle Speyer; 7, 46 M3: Interfoto/ARTCOLOR; 7, 129 M3, 174: Culture-images culture-images/Photo12; 7, 174: John Woodworth/Robert Harding/World Imagery/Corbis; 7, 175: akg-images/British Library; 8–9: mauritius/Alarmy; 11 M2: picture alliance/dpa; 11 M3: Burg Bederkesa, Foto: Scheneker; 11 M4: picture alliance/DUMONT Bilder; 11 M5: picture alliance/Arco Images G; 11 M6: Clip Dealer/Axel Bueckert; 11 M7: INTERFOTO/Granger, NYC; 11 M8: picture alliance/dpa; 11 M9: Fotolia/Tora; 12 l.: F1 online; 12 2 v. l.: bpk; 12 Mitte: bpk; 12 2. v. r.: Deutsches Historisches Museum, Berlin; 12 r.: picture alliance/dpa – Report/ Foto: Richard Koll; 13 M1: bpk; 13 M2: Mauritius images/imagebroker/Ingo Kuzia/Intro; 13 M3: Rob Marmion; 13 M4:Max Topchii; 13 li.: picture alliance/OKAPIA KG/Dorit Bremermann; 13 2 v. l.: mauritius images/Alamy; 15 Mitte: action press; 13 2.v.r.: nata-lunata-shutterstock.com; 13 r.: Reuters Photographer; 14 M1: picture alliance/KPA Hoffmann, Klaus; 14 M2 picture alliance/Bildagentur-o; 14 M3: akg-images; 15 M4: INTERFOTO/Mary Evans/ Retrograph Collection; 15 M5: picture alliance/dpa; 16 M1: akg-images; 17 M2: akg-images; 17 M3: Fotolia/Bildpix.de; 18 M1: akg-images; 18 M2: akg-images; 19 M4: bpk/United Archives/Erich Andres; 20 M2: istock-photo.com; 20 M3: © Woodapple-fotolia.com; 20 M4: © Rakoskerti-istock-photo.com; 20 M5: Africa Studio – shutterstock.com; 21 M6: © Cimmerian-istock-photo.com; 21 M7: picture alliance/dpa/© dpa, © VG Bild-Kunst, Bonn 2014; 21 M8: imago sportfotodienst; 21 M9: T.W. van Urk – shutterstock.com; 22 M1: © Jonathan Blair/Corbis; 23 M2: akg-images; 23 M3: picture alliance/OKAPIA KG © A.&H.-F. Richter; 23 M4: akg-images; 24 M1: INTERFOTO/Alinari; 24 M2: INTERFOTO/ARTCOLOR; 24 M3: picture alliance/dpa, 25 M6 akg-images; 29 M3: NHM – Wien/Schumacher; 29 M4: GDKE (Generaldirektion Kulturelles Erbe Rheinland-Pfalz), Direktion Landesarchäologie, Außenstelle Speyer; 29 M5 picture-alliance/dpa/© dpa – Bildarchiv/Peter Endig; 30 M1: imagetrust/Markus Matzel; 31 M3 o.l. M3 o.r./ M3 m.l./ M3 m. r.: picture alliance/dpa/ Wissenschaftliche Rekonstruktionen: W. Schnaubelt/N. Kieser (Wildlife Art für Hessisches Landesmuseum Darmstadt); 31 M3 u.:

Uwe Bumann-fotol-ia.com; 33 M2: Neanderthal Museum/H. Neumann; 40 M1: © Vienna Report Agency/Sygma/Corbis; 41 M2: picture alliance/dpa; 41 M3/komplett: Südtiroler Archäologiemuseum, www.iceman.it; 42 M1 45 re.: Landesdenkmalamt Saarland; 43 M3: picture-alliance/ZB/euroluftbild.de/Gerhard Launer; 44 M1: GDKE Rheinland-Pfalz, Direktion Landesarchäologie – Speyer; 45li.: picture alliance/© dpa/P.-J. Texier/MPK/WTAP; 47 M1: picture alliance/dpa/Thomas Frey; 47 M2: akg-images/Erich Lessing; 51, 78 M2: picture alliance; 51 M3, 59: picture alliance; 51 M4: Interfoto; 52 M1: Corbis; 52 M2, 78 M2: bpk; 54 M1: Interfoto; 55 M2, 78 M2: Bridgeman Art Library; 56–57 M1: akg-images; 58: Corbis© TongRo Images/Corbis; 60 M1: akg-images ; 61 M3: GlowImages authors image; 62 M1: akg-images/Erich Lessing; 63 M3: Corbis/© Leemage/Corbis; 64 M1, 78 M1: bpk; 65 re. akg-images; 65 M5: Mauritius images/United Archives; 66 M1: bpk , 66 M3: Mauritius images/United Archives; 69 M4, 78 M2: picture alliance/dpa; 70 M1, 77: bpk ; 70 M2: © Richard T. Nowitz/Corbis; 71 M1: akg/De Agostini Picture Lib.; 72 o.r.: © RelaXimages/Corbis; 74 M1: bpk; 75 M3 akg-images/De Agostini Pict.Lib.; 75 M4: Victor R.: Boswell, Jr/National Geographic Stock; 76 M1, 80 o.li.: akg-images/Erich Lessing; 78 M1: Photograph – ancient-art – Photoarchiv/Jürgen Liepe; 80 Mitte, 146 M3: picture alliance/United Archiv; 81 M4 akg-images/Erich Lessing; 81 M5: philippe Maillard/akg-images; 82 M1: akg-images; 84 li.: Glow Images/ImageBROKER RM; 83 M2 Cornelsen Verlagsarchiv; 84 Mitte: F1 online; 85 li.: picture alliance/United Archiv; 85 Mitte: © Dr-Lange; 85 re.: picture alliance/landov; 86–87: akg-images/Peter Connolly; 89 M2: Interfoto/ARTCOLOR; 89 M3: akg-images/IAM; 89 M4: Toru Hanai; 90 M1: akg-images/Rainer Hackenberg; 91 M2: picture alliance; 92 M1: Mauritius Alamy; 94 M1: Imago imago/imago/imagebroker; 95 M3, 121 li.: bpk | The Trustees of the British Museum; 97 M3: Süddeutsche Zeitung DIZ ; 98 M1, 121 Mitte: akg-images/Bildarchiv Steffens; 98 M2: akg-images/Erich Lessing; 100 M1: akg-images; 100 M2: akg-images/Jürgen Raible; 102 M1: bpk/Münzkabinett, SMB/Lutz-Jürgen Lübke; 102 M2, 121 re.: akg-images; 102 M3: Bridgeman Art Library; 106: Mauritius images/imageBROKER/XYZ PICTURES; 108 M2: bpk Interfoto/Mary Evans/Ashmolean Museum; 109 M3: Rijksmuseum van Oudheden, Leiden, NL; 109 M5: bpk | RMN – Grand Palais | Hervé Lewandowski; 112 M1: akg-images/Rainer Hackenberg; 133 M5: bpk; 114 M1: Corbis © Ruggero Vanni/CORBIS; 114–115 M2: Bridgeman Art Library; 115: akg-images; 116 M1: akg-images/Nimatallah; 117 M3: Mauritius images/United Archives; 118 M1: akg-images/Erich Lessing; 120 M1 li.: akg-images; 120 M1 Mitte: Bridgeman Art Library; 120 M1 re.: akg-images; 122 M1: Your photo today.A1 pix – superbild Your_Photo_Today; 124-125: PicturePress/Jochen Stuhrmann/GeoEpoche; 130 M1: Bridgeman Art Library; 132 M1: Culture-images/uig; 133 M2: Numismatische

Bilddatenbank Eichstätt; 136 M1: Corbis © Gianni Dagli Orti; 138 M1: Interfoto/Wilfried Wirth; 138 M2: F1 online; 139 M3: Mauritius images Westend61; 140 M1: Staatliche Antikensammlung und Glyptothek München/ Christa Koppermann; 141 M4: Mauritius images/Alamy; 145 M2: akg-images/Erich Lessing; 152 M1: akg-images; 152 M2: Culture-images/fai; 154 M1: Museum am Dom Trier; 154 M2: akg-images De Agostini Picture Lib.; 155 M3: © Deutsches Archäologisches Institut Rom; 155 M4: Abguss-Samm-lung Antiker Plastik Berlin; 156 M1: picture alliance/Heritage Image; 157 M3: akg-images; 157 M4: bpk/Scala – courtesy of the Ministero Beni e Att. Culturali; 157 M5: Corbis © Alinari Archives/CORBIS; 158 M1: Mauritius images/ imageBROKER/Katja Kreder; 159 M3: Kulturamt der Stadt Kempten (Allgäu) – R. Mayrock; 159 M5: www.asterix.com © 2014, LES EDITIONS ALBERT RENE; 160 M2: Mauritius images/Alamy; 161 M4: Mauritius images/ corbis; 165 M2: Thomas Binder, Magdeburg; 163 M3:Ulrich Sauerborn/Limesmuseum Aalen; 165 M3: picture alliance/Museum Kalkriese; 166 M1: Corbis/© Wang Miao/Redlink/Redlink/Corbis; 166 M3: akg-images/ Rabatti – Dominige; 168 M1: Süddeutsche Zeitung DIZ Jose Giribas/Süddeutsche Zeitung Photo; 169 M2: akg-images/Bible Land Pictures/Jerusalem Photo by: Z.Radovan; 170 M1: Bridgeman Art Library; 171 M3: akg-images; 172 M1: picture alliance/Artcolor; 173 M2: © epd-bild/Historisches Museum der Pfalz; 176 M1:Römische Freilichtmuseum Hechingen-Stein; 176 M2: Ulrich Sauerborn/Limesmusuem Aalen; 177 M5: www.asterix.com © 2014 LES EDITIONS ALBERT RENE; 177 M6: Bridgeman Art Library; 178 M1: akg-images; 178 M2: Glow Images/imagebroker.com; 178 M2 u.: Interfoto/WELTBILD; 178 M3: picture alliance/dpa; 178 M4: fotolia/animaflora; 179 M1: akg-images/akg/Erich Lessing; 179 M3: agk-images/akg/Bildarchiv Steffens; 180 M1: Staatliche Antikensammlung und Glyptothek/ Renate Kühling.

Grafik/Illustrationen/Karten

Klaus Becker, Oberursel: 118 M2; Thomas Binder, Magdeburg: 2, 6, 34 M1, 38M1, 68 M1, 68 M2, 130 M2, 184 M1; Carlos Borrell Eiköter, Berlin: Umschlagkarten 1–4, 4, 6, 10 M1, 32 M1, 35 M4, 40 M1 r., 43 M2, 50 M1, 88 M1, 94 M1, 112 M2, 113 M3, 119 M2, 126 M1, 137 M2 l.2.v.o., 137 M2 l.2.v.u., 137 M2 l.o., 137 M2 l.u., 137 M2 r., 148 M1, 160 M1, 162 M1, 164 M1, 167 M4, 169 M3, 171 M2, 173 M2, 176 M4; Elisabeth Galas, Bad Breisig: 6, 33 M4, 103 M5, 104 unten, 122 M2, 135 M2, 141 M2; 159 M2; 183 M3; Jochen Gebauer-Dieterle, Berlin: 39 M2; Carsten Märtin, Oldenburg: 161 M3; Annette Pflügner, Mörfelden-Walldorf: 30 M1; Matthias Pflügner, Berlin: 96 M1 1–12; Dorina Tessmann, Berlin: 105 M2; Michael Teßmer, Hamburg: 26–27, 46 li. u. re., 99 M4, 140–141 M1, 178 M5; Hans Wunderlich, Berlin: 39 M2, 81 M1, 81 M2, 81 M3, 91 M3, 128 M1, 153

Forum Geschichte

Band 5 wurde erarbeitet von: Hans-Joachim Cornelißen, Susanna Heim-Taubert, Götz Schwarzrock, Silvia Wimmer, Andreas Zobel

Redaktion: Götz Schwarzrock
Bildassistenz: Franziska Becker
Lexikon- und Registerbearbeitung: Norina Berry
Grafiken und Illustrationen: Klaus Becker, Oberursel; Thomas Binder, Magdeburg; Elisabeth Galas, Bad Breisig; Carsten Märtin, Oldenburg; Annette Pflügner, Mörfelden-Walldorf; Matthias Pflügner, Berlin; Dorina Thessmann, Berlin; Michael Teßmer, Hamburg; Hans Wunderlich, Berlin
Karten: Carlos Borrell Eiköter, Berlin
Technische Umsetzung: Arnold & Domnick, Leipzig
Layoutkonzept und Umschlaggestaltung: Ungermeyer – grafische Angelegenheiten, Berlin
Umschlagbild: Kolossalstatue Ramses II., Memphis, Foto 2006, © Corbis/Jose Fuste Raga/Corbis

www.cornelsen.de

Die Webseiten Dritter, deren Internetadressen in diesem Lehrwerk angegeben sind, wurden vor Drucklegung sorgfältig geprüft. Der Verlag übernimmt keine Gewähr für die Aktualität und den Inhalt dieser Seiten oder solcher, die mit ihnen verlinkt sind.

1. Auflage, 2. Druck 2016

Alle Drucke dieser Auflage sind inhaltlich unverändert und können im Unterricht nebeneinander verwendet werden.

© 2016 Cornelsen Verlag GmbH, Berlin

Druck: Mohn Media Mohndruck, Gütersloh

ISBN 978-3-06-245000-6

PEFC zertifiziert
Dieses Produkt stammt aus nachhaltig bewirtschafteten Wäldern und kontrollierten Quellen.

PEFC
PEFC/04-31-1033
www.pefc.de

Exkursionsziele:
Ur- und Frühgeschichte in Niedersachsen

Karte 3

Spuren:
Niedersachsen im Eiszeitalter

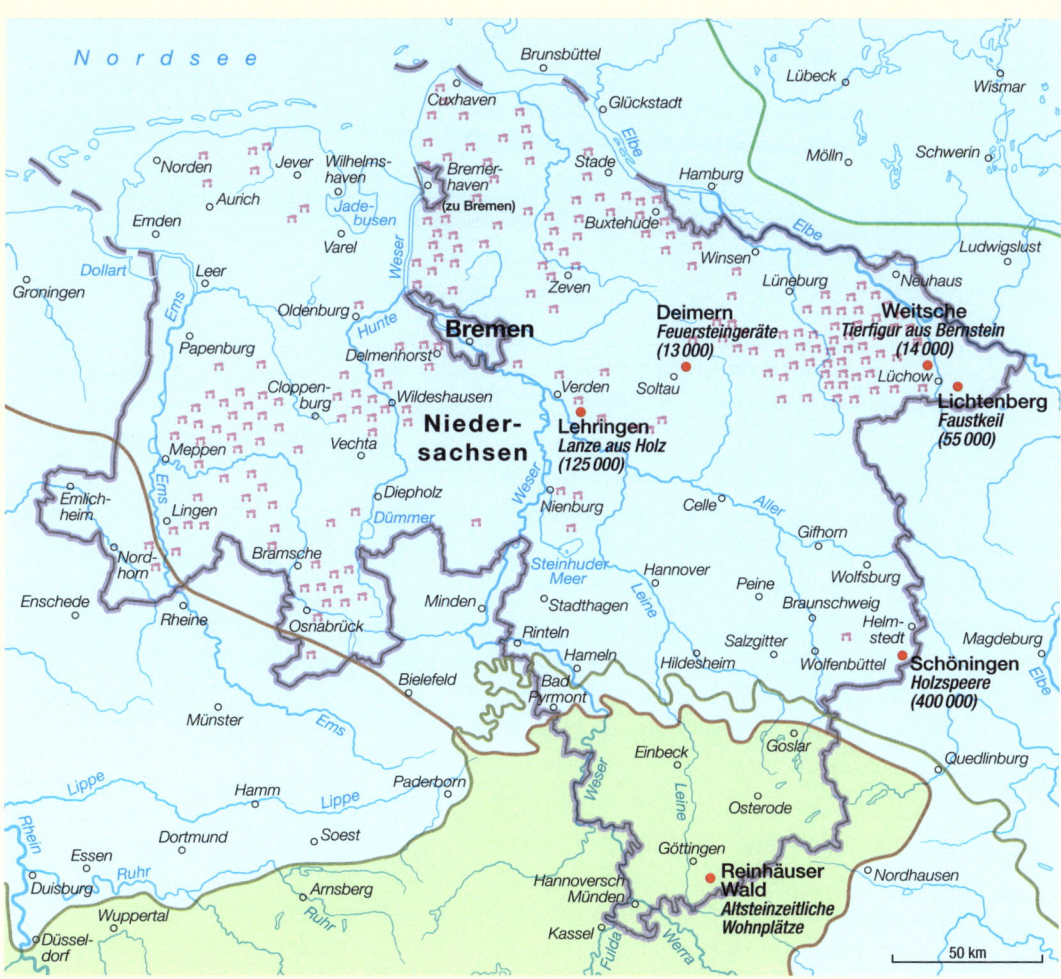

Karte 4

So löst du die Arbeitsaufträge in diesem Buch:

(Fortsetzung der vorderen Umschlagklappe)

Arbeitsauftrag = Operator (alphabetisch) AFB	Das tust du:	Tipps und Formulierungsvorschläge:
deuten II, III	Du untersuchst eine Quelle (z. B. Text, Bild, Denkmal) hinsichtlich ihrer Aussage und erklärst, welchen Sinn du ihr beilegst. siehe **analysieren** und **herausarbeiten**	
diskutieren III	Du notierst zu einer bestimmten Fragestellung Argumente (pro und kontra) und gewichtest sie innerhalb einer schlüssigen Argumentationskette. Am Ende formulierst du eine eigene begründete Bewertung.	*Gegen diese Argumentation spricht …* *Am meisten/Am wenigsten überzeugt mich …*
einordnen zuordnen II	Du arbeitest Informationen aus Materialien heraus und setzt diese miteinander oder mit anderen Sachverhalten in Beziehung.	
erklären II	Du stellst einen historischen Sachverhalt oder einen Fachbegriff in einen schlüssigen Zusammenhang.	*Besonders diese beiden Ereignisse führten zu …* *Deshalb spricht man von …*
erläutern II	Du verdeutlichst einen historischen Sachverhalt mithilfe von Beispielen oder Belegen aus einem Material.	*An dieser Stelle des Briefes wird deutlich …* *Wie der letzte Satz der Rede zeigt, …*
erörtern III	Du formulierst zu einer vorgegebenen These oder Problemstellung eine eigene Stellungnahme, nachdem du Pro- und Kontra-Argumente miteinander verglichen hast.	*Dafür/Dagegen spricht …* *Insgesamt gesehen …*
gestalten III	Du versetzt dich in eine Person hinein, die in der Vergangenheit gelebt hat. Überlege, wie die Person in ihrer Zeit vermutlich gedacht, gehandelt, gefühlt oder gesprochen haben könnte. Erstelle aus ihrer Sicht z. B. einen Brief, ein Flugblatt, eine Rede.	**Tipp:** Berücksichtige die Lebensumstände der Person, in die du dich hineinversetzt (Geschlecht, Alter, Wohnort, Beruf, arm/reich, frei/unfrei, gebildet/ohne Schulbildung).
herausarbeiten II	Du entnimmst einem Material (Text, Abbildung) alle Informationen, die zu einer vorgegebenen Fragestellung passen. Manchmal musst du etwas nachschlagen oder berechnen.	*Zu den wichtigsten Ergebnissen gehörte …* *Die Hauptaussage des Verfassers lässt sich so wiedergeben: …*
interpretieren I, II, III	Du analysierst einen historischen Sachverhalt und bewertest ihn auf der Grundlage deiner Ergebnisse.	
nennen I	Du trägst in knapper Form und unkommentiert einzelne Begriffe und Informationen aus einem Material zusammen, z. B. als Liste oder in einer Tabelle.	*Folgende Gründe werden im Text genannt:* – – …
recherchieren III	Du suchst gezielt nach Informationen über ein historisches Ereignis oder einen Sachverhalt (Schulbuch, Sachbücher, Internet).	**Tipp:** Nutze die Methodentabellen S. 64 und 96
ein Rollenspiel durchführen III	Ihr spielt eine historische Situation in einer Szene nach und wertet sie aus.	**Tipp:** Nutze die Anleitung S. 46
ein Standbild entwerfen III	Ihr stellt einen historischen Sachverhalt in einem „lebendigen Bild" dar und wertet ihn aus.	**Tipp:** Nutze die Anleitung S. 123
Stellung nehmen III	Du formulierst deine eigene Position zu einem historischen Sachverhalt. Siehe auch **beurteilen** und **bewerten**	*Ich finde, dass … richtig/falsch gehandelt hat.* *Mich überzeugt (nicht), …* *Meiner Meinung nach …*
ein Streitgespräch entwerfen III	Du versetzt dich in zwei historische Personen hinein, indem du ihre damaligen Möglichkeiten, Ziele, Rechte und Pflichten prüfst. Formuliere in direkter (= wörtlicher) Rede.	**Tipp:** Notiere zu Beginn die möglichen Argumente der Personen. *Was du sagst/was Sie sagen, überzeugt mich nicht, weil …* *Da gebe ich dir/Ihnen Recht, aber …*
überprüfen III	Du stellst anhand eines Materials fest, ob eine Aussage oder eine Behauptung zu einem bestimmten historischen Sachverhalt passt oder nicht.	*Diese Behauptung widerspricht/passt zu der Aussage im Darstellungstext.*
untersuchen II, III	siehe **analysieren**	
vergleichen II	Du stellst Gemeinsamkeiten und Unterschiede gegenüber und formulierst ein Ergebnis. Wichtig: Nenne die Gesichtspunkte, unter denen du vergleichst.	**Tipp:** Du kannst eine Tabelle anlegen. *Im Vergleich mit …* *Die Entwicklung verlief ähnlich wie/anders als in …*
wiedergeben I	Formuliere einen Sachtext oder eine Textquelle in deinen eigenen Worten. Berücksichtige alle wichtigen Textaussagen.	
zusammenfassen I	Du gibst die wesentlichen Informationen aus einem Text knapp und mit eigenen Worten wieder.	*In dem Text geht es um …* *Die wichtigsten Gründe waren …* *Der Verfasser/die Verfasserin nennt …*

Europa heute

Karte – Asien / Ozeanien

Franz-Josef-Land (Russland)

Russland
Ukraine
Mol.
Weiß-russland
Kasachstan
Georgien
Ar. As.
Türkei
Zyp. Lib. Isr. Jd. Syr.
Irak
Iran
Usbe-kistan
Turk-menistan
Kirgisistan
Tadschikistan
Afghanistan
Pakistan
Mongolei
China
Nord-korea
Süd-korea
Japan
Taiwan
Nepal
Bhutan
Indien
Bangla-desch
Myan-mar
Laos
Thai-land
Vietnam
Kam-bodscha
Philippinen
Mikronesien
Palau
Ägypten
Saudi-Arabien
Oman
Ku. Ba. Kt. VAE.
Sudan
Eritrea
Jemen
Dschibuti
Süd-sudan
Äthiopien
Somalia
Uganda
Ru. Bu.
Kenia
Tansania
Sambia
Malawi
Komoren
Seychellen
Sri Lanka
Malediven
Malaysia
Brunei
Indonesien
Ost-Timor
Papua-Neuguinea
Salo-monen
Sim-bab-we
Mosam-bik
Mada-gaskar
Mauritius
Réunion (Frankreich)
Swasiland
Lesotho
dafrika
Australien
Neu-kaledonien (Frankreich)
Kerguelen (Frankreich)
Neuseeland

Pazifischer Ozean
Indischer Ozean

Abkürzungen in Afrika:
ÄGu. = Äquatorial Guinea
Be. = Benin
Bu. = Burundi
Ru. = Ruanda
To. = Togo
ZAR. = Zentralafrikanische Republik

Abkürzungen in Asien:
Ar. = Armenien
As. = Aserbaidschan
Ba. = Bahrain
Isr. = Israel
Jd. = Jordanien
Kt. = Katar
Ku. = Kuwait
Lib. = Libanon
Syr. = Syrien
VAE. = Vereinigte Arabische Emirate

Europa heute

Aral-see
Usbekistan
Turk-menistan
Kasachstan
Iran
Kaspisches Meer
Russland
Georgien
Aser-baidschan
Armenien
Syrien
Lib.
Irak
Tigris
Euphrat
Barents-see
Türkei
Zypern
Kreta
Schwarzes Meer
Bosporus
Ankara
Nikosia
Athen
Griechen-land
Bulgarien
Sofia
Rumänien
Bukarest
Mol.
Chisinau
Ukraine
Kiew
Weiß-russland
Minsk
Moskau
Wolga
Don
Dnjepr
Dnjestr
Finnland
Helsinki
Estland
Tallin
Lettland
Riga
Litauen
Wilna
Russland
Polen
Warschau
Oder
Schweden
Stockholm
Norwegen
Oslo
Dänemark
Kopenhagen
Ostsee
Deutsch-land
Berlin
Elbe
Slowakei
Bratislava
Tschechien
Prag
Wien
Österreich
Ungarn
Budapest
Ser-bien
Belgrad
Sarajevo
Tirana
Rom
Italien
Sizilien
Korsika
Sardinien
Mittel-meer
Malta
Tunesien
Algerien
Marokko
Spanien
Madrid
Balearen
Portugal
Lissabon
Tajo
Frankreich
Paris
Loire
Schweiz
Nieder-lande
Amsterdam
Belgien
Brüssel
Lux.
Groß-britannien
London
Irland
Dublin
Island
Reykjavik
Färöer-Inseln
Europäisches Nordmeer
Nordsee
Rhein
Atlantischer Ozean
Ob
Ural

Alb. = Albanien
And. = Andorra
BH. = Bosnien und Herzegowina
K. = Kosovo (zzt. nur von 62 Staaten anerkannt)
Li. = Liechtenstein
Lib. = Libanon
Lux. = Luxemburg
Mc. = Monaco
Mol. = Moldawien
Mt. = Montenegro
Mz. = Mazedonien
Slw. = Slowenien
SM. = San Marino

500 km

So löst du die Arbeitsaufträge in diesem Buch:

(Fortsetzung auf der hinteren Umschlagklappe)

Arbeitsauftrag = Operator (alphabetisch) **AFB**	Das tust du:	Tipps und Formulierungsvorschläge:
analysieren **II, III**	Du untersuchst einen historischen Sachverhalt oder eine Quelle, indem du gezielt Fragen stellst und Materialien auswertest.	**Tipp:** Nutze die Methodentabellen im Buch, z. B. Sachtext, S. 35 Bildquelle, S. 126, 232, 266, 338 Textquelle, S. 130 Statistik, S. 328 Karte, Schaubild, S. 109, 273
begründen **II**	Du führst Argumente und Quellenzitate an, die deine Aussage untermauern. Wenn du eine Aussage oder das Handeln einer anderen Person begründen sollst, führst du Motive und passende Quellenzitate der Person an.	*Die Aussage in Zeile xy zeigt, dass …* *Seine politische Einstellung änderte sich, weil …*
belegen **II**	siehe **begründen**	
beschreiben **I**	Du gibst den Inhalt eines Materials (z. B. Bild, Text, Karte) mit eigenen Worten schlüssig wieder.	*Es zeigt …/In der Mitte sieht man …* *Mir fällt auf, …* *Hier wird deutlich, …*
beurteilen **III**	Du schätzt die Aussagen, Maßnahmen oder Vorschläge einer Person/Personengruppe in ihrem historischen Zusammenhang ein. Berücksichtige dafür die unterschiedlichen Sichtweisen und den Kenntnisstand der Personen. Auf dieser Grundlage formulierst du ein begründetes „**Sachurteil**".	*Die eigentliche Absicht des Redners war es, …* *Diese Sichtweise führte dazu, dass, …* *Diese Entscheidung hatte negative Folgen: …*
bewerten **III**	Du entwickelst zu einem historischen Sachverhalt oder Ereignis eine eigene Meinung und formulierst aus dem Blickwinkel heutiger Maßstäbe und Werte ein begründetes „**Werturteil.**"	*Aus meiner Sicht …* *Nach heutigen Maßstäben (z. B. demokratisch, christlich, muslimisch) …* *Andere sind möglicherweise der Ansicht, dass …*
charakterisieren **III**	Du bestimmst einen historischen Sachverhalt oder eine Situation in ihren Grundzügen und nennst die typischen Merkmale.	*Ein typisches Kennzeichen für …* *Allgemeine Merkmale waren …*
darstellen **II**	Du verdeutlichst einen historischen Sachverhalt oder ein historisches Ereignis und zeigst dessen Zusammenhänge in chronologischer Reihenfolge auf.	*Es ging um die Frage …* *Daraus entwickelte sich …* *Die Folgen waren …*